Über dieses Buch

Europa sieht sich heute mit einer Fülle neuer religiöser Bewegungen konfrontiert, die, größtenteils außereuropäischen Ursprungs, eine lebhafte Missionstätigkeit im Westen entfalten. Es handelt sich dabei um Neustiftungen, die seit dem neunzehnten Jahrhundert in aller Welt entstanden sind und lange Zeit von Europa nicht zur Kenntnis genommen wurden. Viele von ihnen erheben Anspruch auf weltweite Geltung, oft auch mit politischer Zielsetzung; einige betonen ihren überkonfessionellen Charakter, indem sie sich als eine Methodenlehre verstehen, die dem einzelnen Wege zu einer persönlichen Gotteserfahrung zeigt. Gemeinsam ist vielen dieser Neustiftungen die Überzeugung und Forderung, das Göttliche nicht mehr nur in einem von unserer Welt völlig unterschiedenen Jenseits zu lokalisieren, sondern es im einzelnen Menschen hier und jetzt zu realisieren.
Das vorliegende Buch schildert die hierzulande noch oft unbekannten neuen Religionen: ihre Stifter, ihre Ziele und Lehren. Als neutrales Einteilungsprinzip hat der Autor die geographische Aufgliederung nach Ursprungsländern gewählt, was darüber hinaus den Vorteil bietet, daß hierbei am einfachsten auf das jeweilige gemeinsame religiöse Erbe verwiesen werden kann.
Anmerkungen und eine ausgewählte Bibliographie bieten dem interessierten Leser Hinweise auf ausführlichere Darstellungen und Spezialprobleme der einzelnen Neustiftungen.

Der Autor

Professor Dr. Günter Lanczkowski wurde 1917 in Kassel geboren. Er studierte Religionswissenschaft, Theologie und Orientalistik an den Universitäten Marburg (Lahn), Berlin und Göttingen. Religionsgeschichtliche Studienreisen führten ihn bis nach Japan und vermittelten ihm eine unmittelbare Kenntnisnahme fremder Religionen und neuzeitlicher Religionsstiftungen. Seit 1960 lehrt er an der Universität Heidelberg Religionsgeschichte und alt-amerikanische Philologie. Er veröffentlichte neben zahlreichen Aufsätzen in Fachzeitschriften: *Heilige Schriften. Inhalt, Textgestalt und Überlieferung* (Stuttgart 1956); *Altägyptischer Prophetismus* (Wiesbaden 1960); *Religionswissenschaft als Problem und Aufgabe* (Tübingen 1965); *Aztekische Sprache und Überlieferung* (Berlin–Heidelberg–New York 1970); *Religionsgeschichte Europas* (Freiburg i. Br. 1971); *Begegnung und Wandel der Religionen* (Düsseldorf–Köln 1971); *Geschichte der Religionen* (Fischer Lexikon Band 1, Frankfurt am Main 1972).

Günter Lanczkowski

Die neuen Religionen

Fischer
Taschenbuch
Verlag

Originalausgabe

Fischer Taschenbuch Verlag
Februar 1974
Umschlagentwurf: Jan Buchholz / Reni Hinsch
Fischer Taschenbuch Verlag GmbH, Frankfurt am Main

Gesamtherstellung: Hanseatische Druckanstalt GmbH, Hamburg
Printed in Germany
ISBN 3 436 01839 2

Inhalt

Einleitung: Das Faktum neuzeitlicher Religionsstiftungen

Es ist dem Schlagwort eigentümlich, daß es Sachverhalte pauschal erfassen will und dabei nicht allein simplifiziert, sondern auch in einer Weise verallgemeinert, die den tatsächlichen Gegebenheiten nicht mehr entspricht und damit objektiv unwahr ist.

Auf religiösem Gebiet übt diese Funktion heute der Begriff der *Säkularisierung* aus, mit dem eine allgemeine Verweltlichung gekennzeichnet werden soll, eine Abkehr von religiösen Vorstellungen und Werten, die weder als regional begrenzte noch auf bestimmte Personenkreise beschränkte, sondern als schlechthin globale Erscheinung behauptet wird.

Es sind zwei Fakten, die dieser Kennzeichnung der religiösen Weltlage der Gegenwart am augenfälligsten widersprechen. Das ist einmal die Tatsache, daß es Staaten gibt – man denke etwa an Pakistan, die noch nach dem Zweiten Weltkrieg in bewußter Absicht als Religionsstaaten gegründet wurden, und daß dementsprechend bis in unsere Tage hinein zwischenstaatlichen Konflikten öfters religiöse Gegensätze zugrunde liegen.

Zweitens stehen religionsschöpferische Kräfte im Gegensatz zur Behauptung einer allgemeinen Säkularisierung. Sie treten in Aufbruch und Aktivität einer erstaunlich großen Anzahl religiöser Neustiftungen, neuer Religionen am bemerkenswertesten in Erscheinung.

Allerdings ist das Ausmaß dieser neuen Religionsstiftungen noch weitgehend unbekannt, und ihre Namen stellen zweifellos oft Begriffe dar, die noch keineswegs allgemeine Aufnahme in das geistige Bewußtsein Europas fanden. Das liegt nicht allein am außereuropäischen Ursprung vieler Neustiftungen.

Vielmehr wurde im Abendland nur zögernd die Tatsache wahrgenommen, daß die Entstehung von neuen Religionen einen bis heute unabgeschlossenen Prozeß bildet. Und recht lange hielt sich die Ansicht, daß in Mittelalter und Neuzeit schöpferische religiöse Kräfte nur im Rahmen der überlieferten Religion zur Wirkung kommen – sei es bei der Ausgestaltung des Dogmas, der Aufzeigung neuer Wege vertiefter Frömmigkeit, dem reformatorischen Rückgriff auf die Ursprünge des eigenen Glaubens oder schließlich der Bildung von Sekten, in denen das Differenzierungsbedürfnis eigener Lehrmeinungen und Kultpraktiken organisierte Form gewinnt, ohne seiner Intention nach die Grenzen des religiösen Erbes zu überschreiten.

Erst allmählich wandte sich das abendländische Interesse religiösen Neustiftungen zu, auf die es durch zwei Sondergruppen dieser neuen Religionen gelenkt wurde.

Das sind einmal diejenigen, die in Europa selbst missionierend auftreten, seien sie abendländischen oder außereuropäischen Ursprungs. Die Bahā'ī-Religion und das Mormonentum sind bekannte Beispiele hierfür.

Abendländisches Interesse wandte sich noch einer zweiten Sondergruppe neuer Religionen zu, die deshalb höchst augenfällig hervortrat, weil sie politische und machtmäßige Auseinandersetzungen hervorrief. Die Mau-Mau-Bewegung Kenias gehörte hierzu, aber auch bereits jene chinesische Geheimgesellschaft, die um die Jahrhundertwende den Boxeraufstand auslöste, oder – bereits in der Mitte des vorigen Jahrhunderts – die T'ai-p'ing-Bewegung Chinas.

Die Kenntnis derartiger Neustiftungen gibt natürlich nur ein fragmentarisches Bild von den neuen Religionen als Gesamterscheinung. Sie trägt damit nur unvollkommen zur Erfassung der religiösen Gegenwartslage bei. Und sie vermittelt keine geistige Orientierung in Gebieten, in denen neue Religionen bereits eine erstaunlich starke Stellung gewonnen haben. Dies gilt in erster Linie, aber keineswegs allein, für Japan.

Auf den folgenden Blättern geht es um die Vermittlung gesicherter Kenntnisse über die wesentlichsten Neustiftungen. Das bedeutet zweierlei.

Einmal soll kein Katalog aller nur irgendwie erfaßbaren, wenn auch noch so kleinen, unbedeutenden und ephemeren Erscheinungen gegeben werden. Wir besitzen einen derartigen – trotz der verwirrenden Fülle dort verzeichneter Namen und knappster Charakterisierungen doch nicht vollständigen – Katalog[1], und er trägt, wie jede bloße Inventarisierung, nicht viel bei zur Wesenserfassung.

Andererseits geht es aber auch nicht darum, eine Auswahl zu bieten, die zusammengestellt ist, um eine vorgefaßte These zu beweisen. Derartige Sammelbände liegen vor; in ihnen wird der verfehlte Versuch unternommen, schlechte soziale und ökonomische Bedingungen als Ausgangssituation religiöser Bewegungen zu erweisen[2]. Dieser Versuch, säkulare Si-

[1] *Guglielmo Guariglia*, Prophetismus und Heilserwartungsbewegungen als völkerkundliches und religionsgeschichtliches Problem. Horn-Wien 1959.

[2] *Wilhelm E. Mühlmann*, Chiliasmus und Nativismus. Berlin 1961. – Obwohl bedeutend besser gearbeitet, tritt die gleiche Tendenz bereits im Titel zutage von *Vittorio Lanternari*, The Religions of the Oppressed. London 1963; vgl. außerdem *F. Sierksma*, Een nieuwe hemel en een nieuwe aarde. 'S-Gravenhage 1961. – Ohne diese Tendenzen, aber auf einige Bewegungen Afrikas und Südostasiens beschränkt: *Hans Jochen Margull*, Aufbruch zur Zukunft. Gütersloh 1962. – *Ernst Benz*, Neue Religionen. Stuttgart 1971, gibt mit der Behandlung einiger Bewegungen eine Vorschau auf eine geplante Publikationsreihe.

tuationen als Ausgangsbasis religiöser Bewegungen erweisen zu wollen, ist im Prinzip falsch, weil diese Situationen nicht den charismatischen Führer produzieren, und im einzelnen trifft nicht zu, daß sich nur »Erniedrigte und Beleidigte« in neuen Religionen finden – man denke etwa an den Brāhma Samāj und Ārya Samāj, die beide von der obersten Kaste Indiens, den Brahmanen, getragen werden.

Natürlich gibt es Bewegungen, in denen, obwohl sie als Religionen gestiftet wurden, politische oder rassische Anliegen stark hervortreten, sie sind hier im allgemeinen knapp charakterisiert.

Im übrigen war für die Auswahl der hier dargestellten Religionen der Gesichtspunkt ihrer erkennbaren Bedeutung maßgebend. Es versteht sich, daß hierüber bei Bewegungen, die nicht aus der Distanz des Historikers, sondern *in statu nascendi* beobachtet werden, Meinungsverschiedenheiten entstehen können.

Die Länge der Einzeldarstellung jeder Religion richtete sich nicht allein nach deren Bedeutung, sondern auch nach dem Grad des gesichert Erfahrbaren. Dieser ist selbstverständlich geringer bei Geheimkulten als bei Bewegungen, die in reicher Fülle missionarische Schriften publizieren.

Die Anordnung erfolgte unter geographischen Gesichtspunkten, weil sie die relativ neutralsten sind. Daß mit Japan begonnen wurde, hat seinen Grund darin, daß dieses Land typisch geworden ist für die neuen Religionen, von denen es vergleichsweise die weitaus meisten besitzt.

Dem Buche ist eine ausgewählte Bibliographie beigegeben, mit der vor allem auf neuere Publikationen verwiesen wird, die ihrerseits die ältere Literatur verzeichnen. In den Anmerkungen sind Spezialabhandlungen und Quellennachweise genannt.

Japan

In seiner Eröffnungsansprache zum »9. Internationalen Kongreß für Religionsgeschichte«, der im Spätsommer 1958 in Tokyo und Kyōto veranstaltet wurde, bezeichnete der Ehrenpräsident dieser Versammlung, Prinz *Mikasa*, der jüngste Bruder des japanischen Kaisers, sein Land als ein Museum der Religionsgeschichte und zugleich ein lebendiges Experimentierfeld der Religionen[1]. Die zweite Kennzeichnung, die die aktuelle Situation betraf, bezog sich ganz offenbar in erster Linie auf die »neuen Religionen« (*shinkō-shūkyō*), die in so erstaunlich großer Zahl auf dem Boden Japans entstanden sind. Die offizielle Religionsstatistik verzeichnet 167 Neustiftungen. Die Selbständigkeit, die ihre Verkündigungen gegenüber den traditionellen Religionen des Landes aufweisen, ist natürlich unterschiedlich groß, ebenso wie die Bedeutung, die sie im religiösen Leben Japans – und teilweise darüber hinaus auf ihren auswärtigen Missionsfeldern – erlangt haben. Im folgenden sollen die einflußreichsten dieser neuen Religionen besprochen werden.

Das Museum der Religionsgeschichte, das Prinz Mikasa ansprach, ist eine der Voraussetzungen für das Auftreten zahlreicher Neustiftungen, wodurch Japan zum charakteristischen Land neuer Religionen wurde. Günstige Voraussetzungen für synkretistische Neuschöpfungen, die an die Mannigfaltigkeit des überkommenen Religionsgutes mit neuen Prinzipien der Auswahl herantreten, bot die religiöse Vielgestaltigkeit des Landes. Zur autochthonen Religion des *Shintō*, des Weges der Götter, Geister und Ahnen, war früh der *Buddhismus* hinzugetreten. Er wurde im Jahre 538 n. Chr. unter Kaiser *Kimmei* offiziell eingeführt und gewann bleibende Bedeutung in der Zeit der Regentschaft des berühmten Kronprinzen *Shōtoku Taishi* (593–621). Die Einflußsphären des *Konfuzianismus* erstreckten sich auf Moralprinzipien, die staatliche und rechtliche Ordnung sowie das philosophische Denken. Die Bedeutung des *Christentums*, mit dem Japan erstmals 1549 bekannt wurde, ist sicher größer, als es die Zahlen seiner offiziellen Bekenner erkennen lassen.

Ein zweiter bedeutsamer Faktor für die Entstehung neuer Re-

[1] Proceedings of the IXth International Congress for the History of Religions. Tokyo 1960, S. 826.

ligionen war sicher die seit der Ära *Meiji* (1867–1912) bis zum Jahre 1945 verfolgte Religionspolitik, die die staatlichen Aspekte des Shintō einseitig betonte und förderte. Tiefere religiöse Anliegen fanden daher ihren Platz in den neuen Religionen. Die staatliche Kontrolle durch das Religionsamt (*Shūkyo-Kyoku*) machte es damals erforderlich, daß sich 13 dieser neuen Religionen als Shintō-Sekten registrieren ließen.
Sicher darf nicht übersehen werden, daß zu den religionspolitischen Bedingungen der Ära Meiji der Beginn einer Auseinandersetzung mit Kultur und Technik des Westens hinzukam, einer Auseinandersetzung, die für ein Land, das während der vorangegangenen Periode des *Tokugawa-Shōgunats* in selbstgewählter und streng verfolgter Abschließung von der Außenwelt gelebt hatte, völlig abrupt erfolgte und zu einer geistigen Bewältigung herausforderte, die ihren Niederschlag auch auf religiösem Gebiet finden mußte.

Kurozumikyō

Unter den neuen Religionen Japans, die bleibende Bedeutung erlangt haben, ist Kurozumikyō die älteste. Sie ist zugleich diejenige, die noch am stärksten dem *Shintō* verhaftet ist. Ihre Selbständigkeit besteht darin, daß sie in einigen, und zwar zentralen Lehren von der autochthonen Religion Japans abweicht. Ihr – nahezu – monotheistisches Bekenntnis und ihre Verkündigung umfassender Bruderschaft aller Menschen wird von ihr selbst als Verwandtschaft zum *Christentum* begriffen. Buddhistische Einflüsse werden nicht anerkannt; zu sehr widerstreite der der Lehre des Erhabenen inhärente Pessimismus der optimistischen Lebensanschauung der neuen Religion.
Ihre Anhänger entstammen den höheren und mittleren Klassen des japanischen Volkes; Kurozumikyō lehnt es ausdrücklich ab, an die Interessen der Massen zu appellieren. Das Hauptverbreitungsgebiet liegt in der Präfektur *Okayama*, in deren gleichnamiger Hauptstadt die Zentrale der Religionsgemeinschaft ihren Sitz hat.
Der Einfluß der neuen Religion war lange Zeit ausschließlich auf Japan begrenzt, was durchaus ihrem betont japanischen Charakter entsprach. Versuche, auf andere Länder überzugreifen, sind erst allerneuesten Datums und wohl bislang ganz ohne Erfolg geblieben. Bei Bekennern auf *Hawaii*, die in den missionarischen Schriften der Religionsgemeinschaft angeführt werden, dürfte es sich um eingewanderte Japaner handeln.
Die Zahl der Anhänger liegt zwischen 750 000 und einer Million. Diese verteilen sich auf 500 Gemeinden. Außerdem

unterhält Kurozumikyō in jüngster Zeit eine größere Anzahl von Missionsstationen. Im Dienste der Religionsgemeinschaft stehen insgesamt etwa 4000 Priester, für deren Ausbildung ein Seminar zur Verfügung steht. Bemerkenswert ist, daß die Kurozumikyō für 70 Kinder ein Waisenhaus unterhält, das zu den ältesten karitativen Institutionen der Präfektur Okayama gehört.

Der Name der neuen Religion, den diese seit dem 23. Oktober 1876 trägt, ist abgeleitet von dem ihres Stifters, der *Munetada Kurozumi* hieß. Er wurde am 21. Dezember 1780 als dritter Sohn eines Shintōpriesters geboren, der seinen Dienst an dem in einem Außenbezirk der Stadt Okayama gelegenen *Imamura*-Schrein versah. Das priesterliche Amt an diesem Heiligtum lag seit Generationen in der Familie Kurozumi, die zur Klasse der *Samurai* gehörte.

Früh entfaltete sich der religiöse Sinn Munetada Kurozumis, der als Gehilfe seines Vaters auf dessen Nachfolge vorbereitet wurde. Die Ahnenverehrung am Imamura-Schrein, die seine Gedanken auf die Sakralisierung von Menschen lenkte, trug dazu bei, daß er im Alter von 19 Jahren den Entschluß faßte, zu Lebzeiten *kami* zu werden, den Charakter numinoser Wesenheit zu erlangen. Dieses Ziel, das ihn zeitlebens leitete und seine moralische Haltung bestimmte, hatte er nach Meinung seiner Anhänger erreicht.

Für die Erlangung seiner eigenen religiösen Ideen und deren Verkündigung wurden Erlebnisse entscheidend, die er zwischen seinem 32. und 34. Lebensjahr hatte. Der Tod seiner Eltern, die kurz nacheinander an Dysenterie starben, leitete eine Periode schwerer seelischer Erschütterung ein, die auch zum physischen Kräfteverfall führte. Er erkrankte an Lungentuberkulose. Sein Zustand verschlimmerte sich rasch und wurde bald hoffnungslos.

Dann aber ereignete sich am 22. Dezember 1814, dem Tag nach seinem Geburtstag, das Wunder seiner plötzlichen Heilung. Gegen den Willen seiner Familie war er aufgestanden, hatte gebadet und ging danach auf die Veranda seines Hauses, wo er, das Gesicht zur aufgehenden Sonne gewendet, *Amaterasu*, der Sonnengöttin, Verehrung darbrachte. Dabei fühlte er die Strahlen des Lichtes in seinen Körper eindringen und den Geist der göttlichen Sonne von ihm Besitz ergreifen. Wie der Tau vor der aufgehenden Sonne, so verschwand seine Krankheit, und unaussprechliche Freude und Dankbarkeit erfüllten sein Herz. Er war, so glaubte er fest, eins geworden mit Amaterasu, der Quelle allen Lebens, und hatte damit sein Ziel erreicht, im irdischen Leben *kami*-Charakter zu erlangen.

Dann vernahm er eine himmlische Stimme, die ihm befahl,

den »großen Weg der Göttin Amaterasu« hinfort anderen zu verkünden. Und er gelobte spontan, sein Leben von nun an ganz der Erfüllung dieses Auftrages zu weihen. Mit Recht sehen die Anhänger der Kurozumikyō in diesem Tag den Beginn ihrer Religion. Denn das Erlebnis ihres Stifters hatte diesem neue religiöse Einsichten offenbart, die er zu verkünden begann.

Völlig im Mittelpunkt seiner Botschaft stand die alles überragende Stellung der Sonnengöttin *Amaterasu*. Die *Theologie* der Kurozumikyō nennt sie monotheistisch. Allerdings kann dies, zumal im westlichen Verständnis, nur bedingt gelten. Denn es handelt sich um einen Monotheismus, der polytheistische und pantheistische Anschauungen enthält, die er in einem umgreifenden Sinn auf die Sonnengöttin Amaterasu zurückführt.

Die »achthundert Myriaden kami« (*Yao-yoruzu-no-kami*), also die unzählbare Menge numinoser Wesenheiten, die der Shintō kennt, werden von der neuen Religion nicht bestritten, sondern für existent gehalten. Aber sie sind nur Ausdruck des göttlichen Wesens der Amaterasu und würden ohne sie nicht bestehen. Die Lehre der Kurozumikyō drückt dies in folgender Weise aus:

> »Diese acht Millionen Götter verkörpern in ihren Individualitäten die göttliche Natur von Amaterasu, und sie existieren nicht getrennt von der letzteren.«[2]

Der Glaube an Amaterasu trägt nationalistische Züge. Kurozumi betrachtete *Japan* als göttliches Land des Sonnenursprungs, woraus er eine Vorzugsstellung Japans ableitete. In einem Gedicht sagte er:

> »Glücklich ist der Mann, der im Reich des Sonnenaufgangs geboren ist und weiß, daß er am Ursprung der Sonne lebt.«[3]

Amaterasu soll aber auch Vorbild sein für die Ethik der Menschen, die dem Wesen der Göttin, das durch »Aufrichtigkeit« (*makoto*) bestimmt wird, nacheifern sollen. Deshalb müssen im täglichen Leben sieben Gebote befolgt werden; sie lauten:

»1. Hüte dich vor Unglauben, vor allem, da du hier im Land der großen Götter geboren bist.
2. Werde nicht zornig und kümmere dich nicht um Lappalien.
3. Sei nicht stolz und sieh nicht auf andere herab.
4. Laß das Unrecht anderer nicht dein eigenes Unrecht vermehren.

[2] Kurozumikyō, Okayama 1957, S. 2.
[3] *Charles William Hepner*, The Kurozumi Sect of Shintō. Tokyo 1935, S. 159.

5. Sei nicht träge, wenn es dir gut geht.
6. Sei aufrichtig im Denken, da du dich der Religion der Aufrichtigkeit angeschlossen hast.
7. Sei täglich dankbar.«[4]

Das Ziel ethischen Handelns besteht in einer *Vergottung* des Menschen, in seinem Einswerden mit Amaterasu. Manche Äußerungen Kurozumis legen es nahe, hierbei nicht an einen sich vollziehenden Prozeß zu denken, sondern vielmehr an die Erfahrung, an das Erleben einer Einheit zwischen der Gottheit und dem Menschen, die an sich bereits vorhanden ist.
Doch sind die Aussagen hierüber nicht eindeutig. Jedenfalls spricht im *Kult* der täglich zu vollziehende Ritus des Einatmens von Sonnenkraft für die Annahme der Möglichkeit, die Einheit des Menschen mit der Göttin Amaterasu sukzessive zu vervollkommnen. Dieser Ritus stellt eine kultische Besonderheit der Kurozumikyō dar; im übrigen zelebriert die Gemeinde, abgesehen von der Feier des Festes ihres Gründers am 17. und 18. April, durchweg Shintō-Riten.
Die Vereinigung des Menschen mit der Gottheit steht im Mittelpunkt einer Lehre von der *Heilung*. Alle Krankheiten sollen verschwinden, wenn der Mensch mit dem Geist der Sonne vereint ist. Allerdings hat die Gemeinschaft außerdem auch magische Praktiken der Krankenheilung entwickelt.
Weitgehend unklar bleiben die Anschauungen über ein Leben im *Jenseits*. Kurozumi hat sich kaum dazu geäußert. Eines seiner Gedichte läßt offen, ob die im irdischen Leben erfahrbare Ewigkeit den Tod überdauert. Dieses Gedicht lautet:

»Wenn das Herz der göttlichen Amaterasu und das Herz des Menschen eins werden, so ist das wirklich ewiges Leben.«[5]

Aus der zentralen Bedeutung, die Kurozumi der Verehrung Amaterasus beimaß, erklären sich seine *Wallfahrten* zum Schrein von *Ise*, dem großen kaiserlichen Heiligtum der Sonnengöttin. Seine erste Pilgerreise unternahm er bereits im Alter von 23 Jahren. Freunde und Nachbarn hatten ihn zuvor beauftragt, ihre Anliegen der Sonnengöttin an deren Heiligtum im Gebet vorzutragen. Diese erste Pilgerfahrt dauerte vom 2. bis zum 26. Mai 1803.
Ebensolange war Kurozumi unterwegs, als er vom 12. April bis zum 6. Mai 1824 seine zweite Wallfahrt nach Ise unternahm. Eine dritte, über deren Dauer nichts Genaueres bekannt ist, begann er am 14. Mai 1831. In den Jahren 1833 und 1835 vollzog Kurozumi zwei weitere Wallfahrten nach Ise, wiederum jeweils im Frühjahr. Im Alter von 65 Jahren pilgerte

[4] Kurozumikyō, a.a.O., S. 3.
[5] *Ch. W. Hepner*, a.a.O., S. 141.

er zum letzten Mal zum Schrein der Sonnengöttin, und zwar in der Zeit vom 7. April bis 15. Mai 1845.
Munetada Kurozumi starb am 7. April 1850 im Alter von 70 Jahren. Den Erfolg seiner Stiftung hatte er selbst erleben können. Einflußreiche Samurai waren seiner Gemeinde frühzeitig beigetreten. Im Jahre 1846 hatte die neue Religion offizielle Anerkennung gefunden. Es geschah dies in der damals üblichen Form der staatlichen Registrierung als sogenannte »Shintō-Sekte«. Damit blieben der neuen Religionsgemeinschaft behördliche Einschränkungen ihres Wirkens oder gar Verfolgung erspart.
Kurozumi selbst erlangte wenige Jahre nach seinem Tod posthume Ehrungen, die ihm sowohl vom japanischen Kaiser zuteil wurden als auch vom Shintō, der ihn als *kami* anerkannte. Zwei Schreine sind seiner Verehrung geweiht.

Tenrikyō

Tenrikyō ist, wenn man von den spektakulären und außerhalb ihrer Anhängerschaft mit viel Skepsis beobachteten Erfolgen der *Sōka Gakkai* absieht, heute sicher die bedeutendste der neuen Religionen Japans. Die Anziehungskraft, die sie in ihrer Heimat und auch außerhalb Japans, und dort keineswegs allein auf Japaner, ausübt, wird am ehesten verständlich in dem religiösen und organisatorischen Zentrum der Gemeinschaft, das 10 km südlich von Nara liegt. Dort ist aus dem kleinen Dorfe *Tambaichi*, in dem die Stifterin der Tenrikyō lebte, die heute blühende Stadt *Tenri City* (rein japanisch: *Tenri Shi*) geworden. Neben ihren weiträumigen Tempelanlagen beherbergt sie Kranken- und Waisenhäuser sowie Schulen aller Stufen bis zu einer eigenen Universität, die neben äußerst umfangreichen religionswissenschaftlichen Studien vor allem philologische Disziplinen pflegt. Es können dort – aufgeführt in der Reihenfolge des Universitätskatalogs[6] – Koreanisch, Chinesisch, Englisch, Deutsch, Französisch, Russisch, Spanisch, Indonesisch und Portugiesisch studiert werden. Die Zentralbibliothek genießt aufgrund ihres Besitzes sehr seltener Werke, u. a. früher chinesischer Drucke und einer reichen Sammlung alter christlicher Missionsberichte, internationale Geltung[7]. Eine wirklich riesige Fülle wertvollen Materials birgt das ethnographische Museum[8].
Tenri City verfügt ferner über sehr ausgedehnte Komplexe von Übernachtungshäusern, deren Innenräume mit ihrer kar-

[6] Tenri University, Tenri o. J.
[7] Vgl. Catalogue of Rare Books of the Tenri Central Library. Tenri 1957; Catalogue of Special Books on Christian Missions. Tenri 1955.
[8] Vgl. Tenri Museum — Ethnographical Collections. Tenri 1958.

gen Ausstattung einen spartanischen Eindruck machen. Diese Häuser sind notwendig, weil sich in Tenri City ständig auswärtige Gläubige aufhalten. Sie kommen dorthin zu Schulungskursen und religiösen Feiern. Zur Zeit der großen Feste der Gemeinschaft halten sich über eine halbe Million auswärtiger Pilger in Tenri City auf.

Die Stadt, die sich laufend vergrößert, stellt eine imponierende Leistung dar, zu der einerseits die Spenden der Anhänger beigetragen haben. Andererseits aber wurde dieses Werk nur möglich durch eine Art religiösen Arbeitsdienstes, dem alle Gläubigen, die Bewohner der Stadt wie die Pilger, ohne Unterschied ihres geistlichen Ranges obliegen. Tenrikyō bezeichnet diesen Arbeitsdienst mit *hinokishin*. Die Vorliebe, die die neue Religion hinsichtlich ihrer Terminologie für sprachliche Neuschöpfungen zeigt, wird hieran deutlich; denn das Wort *hinokishin* ist jedem Japaner, der nicht speziell mit Tenrikyō vertraut ist, absolut unverständlich. Tenrikyō versteht es als »tägliches Schenken« der menschlichen Arbeit, als einen heiligen Dienst aus Dankbarkeit.

Der Erfolg der Tenrikyō beruht nicht allein auf der Anziehungskraft ihres religiösen Zentrums. Er ist weithin das Verdienst ihres langjährigen geistlichen und organisatorischen Leiters *Shōzen Nakayama*, des »Patriarchen«, wie er außerhalb Japans genannt wurde, des *Shimbashira*, der »Hauptsäule des Hauses«, wie Tenrikyō sagt.

Shōzen Nakayama war ein Urenkel der Stifterin, und er folgte seinem Vater, *Shinjirō Nakayama*, einem Enkel der Stifterin und erstem Shimbashira der Religionsgemeinschaft, nach dessen Tode er die – wie Missionsschriften in englischer Sprache es ausdrücken – *Shimbashiraship* übernahm.

Shōzen Nakayama war ein sehr gebildeter Mann. Er hatte bei dem deutschen, seit Jahrzehnten in Japan ansässigen und daher in seiner Heimat weniger bekannt gewordenen Philosophen *Robert Schinzinger* Philosophie studiert und so viel Deutsch gelernt, daß er, wenn er heiterer Stimmung war, Studentenlieder in deutscher Sprache sang.

Shōzen Nakayama genoß großes Ansehen. Er empfing prominente Besucher aus Japan und dem Ausland, u. a. den Prinzen *Mikasa*, den römischen Kurienkardinal *Paulo Marela* und *Avery Brundage*, und er wurde, wenn er auswärtige Staaten besuchte, vom jeweiligen japanischen Botschafter begleitet[9].

Auf weiten Reisen hat Shōzen Nakayama die Anliegen seiner Religion vertreten. Er unternahm vom 7. Juli bis 15. Oktober 1960 eine Reise nach dem Nahen Osten, Afrika und Europa, wo er im September am 10. Internationalen Kongreß für Reli-

[9] Dieses und die folgenden Angaben beruhen auf den Mitteilungen und Abbildungen in den von Tenrikyō herausgegebenen Kalendern.

gionsgeschichte in Marburg an der Lahn als Referent teilnahm. Vom 29. Juli bis 24. August 1961 war er in Nordamerika, Mexico und Kolumbien.
Diese Reisen galten nicht allein missionarischen Zielen, sondern dem Besuch bereits bestehender Gemeinden. Denn Tenrikyō besitzt Anhänger in Korea, Hongkong, auf Formosa, in den Vereinigten Staaten, wo die Zentrale in Los Angeles ist, in Mittel- und Südamerika und in Congo-Brazzaville. Insgesamt zählt Tenrikyō etwa drei Millionen Anhänger.
Shōzen Nakayama verstarb am 14. November 1967. Als Shimbashira folgte ihm sein ältester Sohn *Zenye Nakayama*, der zuvor Präsident der »Tenri Young Men's Association« gewesen war. Dessen kleiner Sohn *Zenji* wird in den Schriften der Gemeinschaft bereits als zukünftiger Shimbashira herausgestellt und *Zenji-san* – englisch: *Master Zenji* – genannt.
Tenrikyō bedeutet: »Lehre (*kyō*) von der himmlischen (*ten*) Vernunft (*ri*).« Die Tenrikyō wurde, wie auch einige andere Neustiftungen Japans, von einer Frau begründet, die von ihrer Gemeinde als die »Stifterin« (*kyō-so*) bezeichnet wird.
Diese Stifterin der Tenrikyō war *Miki Nakayama*. Sie wurde am 2. Juni 1798 als Tochter eines Bauern und seiner zutiefst dem *Amida-Buddhismus* ergebenen Frau geboren. Auch Miki erhielt in früher Jugend Unterweisungen in einem Tempel des Amida-Buddhismus und verpflichtete sich dabei zu einer täglich mindestens 300maligen Wiederholung der erlösenden Andachtsformel dieser buddhistischen Schulrichtung: *Namu Amida Butsu* – »Verehrung dem Amida-Buddha«.
Einer damals in Japan noch häufigen Sitte zufolge wurde Miki sehr früh, nämlich in ihrem 13. Lebensjahr, mit dem Bauern *Zenbei Nakayama* verheiratet. Im Alter von 41 Jahren kündigten ihr eigene Krankheiten, solche ihres Mannes sowie des ältesten Sohnes *Shūji* übernatürliche Ereignisse an. Bei dem im damaligen Japan noch häufigen Versuch der Anwendung eines spiritistischen Heilungsrituals diente Miki selbst als Medium. Es wird berichtet, daß sich dabei plötzlich ihr Gesicht verändert habe, streng und ernst wurde und den Ausdruck einer übernatürlichen Würde erhielt. Als die Anwesenden sie fragten, welche Gottheit zu ihr herabgestiegen sei, antwortete sie: »*Ten no Shōgun* – der General des Himmels.« Dann sei deutlich eine Stimme zu vernehmen gewesen, die gesagt habe:

> »Ich bin der Schöpfer, der eigentliche wahre Gott. Zu dieser Wohnung habe ich eine vorherbestimmte Beziehung. Jetzt bin ich persönlich in diese Welt heruntergekommen, um die ganze Welt zu erlösen. Ich will Miki Nakayama als meinen Wohnsitz, meinen Tempel haben.«[10]

[10] Die Lehre der Tenrikyō. Tenri 1958, S. 1.

Es wird berichtet, daß die Mitglieder der Familie von dieser unerwarteten Offenbarung außerordentlich überrascht waren. Mikis Mann bat die Gottheit inständig, sich zurückzuziehen. Seine Frau sei die Mutter von vier Kindern und habe Pflichten in der Familie. Aber die Gottheit blieb unerbittlich. Erst als ein Familienrat zu dem Schluß kam, die göttliche Aufforderung müsse befolgt werden, erwachte die Stifterin aus ihrem Trancezustand. Dies geschah – nach altem Mondkalender – am 26. Tag des 10. Monats im 9. Jahr der Ära Tempō. Das Datum entspricht dem 12. Dezember 1838 unserer und heutiger japanischer Zeitrechnung. Es gilt als Gründungstag von Tenrikyō.
Das übernatürliche Ereignis bedeutete eine völlige Umwälzung im Leben der Stifterin. Die offizielle Biographie berichtet darüber:

»Die Stifterin war 41 Jahre alt, als sie im Jahre 1838 die göttliche Berufung erhielt, der Elterngottheit als Wohnsitz zu dienen. Von dieser Zeit an gab sie nach dem Wunsch der Elterngottheit all ihr Hab und Gut an die Armen dahin, um ein ganz notdürftiges Leben zu führen.«[11]

Dieser Entschluß führte zu sehr starken Spannungen in der eigenen Familie. Insbesondere Mikis Mann setzte erhebliche Zweifel in die Göttlichkeit der Offenbarung, und er versuchte zu wiederholten Malen, mit dem Familienschwert in der Hand jenen bösen Dämon zu vertreiben, der nach seiner Meinung von seiner Frau Besitz ergriffen hatte.
Miki ihrerseits wurde durch die familiären Auseinandersetzungen derart belastet, daß sie mehrere Selbstmordversuche unternahm. Die Tenrikyō versucht heute, für diese Selbstmordversuche Erklärungen zu geben. Dabei wird das Vorhaben der Stifterin einmal als Ausdruck ihrer menschlichen Natur ausgegeben, die damals noch nicht völlig von der Gottheit erfüllt gewesen sei. Dieses Verständnis steht aber durchaus nicht im Einklang mit einer zweiten Deutung, nach der die Gottheit das Opfer ihres eigenen, in die Stifterin eingegangenen Lebens habe darbringen wollen.
Zusammenfassend berichtet die Biographie über die ersten zehn Jahre nach dem entscheidenden Offenbarungserlebnis Miki Nakayamas:

»Über zehn Jahre lang mußte sie danach unter scharfen Vorwürfen und Einwänden aushalten, da weder ihre Verwandten und Bekannten noch ihre eigene Familie diese Lebensführung begreifen konnten. Indessen schied ihr Mann im 6. Jahre Kaei nach altem Mondkalender aus dem Leben, und die Familie fiel in immer tiefere Armut.«[12]

[11] Ebd., S. 48 f.
[12] Ebd., S. 49.

Das 6. Jahr Kaei ist das Jahr 1863. Zenbei Nakayama starb im Alter von 66 Jahren. Nach seinem Tod läßt die Stifterin ihr Haus völlig zerstören. Sie wohnt fortan mit zwei ihr lebenslänglich treu ergebenen Kindern, mit *Shūji*, ihrem ältesten Sohn, und *Kokan*, der jüngsten Tochter, in zwei kleinen Räumen.

Die erste Offenbarung, die Miki Nakayama erfahren hatte, war nur der Beginn einer langen Reihe von Offenbarungen, zu denen bald auch Krankenheilungen durch die Stifterin traten, die diese, da sie ihre Hilfe bei Geburten hierzu rechnete, insgesamt mit *Obiyayurushi*, »schmerzlose Geburt«, bezeichnete. Die Biographie berichtet:

> »Die wunderbare Hilfe, die sie Obiyayurushi nannte, bahnte den Weg für die Verkündigung der Lehre, und in der ganzen Nachbarschaft bekehrten sich viele, die sich um die Stifterin als lebendige Gottheit scharten. Die Stifterin lehrte sie, daß alle körperlichen Krankheiten vom beschmutzten Geist kommen, und heilte viele Krankheiten auf wunderbare Weise. Selbst die als unheilbar geltenden Krankheiten waren für sie nicht unheilbar – Blinde öffneten ihre Augen, und Wahnsinnige kamen vollständig wieder zu sich.«[13]

Anfangs erreichten die Offenbarungen und Krankenheilungen nur den kleinen dörflichen Umkreis der Stifterin. Dann aber wird der erste Versuch einer missionarischen Ausbreitung von ihrer damals siebzehnjährigen Tochter Kokan unternommen. Diese fährt mit einigen Anhängern in die Stadt Ōsaka. Dort besteht ihre erste Verkündigung des neuen Glaubens darin, in den Straßen dieser Stadt fortwährend *Tenri-Ō-no-Mikoto*, »König der himmlischen Vernunft«, einen Gottesnamen der Tenrikyō, auszurufen. Diese Praxis der Verkündigung, die auf die stereotyp wiederholte Anrufung des Buddha-Namens im *Amida-Buddhismus* zurückzuführen sein wird, hat die Tenrikyō bis heute beibehalten. Sie bezeichnet sie terminologisch mit *nioigake* und versteht darunter Glaubensverkündigung; wörtlich bedeutet der Begriff »Wohlgeruch ausgießen«.

Aus dem weiteren Leben der Stifterin ist vor allem die Niederschrift heiliger Bücher von Bedeutung. Dadurch erhielt Tenrikyō den Charakter einer *Buchreligion*. Die wichtigste dieser von der Stifterin aufgezeichneten heiligen Schriften ist das *Ōfudesaki*. Die Stifterin hatte verkündet:

> »Gebet acht! Wenn ich auch sage, daß ich nach der Vernunft handeln werde, so will ich euch doch weder mit Gewalt disziplinieren, noch mit dem Schwert der Zunge schlagen, sondern ich gebe euch Rat mit der Spitze der Feder.«[14]

[13] Ebd., S. 51 f.
[14] Ebd., S. 5.

Hier erscheint am Schluß jener Begriff, der dann zur Bezeichnung des heiligen Buches geworden ist; denn »Spitze der Feder« oder »Spitze des Pinsels« heißt auf japanisch *Ōfudesaki*. Da die Stifterin über keine große Bildung verfügte, schrieb sie ihre im Ōfudesaki niederlegten Offenbarungen nicht mit chinesischen Zeichen, sondern in der einfacheren japanischen Silbenschrift *Kata-kana*. Dieser fehlen die für das Verständnis oft wesentlichen chinesischen Ideogramme, und es ergeben sich daher nicht selten Interpretationsschwierigkeiten.

Nach Jahren der Sorgen und Anfeindungen begannen sich die Lehren der Stifterin allmählich auszubreiten, und es bahnte sich noch zu ihren Lebzeiten eine von ihr selbst ganz offensichtlich geförderte Entwicklung an, die nach ihrem Tode zu ihrer *Vergöttlichung* im Dogma der Tenrikyō führte. Da sich die Stifterin ganz von der Gottheit erfüllt fühlte, meinte sie, sich von den gewöhnlichen Menschen unterscheiden und absondern zu müssen. Sie trug von da an rote Kleider, mit denen sie ihre besondere religiöse Stellung hervorheben wollte. Und sie bestand darauf, daß ihr Reisgericht auf einem besonderen Feuer in einem besonderen Kessel gekocht werden müsse, den niemand sonst benutzen dürfe.

Die Stifterin erkrankte im Jahre 1886. Zu Beginn des folgenden Jahres verschlimmerte sich ihr Zustand in bedenklicher Weise. Miki Nakayama starb am 26. Januar 1887, in ihrem 90. Lebensjahr, während ihre Gemeinde in ihrer Gegenwart einen Gottesdienst mit Musikbegleitung in der von ihr vorgeschriebenen Form abhielt. Der Kopf der Stifterin lag in buddhistischer Weise nach Norden, und ihr Gesicht wandte sich zum Westen, wo das Glücksland des Amida-Buddhismus lokalisiert wird, das »Paradies des Westens«.

In der von der Stifterin geoffenbarten zukünftigen Periode eines goldenen Zeitalters sollen alle Menschen 115 Jahre alt werden. Diese Lebensdauer war nach den Anschauungen von Tenrikyō ursprünglich auch der Stifterin bestimmt. Daß sie dieses Alter nicht erreichte, wird damit erklärt, daß sie freiwillig die natürliche Lebensdauer ihres irdischen Körpers um 25 Jahre verkürzt habe[15]. Dies wird in folgender Weise begründet:

> »Den Anhängern jedoch bedrückten die bösartigen Nachstellungen, denen ihre Stifterin ausgesetzt war, die Herzen so sehr, daß sie nicht mehr frohen Mutes dem Worte Gottes nachfolgen konnten. Um dieses Hindernis auf dem Wege zur Erlösung der Menschheit zu beseitigen, schied die Stifterin mit dem 90. Lebensjahre aus dieser Welt . . .«[16]

[15] The Divine Model. The Life of the Foundress of Tenrikyō. Tenri 1958, S. 11.
[16] Tenrikyō. Die Offenbarung Gottes und die wahre Erlösung. Tenri o. J., S. 6.

Die *Vergöttlichung der Stifterin* im Glauben ihrer Gemeinde ist charakteristisch für die Dogmatik der Tenrikyō. Daß das Herz der Stifterin mit dem Gottes ausgetauscht sei, bringt das Ōfudesaki mit folgender Offenbarung Gottes zum Ausdruck:

> »Hört aufmerksam zu! Denn ich habe mir ihren Mund geborgt, während ich ihr mein Herz lieh.«[17]

Nach dem Glauben ihrer Gemeinde lebt die Stifterin weiter, und zwar in ihrem Tempel in Tenri City. Die Tenrikyō verkündet:

> »Wenn aber auch ihr irdischer Körper dahingegangen ist, so bleibt ihre Seele doch für ewig im eigenen Hause und beschützt alle Menschen in Elternliebe, um sie schließlich zu erlösen.«[18]

Zur Bezeichnung des *Gottesbegriffes*, mit dem die Stifterin identifiziert wird, verwendet Tenrikyō häufig das Wort *Oyagami*, »Elterngottheit«, und sie tut dies, um die elterliche Liebe Gottes zum Ausdruck zu bringen[19]. Außerdem findet sich sehr oft die Benennung Gottes mit *Tenri-Ō-no-Mikoto*, »König der himmlischen Vernunft«, jenem Namen, mit dessen Ausrufung die Tochter der Stifterin ihre ersten Missionsversuche auf den Straßen von Ōsaka begonnen hatte.
Die Offenbarung dieses Gottes vermittelt nach den Verkündigungen der Stifterin die letzte und abschließende Gotteserkenntnis, der Stadien eines früheren und weniger umfassenden Verständnisses vorausgegangen waren. Die Dogmatik von Tenrikyō sagt deshalb über Gott aus:

> »Wie er oft verschiedene Gleichnisse und Metaphern gebrauchte, um alles leicht verständlich zu machen, so nannte er sich selbst, der Stufe des geistigen Wachsens seiner Kinder gemäß, mit drei verschiedenen Namen: zuerst *Kami*, Gott, dann *Tsuki-Hi*, Mond-Sonne, und zuletzt *Oya*, Eltern.«[20]

In dieser Konzeption einer sukzessiven Gottesoffenbarung klingen *polytheistische* Momente an. Durch die Identifikation des abschließenden Gottesbegriffes, der Elterngottheit, mit der Stifterin werden sie verstärkt. Außerdem lehrt Tenrikyō, daß Gott jeder seiner Wirkungen einen heiligen Namen gab. Es sind zehn, ursprünglich dem *Shintō* zugehörige Gottheiten, die hierbei in eigenartiger Weise mit dem Gottesbegriff der Tenrikyō verbunden werden. Begründet wird dies mit folgendem Satz:

[17] Ōfudesaki XII, 67–68; vgl. Die Lehre der Tenrikyō, a.a.O., S. 3.
[18] Tenrikyō, a.a.O., S. 6.
[19] *Shōzen Nakayama*, On the Idea of God in the Tenrikyō Doctrine. Tenri 1957, S. 4.
[20] Die Lehre der Tenrikyō, a.a.O. S. 9.

»Um seinen Schutz klar zu machen, gab er jeder seiner Wirkungen einen heiligen Namen.«[21]

Als göttlich gilt auch das Zentrum von Tenrikyō, Tenri Shi. Es wird deshalb *Oyasato*, »Wohnsitz der Elterngottheit«, genannt. Besondere Heiligkeit kommt dem inneren Bezirk des Haupttempels zu, der *Jiba*, »Stätte« schlechthin, heißt und mit der Gottheit gleichgesetzt wird:

»Jiba ist der Ort, dem der heilige Name Tenri-Ō-no-Mikoto gegeben ist und wo die Stifterin in ewigem Leben verweilt, um alle Menschen zu beschützen.«[22]

Zusammenfassend wird über diese Identifikationen ausgesagt:

»Tenri-Ō-no-Mikoto, die Stifterin und Jiba sind in Wahrheit eins.«[23]

Jiba gilt nicht allein als Ort der Offenbarung und damit der Erlösung, sondern auch als Stätte der Schöpfung. Die Erschaffung des Menschen steht im Mittelpunkt der *Kosmogonie*. Sie erstreckt sich über drei Perioden zunehmender Vervollkommnung. In Anwendung der Lehre von der *Seelenwanderung* wird erklärt, daß die Menschen in diesen Schöpfungsperioden 8008mal in Würmern, Vögeln und anderen Tieren wiedergeboren wurden und damit die verschiedensten Existenzstufen durchliefen.
Bereits die topographische Identität der Stätte der Schöpfung mit derjenigen der Offenbarung und des Heils verweist auf eine enge Verbindung der Schöpfungs- mit der *Heilslehre*. Auch sachlich folgert aus der Lehre von der Schöpfung die Verkündigung des Heils. Nach dem Ōfudesaki sagte Gott:

»Da ich der Schöpfer dieser Welt bin, sind alle Menschen meine Kinder.«
»Es gibt keine Fremden auf der Welt, da alle Menschen Geschwister sind.«
»Ich habe die Menschen geschaffen, da ich sie ein fröhliches Leben führen sehen wollte. Sie sanken tief in den Schlamm der Mutlosigkeit, da sie von meinen Absichten gar nichts wußten.«
»Von nun an werde ich die ganze Welt ins vollkommen frohe Leben umwandeln.«[24]

Die letzte Aussage nennt mit dem »frohen Leben« das schlichte *Heilziel* der Tenrikyō. *Yōkigurashi* ist der Begriff, mit

[21] Ebd., S. 40.
[22] Ebd., S. 45.
[23] Ebd., S. 46.
[24] Ōfudesaki IV, 62; XIII, 43; XIV, 25; X, 103; vgl. Die Lehre der Tenrikyō, a.a.O., S. 36 f.

dem diese Konzeption des »frohen Lebens« ausgedrückt wird. Wir erfahren hierüber:

»Wenn alle Menschen ihr Herz gereinigt haben und ein fröhliches Leben führen, wird Gott auch fröhlich. Und wenn er es wird, werden die Menschen noch fröhlicher. Daß die ganze Welt froh und heiter wird, bedeutet, daß Gott und alle Menschen zusammen froh und heiter werden.«[25]

Zu Eingang dieses Textabschnittes ist die *ethische Voraussetzung* für die Erlangung eines fröhlichen Lebens genannt, nämlich die Reinigung des menschlichen Herzens. Über diese Bedingung wird an anderer Stelle ausgeführt:

»Nur wenn ihr euch vom Staube reinigt, werdet ihr wunderbar gerettet.«[26]

Der hier verwendete Begriff »Staub« weist inhaltlich gewisse Bezüge zum *christlichen Sündenbegriff* auf. Er wird japanisch mit *hokori* bezeichnet. Darin äußert sich die stetige Absicht der Tenrikyō, sich in terminologischer Hinsicht von der traditionellen Begriffssprache zu sondern. Deshalb greift sie nicht zurück auf den shintoistischen Terminus für »Beschmutzung«, der *kegare* heißt.
Der *Kult* wird bei der Feier großer Feste mit einer Prozession eingeleitet. Die im Tempel vollzogenen Rituale beginnen mit einem Gebet (*sai-bun*), das nicht frei gesprochen, sondern stets verlesen wird. Zwei unterschiedliche Tänze werden ausgeführt. Der *Kanrōdai*-Tanz wird von fünf Männern und fünf Frauen im geheimen, den Blicken aller anderen Gläubigen entzogen, zelebriert. Alle zehn Tanzenden sind dabei maskiert. Öffentlich ist der von Gesang und Instrumentalmusik begleitete *Teodori*-Tanz. Den Gottesdienst beschließt eine Predigt. Die Ordnung der kultischen Akte geht auf die Stifterin zurück.

Konkōkyō

Die Gestalt eines irdischen Vermittlers (*toritsugi*), der als *Ikigami*, als »fleischgewordener Gott«, den göttlichen Willen der Menschheit kundtut, aber auch deren Bitten vor Gott bringt, ist das hervorstechende Charakteristikum der »Lehre« (*kyō*) vom »goldenen Glanz« (*konkō*) Gottes. Die erste Mittlergestalt dieser neuen Religion war deren Stifter. Er hieß *Bunjirō Kawate* und wird posthum von seinen Anhängern unter dem Ehrentitel *Ikigami Konkō Daijin*, »fleischgewordener großer Gott des Goldglanzes«, verehrt.

[25] Ōfudesaki VII, 109–111; Die Lehre der Tenrikyō, a.a.O., S. 99.
[26] Ōfudesaki III, 98; Die Lehre der Tenrikyō, a.a.O., S. 73.

Kawate, am 16. August 1814 geboren, führte bis zu seinem 45. Lebensjahr das Dasein eines einfachen japanischen Bauern in dem später zum Zentrum seiner Religion erhobenen und Konkō benannten Ort in der Präfektur Okayama, an der Bahnlinie zwischen der Provinzhauptstadt und Hiroshima gelegen. Er hatte im Alter von 23 Jahren die achtzehnjährige *Toseko Furukawa* geheiratet, die später den Ehrennamen *Isshidaijin*, »Gottes Lieblingstochter« erhielt. Der Ehe entsprangen acht Kinder, von denen jedoch nur zwei Söhne und eine Tochter am Leben blieben.
Nach Unglücksfällen in der Familie, dem teilweisen Absterben seines Viehs und eigener schwerer Erkrankung wird Kawate durch Orakelspruch seines Schwagers im Jahre 1855 eine gnädige Botschaft des gefürchteten Metallgottes *Konjin* oder *Kane no Kami* zuteil, auf dessen Zorn menschliches Leid häufig zurückgeführt wurde. Dieser Gott, den Kawate hinfort *Tenchi Kane no Kami*, »Metallgott Himmels und der Erde«, nennt, beruft ihn am 21. Oktober 1859 zu seiner religiösen Sendung. Kawate wird eine Erscheinung des Gottes zuteil, der an ihn die Worte richtet:

> »Zahlreich sind in der Welt die Menschen, die ungeachtet ihrer Gottesfurcht in Not und Elend leben. Willst du nicht deinem Berufe entsagen und sie durch meine Gnadenvermittlung erlösen; denn das rechte Dasein des einen hängt vom rechten Dasein des anderen ab.«[27]

Diese göttliche Botschaft war nur der Beginn einer größeren Anzahl von Offenbarungen, die Kawate zuteil wurden und die er als »Kunde« von Gott seinen Anhängern vermittelte. Diese haben sie später gesammelt und in einer Schrift festgehalten, die zum heiligen Buch der neuen Religion wurde und den Titel *Konkōykō Kyōten* trägt.
Die erste göttliche Aufforderung, die Kawate erhielt, befolgte er sogleich. Er gab, wie ihm von seinem Gott nahegelegt war, seinen Beruf auf und beschritt den »Weg der Vermittlung«, indem er sein Haus zu einem Tempel machte, den er während der ihm verbleibenden 25 Jahre bis zu seinem Tode nicht mehr verließ. So entwickelte er den hinfort für die Leiter seiner Stiftung verbindlichen »ununterbrochenen Dienst im Angesicht der Gottheit«. Kawate verstarb in seinem 70. Lebensjahr am 10. Oktober 1883. Die letzten Worte des frommen, lauteren Mannes waren:

> »Unsere Glaubensgemeinschaft kann nie mehr untergehen, auch wenn ich selbst nicht mehr auf dieser Erde weile.«[28]

[27] *Wilhelm Roth*, Konkōkyō. Die Lehre von Konkō. Tokyo 1932, S. 6.
[28] Ebd., S. 7.

In der Tat hinterließ Kawate eine bereits zahlreiche Anhängerschaft, die unter seinem Nachfolger weiter anwuchs. Die neue Religion verbreitete sich nicht allein auf den japanischen Inseln. Sie griff zeitweise auch auf China, Korea und Formosa über. Heute besitzt sie außerhalb Japans in Nordamerika und auf Hawaii eigene Kirchen. Ihr Hauptheiligtum wurde am Wohnort des Stifters, in Konkō, errichtet. Die Gesamtzahl ihrer Kirchen beträgt 1628, die ihrer Priester 3706. Damit ist ein vager Hinweis auf die Zahl der Gläubigen gegeben, die in den verschiedenen Statistiken stark schwankt; sie dürfte die Millionengrenze nahezu erreicht haben.

Der Tod Kawates hatte die Einsetzung eines Nachfolgers erforderlich gemacht. Die Gemeinschaft sieht hierfür einen Wahlakt vor, der von den Geistlichen ihrer Kirche vollzogen wird; doch darf nur ein Blutsverwandter des Stifters gewählt werden. Er trägt dann den Titel *Daikyōshu*, »Erzabt«.

Den Rang des Erzabtes erhielt zunächst Kawates Sohn *Kaneyoshi*, der den geistlichen Namen *Iyekuni Konkō* trug. Nach seinem Tode im Jahre 1893 übernahm das Amt *Setsutane Konkō*, ein Enkel des Stifters. Die vornehmste Aufgabe der Erzäbte besteht in einer täglich 12stündigen Meditation vor dem Altar in der Hauptkirche von Konkō, mit der sie ihre Mittlertätigkeit zwischen den Menschen und dem von Konkōkyō verehrten Gotte wahrnehmen.

Als es der neuen Religion am 16. Juni 1900 gelang, die offizielle Anerkennung der Regierung zu erlangen, gab sie vor, außer dem Gotte *Tenchi Kane no Kami* auch die Sonnengöttin *Amaterasu* und den Mondgott *Tsukiyomi* zu verehren. Anders war es in der damaligen Ära *Meiji* (1867–1912) wie auch in der ihr folgenden Periode bis zum Ende des Zweiten Weltkrieges nicht möglich, staatlich registriert zu werden, und auch dies konnte aufgrund der engen Verbindung von Shintō und japanischer Politik nur als *Shintō-Sekte* geschehen.

Doch 1946 proklamierte die Konkōkyō ausdrücklich ihre Absage an die Shintō-Gottheiten, und sie betont seitdem in eindeutiger Weise ihren Charakter als selbständige Religion:

> »Es ist irreführend, die Konkō-Religion als eine Sekte des Shintō anzusehen.«[29]

Tatsächlich steht der *Gottesbegriff* der Konkōkyō ganz im Widerspruch zum Polytheismus des Shintō; denn er ist streng monotheistisch. Der Stifter verkündete die Übermächtigkeit dieses einen Gottes, der Schöpfer und Beherrscher des Weltalls ist. Zugleich verkündete Kawate eine Immanenz Gottes in

[29] Konkō-Kyō. A New Religion of Japan. General Headquarters of Konkō-Kyō, July 1958, S. 1.

Aussagen, die auf eine Vergöttlichung des Menschen verweisen:

> »Gott wohnt in unserer Seele. Man nennt mich einen Gott, aber die Menschen, die hierher kommen, sind alle Gotteskinder und können von Gott die Gnaden empfangen wie ich, der sie zuerst empfangen hat.«[30]

Als dritte Eigenschaft Gottes verkündete der Stifter dessen tolerantes Wesen:

> »Tenchi Kane no Kami verleumdet keine anderen Sekten. Der Glaube soll weit, nicht eng sein.«[31]

Aus dieser Offenbarung ihres Stifters zog seine Gemeinde die praktische Konsequenz, andere Religionen eifrig und ohne Vorbehalte zu studieren, und für die Arbeiten des »9. Internationalen Kongresses für Religionsgeschichte«, der im Spätsommer 1958 in Japan – sukzessive in Tokyo und Kyōto – stattfand, spendete die Konkōkyō einen Betrag von 300 000 Yen.

Der reine monotheistische Glaube, den der Stifter verkündete, läßt keine pseudoreligiösen Elemente zu. Kawate erteilte der Magie, dem Aberglauben und der Wahrsagerei eine klare Absage, was für seine Zeit befreiend wirken mußte; denn im damaligen Japan standen viele im Banne dieser Erscheinungen.

Die Konkōkyō hat kaum eigene Formen des *Kults* entwickelt. Sie übernahm im wesentlichen die Riten des Shintō, denen sie jedoch eine ihrer Lehre entsprechende Sinngebung verlieh.

In ihrer *Ethik* folgert aus der Gotteskindschaft aller Menschen die Liebe zu den Mitmenschen:

> »Da wir alle Gottes Kinder sind, gibt es für uns keine Fremden unter der Sonne.«[32]

Die Konkōkyō fordert die Harmonie des häuslichen Lebens, die Pietät der Kinder gegenüber den Eltern, ernste und fleißige Arbeit im Berufsleben sowie eine disziplinierte Moral:

> »Gebt eure selbstischen Begierden auf, und ihr werdet den wahren Pfad des Lebens finden. Wenn ihr das unmoralische Verhalten anderer seht, so hütet euch, auf ihre üblen Wege zu fallen.«[33]

Bemerkenswerte Verdienste hat sich die Gemeinschaft auf erzieherischem und kulturellem Gebiet erworben. Sie unter-

[30] *W. Roth*, a.a.O., S. 9 f.
[31] Ebd., S. 10.
[32] Konkō-Kyō. A New Religion of Japan, a.a.O., S. 6.
[33] Ebd., S. 6.

hält Schulen, eine öffentliche Bibliothek, und sie besitzt ein eigenes Priesterseminar. Es gehört ihr ein Krankenhaus, und sie arbeitet in der Gefängnisfürsorge.

Ōmotokyō

Ōmotokyō, der Name, den diese neue Religion zwar nicht ständig getragen hat, unter dem sie aber während der längsten Zeit ihrer bisherigen Geschichte aufgetreten ist, bedeutet »Lehre von der großen Grundlage«. Gemeint ist damit nicht allein die Grundlage der gesamten Weltordnung und aller Religionen, sondern speziell auch die des japanischen Kaisertums.

Nationalistisch-imperialistische Tendenzen, die sich damit verbanden, führten die Ōmotokyō zwischen den beiden Weltkriegen auf ihren Höhepunkt. In Kreisen des Militärs genoß sie beachtliche Sympathien, und die Zahl ihrer Anhänger stieg damals auf 2 Millionen. Knapp ein Zehntel davon blieb ihr nach dem Zweiten Weltkrieg treu.

Wie in der *Tenrikyō*, so ist auch in der Ōmotokyō der menschliche Offenbarungsträger der neuen Botschaft eine Frau, die den einfachsten Schichten des japanischen Volkes entstammte. Sie hieß *Nao Deguchi*. Als Tochter des Kleinbauern *Kirimura* wurde sie am 16. September 1836 geboren. Der Vater, der in dürftigsten Verhältnissen lebte, konnte seiner Tochter keine Schulbildung zukommen lassen. Im Alter von 20 Jahren wurde Nao mit dem Zimmermann *Masagoro Deguchi* verheiratet, dem sie elf Kinder gebar, von denen drei in frühester Jugend starben.

Obwohl schon Ehe und Familienleben *Miki Nakayamas*, der Stifterin der Tenrikyō, keineswegs ideal waren, scheinen hier die Verhältnisse noch trüber gewesen zu sein. Ein intimer Kenner Japans und seiner Religionsgeschichte gab folgende Schilderung:

> »Der Gatte von Nao erwies sich als unverbesserlicher Trunkenbold, der frühzeitig starb und die Witwe mit acht Kindern in drückender Armut zurückließ, so daß sie genötigt war, als Lumpensammlerin ihren Lebensunterhalt zu erwerben. Darunter litt das häusliche Leben, die Kinder verwilderten, einige Töchter wurden geisteskrank, andere entliefen mit ihren Liebhabern, die Söhne verließen das Haus, um nicht zurückzukehren; nur die beiden jüngsten Töchter, welche bei der Mutter blieben, entwikkelten sich normal.«[34]

[34] *Emil Schiller*, Ōmotokyō, die neueste Religion Japans. In: Zeitschrift für Missionskunde und Religionswissenschaft 38, 1923, S. 113.

Armut und Enttäuschungen führten Nao Deguchi immer stärker auf den Weg eines verinnerlichten religiösen Lebens, das sich zunächst in häufigen Gebetsübungen äußerte. Dann aber wird ihr in der Neujahrsnacht 1892 – also im Alter von 56 Jahren – jenes entscheidende Erlebnis zuteil, das sie später zur religiösen Verkünderin werden läßt. Die Stifterin wurde – wie die Ōmotokyō es später nannte – »von Gott in Besitz genommen«. Sie behauptete ihre Einheit mit dem im japanischen Volksglauben im allgemeinen sehr gefürchteten Metallgott *Konjin*, dem Wächter über die Nordostrichtung, aus der die Dämonen der Krankheiten und des Leidens kommen. Zugleich identifizierte sie diesen Gott Konjin mit *Kunitokotachi*, dem »ewigen Geist des Landes«, der nach einem *Shintō*-Mythos als uranfängliche Schöpfergottheit gilt.
Der Zustand der »Gottbesessenheit« (*kamigakari*), in dem sich die Stifterin hinfort zu befinden glaubt, bedingt ihr verändertes Verhalten. Als sie beginnt, chiliastische Prophetien zu verkünden, stößt sie auf das völlige Unverständnis ihrer heimatlichen Umgebung, des kleinen, nordwestlich von Kyōto gelegenen Ortes *Ayabe*. Dessen schlichten Einwohnern ist es unbegreiflich, wenn sie bezugslos den Terminus *Ōmoto* verkündet.
Ihren Prophezeiungen, die sie ebenfalls öffentlich bekannt gibt, wird zunächst keinerlei Glauben geschenkt. Sie sagt den Krieg gegen China voraus, der dann in den Jahren 1894 bis 1895 tatsächlich stattfindet, und sie weist auf den russisch-japanischen Krieg der Jahre 1904 bis 1905 hin.
In Gefahr begibt sie sich mit religiös motivierten Forderungen an ihre Umgebung. Da Ayabe als Sitz der Gottheit eine heilige Stätte sei, dürfte an ihr kein Unheiliger geduldet werden. Deshalb tritt sie mit dem Verlangen auf, alle Einwohner hätten den Ort zu räumen. Und sie prophezeit, der Zorn der Gottheit werde, falls man diesem Befehl nicht Folge leiste, Ayabe treffen und durch eine Feuersbrunst vernichten.
Als sich wirklich bald darauf in Ayabe ein großes Feuer verbreitet, wird Nao der Brandstiftung beschuldigt und ins Gefängnis geworfen. Ihre Unschuld erweist sich bald. Aber Nao wird nunmehr auch offiziell für geisteskrank erklärt. Verwandte und Nachbarn richten, da es im damaligen Japan noch keine Irrenanstalten gibt, für sie einen verschließbaren Raum ein, in dem sie untergebracht wird.
Und nun geschieht jenes Seltsame, das erst eigentlich die Konsolidierung ihrer Botschaft bewirkt. Jene Nao Deguchi, die mit Sicherheit fast völlig ungebildet und nach einigen Berichten sogar erblindet war, beginnt zu schreiben. In vereinfachter, gegenüber der Verwendung der weitaus schwierigeren chinesischen Zeichen weniger präzisen japanischen *Hirogana*-Silben-

schrift zeichnet sie ihre Offenbarungen auf. In den 27 Jahren, die sie – später wieder in völliger Freiheit – noch zu leben hat, ehe sie am 6. November 1918 im Alter von 82 Jahren stirbt, füllt sie damit einige tausend Schreibhefte.

Sicher ist, daß diese Offenbarungsschrift der Stifterin nicht unverfälscht überliefert worden ist. Ihr Schwieger- und Adoptivsohn hat 1921 in einem gerichtlichen Verfahren zugegeben, Teile der Schriften vernichtet zu haben. Die von ihm redigierte Version hat er unter dem Titel *Ōfudesaki*, »mit der Spitze des Pinsels« geschrieben, herausgegeben, also unter der gleichen Bezeichnung, die auch die heilige Schrift der *Tenrikyō* trägt.

Somit sind die Offenbarungen der Stifterin in einer Redaktion überliefert, die der Geist ihres visionär und dämonisch veranlagten Schwiegersohnes geformt hat. Er selbst verfaßte unter dem Titel *Reikai Monogatori*, »Erzählungen aus der Geisterwelt«, 81 Bände, die zur sekundären heiligen Schrift der Ōmotokyō geworden sind.

Diese mit apokalyptischer Phantastik gefüllten »Erzählungen aus der Geisterwelt« berichten nicht allein von dem heiligen Plan der Errichtung des Königsreiches Gottes auf Erden, der gegen dämonische Widerstände auszuführen ist, sie wollen vielmehr darüber hinaus Erklärungen einer Fülle religiöser und weltlicher Fragen geben und handeln daher über Schöpfung und Menschwerdung, über Bezüge zwischen geistiger und irdischer Welt, über den Sinn des menschlichen Lebens und über das Jenseits, außerdem über Fragen der Politik und der Wirtschaft, der Erziehung, Kunst und Wissenschaft.

Der Verfasser war im Jahre 1871 geboren und hatte zunächst den Namen *Kisaburō Ueda* erhalten. Es war ihm trotz früher Verarmung der Familie durch Krankheit und Tod des Vaters möglich gewesen, sich eine gediegene Bildung zu erwerben, und er überragte Nao Deguchi geistig bei weitem. Er hatte sich zeitweise zum Atheismus bekannt, bevor ihn sein Weg – nach späteren Berichten: aufgrund einer göttlichen Botschaft – zur Bekanntschaft mit Nao Deguchi führte. Das war im Oktober 1898.

Er hat später eingestanden, zuerst nicht an die göttliche Einwohnung in der Stifterin geglaubt zu haben. Erst die Erfüllung ihrer Weissagung in bezug auf den russisch-japanischen Krieg habe ihn überzeugt. Dennoch hatte er sich schon vorher in den Dienst der neuen Religion gestellt.

Am 1. Januar 1900 hatte er *Sumiko* geheiratet, die von ihrer Mutter zur Nachfolgerin bestimmte jüngste Tochter der Stifterin. Gleichzeitig wurde er von der Familie Deguchi adoptiert, er nannte sich von da an mit jenem Namen, unter dem er in die neueste Religionsgeschichte Japans eingegangen ist, nämlich *Onisaburō Deguchi*.

Ohne das Wirken dieses Mannes wäre die Zukunft von *Ōmotokyō* sehr fraglich gewesen. Erst Onisaburō Deguchi hat ihr die notwendige organisatorische Form gegeben. Die religiöse und verwaltungsmäßige Zentrale wurde in Ayabe errichtet, in dessen Nähe später das Grab der Stifterin zu einer Wallfahrtsstätte ihrer Anhänger wurde. Die Ausbildungsstätten für die Priester der neuen Religion wurden in der Nachbarstadt Kameoka aufgebaut.

Es ist sicher, daß Onisaburō Deguchi auch auf die Lehrinhalte der neuen Religionsgemeinschaft, die ihn bald als »Meister« verehrte, Einfluß genommen hat. Diese Lehren wollen sich als *letztgültige Offenbarung* verstanden wissen. In diesem Sinne erklärte Nao Deguchi:

> »Alle Kirchen dieser Welt sind die Vorläufer der Ōmoto. Ōmoto ist die letzte. Sie ist gekommen, um die Wiederherstellung der Welt zu vollenden.«[35]

Das in diesen Worten anklingende Thema einer »Wiederherstellung der Welt« beherrscht vollkommen die Lehre der Ōmotokyō. Der *Chiliasmus*, die Erwartung eines kommenden Reiches des Heiles und des Glücks, steht ganz im Mittelpunkt ihres Denkens. In diesem Sinne schrieb die Gründerin:

> »Die große Welt wird in herrlicher Blüte erblühen wie die Pflaumenblüten im frühen Frühling. Die Welt wird neu zum früheren Königreich Gottes geschaffen werden.«[36]

Das herbeizuführende *Friedensreich Gottes* wird seine chiliastischen mit imperialistischen Aspekten verbinden. Den Beginn des Ersten Weltkrieges führte die Stifterin auf die Tatsache zurück, daß zu viele Herrscher auf der Erde regieren. Und sie prophezeite, daß nach Zeiten einer großen Trübsal, in der Tokyo aufhören werde, die Reichshauptstadt Japans zu sein, ein Weltreich sich bilden werde, das ein *Kaiser* vom religiösen Zentrum der Ōmotokyō, von Ayabe aus, regieren werde. In diesem Reich soll die japanische Sprache, die als göttlich betrachtet wird, allgemeine Weltsprache werden – eine Zielvorstellung, die wohl kaum geeignet ist, zur Werbekraft der Ōmotokyō außerhalb der japanischen Inseln beizutragen.

Aber ein japanisches Sendungsbewußtsein tritt deutlich in Erscheinung. *Japan*, so wird im gleichen Sinne verkündet, habe sich in seiner früheren Geschichte der Außenwelt gegenüber stets nur rezeptiv verhalten, jetzt aber sei die Zeit seiner Aktivität gekommen.

[35] Scripture of Ōmoto. Kameoka 1957, S. 4 ff.
[36] Ebd., S. 4 ff.

Trotz dieser betonten Herausstellung Japans wurde doch gerade die politische Prophetie der Ōmotokyō zu einer Gefahr für die Bewegung. Denn die Aussagen über die Person des kommenden Kaisers der Welt waren unklar und widersprüchlich. Onisaburō Deguchi wurde der Majestätsbeleidigung bezichtigt und vor Gericht gefragt, ob er die Absicht verfolgt habe, Diktator der ganzen Welt zu werden. Unbegründet waren solche Fragen nicht; denn zumindest zeitweise hat Onisaburō Deguchi für sich und seine Frau den Vorrang vor dem Kaiser Japans beansprucht.
Es gibt andererseits allerdings auch Aussagen, die den chiliastischen Imperialismus des kommenden Weltreiches eindeutig mit der Person des japanischen Kaisers verbinden; so die folgende Erklärung der Ōmotokyō:

> »Wir glauben an den kaiserlichen Herrscher Japans als an den großen Fürsten, den höchsten und edelsten, welcher den Thron bestiegen hat als ein Glied in einer ewigen, ununterbrochenen Reihe von Kaisern, bestimmt, die Welt zu regieren mit seinen drei Würden des Herrn, des Lehrers und des Vaters, welche zu seiner göttlichen Würde hinzukommen.«[37]

Den ersten Anlaß zum Einschreiten der Polizei gegen die Ōmotokyō gaben nicht politische Unklarheiten und Widersprüche, sondern das in der Bewegung praktizierte *chinkon kishin*, ein Ritus der *Dämonenaustreibung*, der anscheinend häufig bei Mitgliedern der Ōmotokyō zu Geistesstörungen führte. Es lag diesem *chinkon kishin* die Ansicht zugrunde, daß alle leiblichen und seelischen Erkrankungen die Folge der Einwirkung von Dämonen seien. Als besonders günstige Antennen für deren Einflußnahme wurden die Haare angesehen.
Am 12. Februar 1921 durchsuchte die Polizei erstmals das Hauptquartier der Bewegung in Ayabe. Onisaburō Deguchi hielt sich an jenem Tage in Ōsaka auf. Dort wurde er verhaftet. Im Oktober 1921 wurde er zu lebenslänglichem Gefängnis verurteilt.
Nachdem er bereits im gleichen Jahr gegen Stellung einer Kaution und unter Übernahme der Verpflichtung, Ayabe nicht zu verlassen, wieder in Freiheit gesetzt wird, taucht er plötzlich 1924 in der Mongolei auf, die er nun als ersten Bereich zur Realisation des Königreiches Gottes auf Erden erwählt hat. Er wird verhaftet und unter Bewachung nach Japan zurückgebracht.
Eine neue Krise tritt 1935 ein, als Onisaburō Deguchi und seine Frau wegen Störung der öffentlichen Ordnung und

[37] *E. Schiller*, a.a.O., S. 113.

Majestätsbeleidigung zu Gefängnis verurteilt werden. Außerdem werden Heiligtümer und Verwaltungsgebäude der Bewegung mit Dynamit gesprengt.
Das Ende des Zweiten Weltkrieges gibt Onisaburō Deguchi die Möglichkeit zu erneuter Aktivität. Er reorganisiert, wenn auch mit enorm verminderter Anhängerschaft, seine Gemeinschaft, die er jetzt *Aizen-en,* »Garten der Gottesliebe«, nennt. An die Stelle ausgeprägt japanischer Ziele treten übergreifende Bestrebungen der Weltmission. Die Intoleranz der Bewegung weicht einem Eintreten für irenische Beziehungen zwischen den Religionen.
Onisaburō Deguchi stirbt am 19. Januar 1948. In der Leitung der Gemeinde folgt ihm zunächst seine Witwe Sumiko. Nach deren Tod im Jahre 1952 erhält ihre Tochter *Naohi Deguchi* die Stellung des Patriarchen. Mit ihrem Amtsantritt wird der Name erneut geändert; die Gemeinschaft nennt sich von nun an *Ōmoto,* die »große Grundlage«.

Reiyūkai

Die Reiyūkai ist die älteste unter den neuen Religionen Japans, die aus den Kreisen des Nichiren-Buddhismus hervorging. Von dessen Begründer *Nichiren* (1222–1282)[38] – »Sonnenlotos« bedeutet sein Name – übernahm sie jedoch in weitaus geringerem Maße, als dies für andere Nichiren-bezogene Neustiftungen gilt, die Intoleranz, den Nationalismus, die »militante Heiligkeit«, die den unduldsamen Propheten Nichiren kennzeichnete, diese eigenartige Ausnahmegestalt nicht allein im japanischen, sondern im gesamten Buddhismus. Was die Reiyūkai in erster Linie mit Nichiren verbindet, ist die ausschließliche Anerkennung einer heiligen Schrift, die dieser zur autoritativen Glaubensgrundlage erklärt hatte. Es ist eines der bedeutendsten Sūtras des Mahāyāna – Buddhismus, nämlich »Der Lotos der guten Religion« – indisch: *Saddharmapundarīka;* japanisch: *Hokkekyō.* Der Text verkündet eine umfassende Mitleidsethik und behauptet den nur scheinbaren, doketischen Charakter von Buddhas Nirvāna, eine Ansicht, die dem älteren Buddhismus völlig konträr ist.
Das Bekenntnis zum Lotos-Sūtra ist Grundlage der sozialen Aktivitäten der Reiyūkai, die sie in durchaus moderner Weise praktiziert und mit denen sie ihren Beitrag leisten will zur Wohlfahrt und zum Frieden der ganzen Welt.
Aber es sind noch andere Faktoren, die die Gesellschaft kenn-

[38] Beste Monographie: *Masaharu Anesaki,* Nichiren, the Buddhist Prophet. Cambridge 1916. – Neueste Darstellung: *David Brudnoy,* Militant Sainthood: Nichiren. In: Numen. International Review for the History of Religions 17, 1970, S. 19–44.

zeichnen und ihre Eigenständigkeit begründen. In ihrem Namen ist das Wort *rei* enthalten, womit die Geister der Verstorbenen bezeichnet werden. *Reiyūkai* kann etwa mit »Gesellschaft der Seelen-Freunde« übersetzt werden: Ahnenverehrung gehört zu den wesentlichen Charakteristika der Gesellschaft.

Es kommt noch die besondere Form ihrer religiösen Versammlungen hinzu, die zugleich der Werbung neuer Anhänger dienen. Die Gesellschaft bezeichnet sie mit dem Terminus *hōza*, der in dieser speziellen Anwendung den Sinn von »Gruppenkonferenz, Zirkel« gewinnt. Gemeint sind Zusammenkünfte kleiner, etwa 15 Leute umfassender Gruppen, die sich zur Aussprache über religiöse Fragen treffen. Dies geschieht fast ausschließlich in Privathäusern von Mitgliedern. Deshalb ist die Zahl größerer, der Gemeinschaft eigenen Versammlungsräume erstaunlich gering. In der Zeit vom Ende des Zweiten Weltkrieges bis zur Mitte der 50er Jahre, in der die Reiyūkai mit 3 Millionen Anhängern ihren Höhepunkt erreichte, besaß sie nur drei gesellschaftseigene Versammlungsstätten.

Es war keine singuläre Erscheinung in der jüngsten Religionsgeschichte Japans, daß eine neue Religion von mehreren Stifterpersönlichkeiten begründet wurde. Für die Entstehung der Reiyūkai war das Wirken zweier Brüder sowie der Frau des älteren der beiden entscheidend.

Die Brüder stammten aus Kominato, dem südöstlich von Tokyo gelegenen Heimatort Nichirens, der damals noch ein kleines Fischerdorf war. Sie waren Söhne der ärmlichen Familie *Matsudaka*, sind jedoch infolge späterer Adoption bzw. Adoptionsehe nicht unter diesem Namen bekannt geworden. Vor ihrem öffentlichen Auftreten waren sie in Tokyo getrennte Wege gegangen und hatten dabei entscheidende religiöse Erfahrungen gemacht, die sie zu gemeinsamem Wirken wieder zusammenführten.

Kakutarō Kubo (1892–1944), der jüngere der beiden Brüder, war die religiös bedeutsamere Gestalt. Die Schriften der Reiyūkai räumen ihm den ersten Platz unter ihren Gründern ein[39], und die Gemeinschaft verehrt ihn als »geliebten Lehrer« (*onshi*) und, im gleichen Sinne mit der teilweise indischen Bezeichnung, als »gnädigen Guru«.

Nach dem Besuch der Grundschule seines Heimatortes zieht Kakutarō zu einer älteren Schwester nach Tokyo, arbeitet dort als Schreiner, besucht aber gleichzeitig Abendkurse, um seine Bildung zu erweitern.

Bei Arbeiten, die er in der Schreinerei des kaiserlichen Haushaltes ausführt, wird der Baron *Sengoku* auf ihn aufmerk-

[39] A Guide to Reiyū-Kai. Tokyo 1958, S. 19.

sam. Er fördert den strebsamen jungen Mann, läßt ihn Universitätsstudien treiben und verheiratet ihn schließlich mit der einzigen Erbin der angesehenen Familie *Kubo*. Religiös bedeutsam ist, daß Senguko ihn in Kreise der Anhänger Nichirens einführt.

Hinzu kommt ein zweites Erlebnis. Kakutarōs geistig kranke Schwiegermutter wird von einer medial begabten Frau geheilt, die spiritistischen Verkehr mit den *rei*, den Geistern Verstorbener, pflegen soll.

Yasukichi Kotani (1884–1924), der ältere Bruder Kakutarōs, der in Tokyo ein Gasthaus mit einer einfachen Pension unterhält, ist inzwischen auf ganz andere Weise auf die Welt der Verstorbenen hingewiesen worden. Er hat sich den Anhängern eines Mannes namens *Nishida* angeschlossen. Dieser, der glaubt, in der Endzeit zu leben, weist in öffentlichen Predigten auf die Leiden der Armen hin, zieht aber auch über die Friedhöfe und pflegt Gräber, die verwahrlost sind, weil keine Familienangehörigen der Bestatteten mehr leben. Vor allem sammelt er die Brettchen mit deren Namen, die er in seinem Hause aufstellt, um ihnen Ahnenverehrung zuteil werden zu lassen.

Diese religiösen Erfahrungen der Brüder stehen im Hintergrund, als Kakutarō seinen älteren Bruder Yasukichi, der erkrankt ist, besucht und seine Heilung durch Ahnendienst, Rezitation des Lotos-Sūtra und Waschungen bewirkt.

Yasukichi, der mit drei Kindern Witwer geworden war, ist damals in zweiter Ehe mit der Frau verheiratet, die später für Organisation und Verbreitung der neuen Religion die größte Bedeutung gewann. Es ist die ebenfalls ärmlichen Verhältnissen entstammende *Kimi Iida*, die im Jahre 1901 geboren wurde, also 17 Jahre jünger als ihr Mann Yasukichi ist.

Über die Vergangenheit dieser Kimi ist wenig bekannt. Nach manchen Berichten wurde sie im Alter von 17 Jahren mit einem Fischer verheiratet, der auf See ums Leben kam. Sie scheint dann jahrelang allein in Tokyo gelebt zu haben. Über ihr Leben dort gibt es nur Vermutungen und Behauptungen aus den Reihen der Gegner der Gemeinschaft.

Die Gründung der Reiyūkai durch Kakutarō Kubo, Yasukichi Kotani und seine Frau Kimi Kotani erfolgte im Jahre 1925, also zu einer Zeit, die noch völlig unter dem Eindruck des entsetzlichen Erdbebens stand, das am 1. September 1923 Tokyo und Yokohama verwüstet hatte. Viele hatten in Nichirens Prophetie einen Hinweis auf diese Tage der Zerstörung erblickt.

Die neue Religion basiert auf einem von ihr als kanonisch bezeichneten Text, den sie nach der Farbe seines Papiers die

»Blaue Schrift« nennt. Diese »Blaue Schrift« enthält Gebete und Meditationstexte, vornehmlich ausgewählte Kapitel des Lotos-Sūtra. Beigegeben sind die folgenden sechs Regeln für das tägliche Leben der Anhänger der Reiyūkai:

»1. Wir schwören, durch den religiösen Dienst für unsere Ahnen einander zu helfen und zu achten und klar und recht mit Einsicht und Überlegung die Lehren des gnädigen Guru (*Kubo Onshi*) und des gegenwärtigen Oberhauptes (*Kotani*) zu lernen.
2. Es ist eine Sünde, andere durch Verleumdung und Lüge zu verwirren. Wir sollten alle Sünde von uns fernhalten, denn sie schneidet die Wurzel der Tugend ab.
3. Zentrales Anliegen unserer Gesellschaft ist es, unsere eigenen Ahnen mit voller Aufrichtigkeit zu verehren. Deshalb kommt es nicht in Frage, andere zum Eintritt in diese Gesellschaft zu zwingen oder Anhänger anderer Religionen zu werben. Wir sollten uns vor diesen Übeln hüten.
4. Jemand mag sagen: wenn ihr unserer Gesellschaft beitretet, werdet ihr von eurer Krankheit genesen und eure Geschäfte werden gut gehen – oder wenn ihr eine bestimmte Anzahl von Personen diesem Glauben zuführt, werdet ihr den Lohn der Tugend haben. Jedoch sollten wir Sorge tragen, niemals mit solchen süßen Versprechungen Mitglieder an uns zu ziehen. Es ist dies gegen die Grundsätze dieser Gesellschaft.
5. Selbstverständlich sollten wir uns strikt davor hüten, unter unseren Mitgliedern Geld zu verleihen oder Opfergaben in Geld oder Wertgegenständen zu fordern.
6. Wir, die Glieder dieser Gesellschaft, sollten unser Inneres pflegen, Gutes tun und unseren Charakter fortbilden. Es ist überflüssig zu sagen, daß wir alles ernsthaft tun sollen und mit Dankbarkeit als Glied dieser Gesellschaft, der Reiyūkai.«[40]

Äußerst bemerkenswert ist die karitative Aktivität, mit der die Gemeinschaft ihre Grundsätze verwirklicht. Sie kümmert sich um hilflose Kinder, körperlich behinderte Menschen, und sie verbreitet Bücher in Blindenschrift. Mit Aufklärungsfilmen kämpft sie gegen den Drogengenuß. Außerdem war die Reiyūkai maßgeblich beteiligt am Aufbau einer privaten Organisation zur Betreuung entlassener Strafgefangener.
Trotzdem hat die Gesellschaft seit Anfang der 50er Jahre ihren Höhepunkt überschritten. Zwei Gründe waren hierfür maßgebend. Einmal wurde Kimi Kotani, die nach dem Tode ihres Schwagers Kakutarō Kubo im Jahre 1944 die Funktion des geschäftsführenden Direktors (*rijichō*) übernommen hatte, in Skandale verwickelt. Eine Anklage wegen Steuerhinterziehung wurde gegen sie erhoben. Außerdem meldete die Presse, bei einer polizeilichen Haussuchung seien nicht nur enorme Werte in Gold, sondern auch beträchtliche Mengen

[40] A Guide to Reiyū-Kai, a.a.O., S. 17 f.

an Rauschgift sichergestellt worden, die Kimi versteckt gehalten habe.

Die zweite Ursache des Niederganges der Reiyūkai ist ihrer eigenen Organisationsform inhärent, die mit der Art ihrer religiösen Versammlungen in kleinen Zirkeln zu neuen Gruppenbildungen anregt. Tatsächlich sind inzwischen acht selbständige Gesellschaften aus der Reiyūkai hervorgegangen. Die bedeutendste dieser neuen Religionen ist die *Risshō Kōseikai.*

Risshō Kōseikai

Die bei weitem größte und bedeutendste derjenigen Bewegungen, die durch Abspaltung von der *Reiyūkai* entstanden sind, ist die *Risshō Kōseikai*, die »Gesellschaft für Aufrichtung von Recht und mitmenschlichen Beziehungen«. Von der Religion, aus der sie hervorging, unterscheidet sie sich in ihren Lehren nur unwesentlich, zumal weniger sachliche Differenzen ihre Abtrennung veranlaßten als vielmehr menschliche Unstimmigkeiten, die auf die autokratische Haltung von *Kimi Kotani*, der Mitbegründerin der Reiyūkai, zurückzuführen waren.

Wiederum steht nicht ein einzelner Religiöser am Beginn der neuen Bewegung. Die Risshō Kōseikai wird vielmehr von zwei Stifterpersönlichkeiten begründet, einer Frau und einem Mann, die beide ärmlichen Kreisen des japanischen Kleinbauerntums entstammen und später in Tokyo Arbeitsmöglichkeiten finden.

Eigene Krankheit, eine unglückliche, nach elf Jahren beendete Ehe und der Tod ihres dreijährigen Kindes hatten *Myōkō Naganuma* (1889–1957), die spätere Mitbegründerin der Risshō Kōseikai, auf einen Weg des religiösen Suchens geführt, der zunächst mit ihrem Eintritt in die *Tenrikyō* endete, der ihre sehr viel ältere Schwester bereits angehörte.

Die *Reiyūkai* wird die zweite Station ihrer Heilssuche. Zweifel an der Wahrheit und Kraft der Tenri-Lehre, die das Versagen einer Glaubensheilung bei ihr erweckt, gehen diesem Übertritt voraus, der durch ihr Zusammentreffen mit *Nikkyō Niwano* bewirkt wird, den späteren Mitstifter der Risshō Kōseikai.

Der im Jahre 1906 geborene Nikkyō Niwano hatte sich in Tokyo durch Ausdauer und Fleiß emporgearbeitet und sich mit einem eigenen Geschäft ein gutes Einkommen gesichert. Doch seine eigensten Ansprüche, die Erfolge im Erwerbsleben bei weitem überstiegen, galten religiösen Fragen und führten ihn zunächst in Kreise des Okkultismus und der Astrologie.

Als seine beiden Töchter erkranken und ärztliche Hilfe versagt, wendet er sich an einen Distriktleiter der Reiyūkai, der die Kinder heilt. Dies veranlaßt ihn, sich der Gesellschaft anzuschließen.
Er tut es mit vollem Einsatz seiner Person. Sein Geschäft gibt er auf und arbeitet fortan als Milchmann. Er wählt diese Tätigkeit, weil sie ihn mit vielen Menschen in Verbindung bringt und es ihm ermöglicht, auch außerhalb der morgendlichen Arbeitszeit für die Reiyūkai zu missionieren. Hierbei gewinnt er auch die von Tenrikyō enttäuschte Myōkō Naganuma, die seine erfolgreiche Mitarbeiterin wird.
Der Bruch mit der Reiyūkai vollzieht sich im März 1938 nach schweren und heftigen Auseinandersetzungen mit Kimi Kotani. Mit etwa 30 Anhängern verlassen Myōkō Naganuma und Nikkyō Niwano diese Gesellschaft und gründen am 5. März 1938 ihre eigene religiöse Gemeinschaft, die zunächst den Namen *Dai Nihon Risshō Kōseikai* erhält. *Dai Nihon,* »Groß-Japan(isch)«, entfällt nach dem Zweiten Weltkrieg, doch nicht allein aus politischen Gründen. Vielmehr erweitert nunmehr die Gemeinschaft ihre vordem national begrenzten Ziele der Förderung mitmenschlicher Beziehungen intentionell auf die gesamte Menschheit.
Ihre *Lehre* kann als moderne Aktualisierung des *Nichiren*-Buddhismus verstanden werden. Die Buddha-Existenz, die jedem Menschen eigen sei, könne zu vollem Bewußtsein gebracht werden durch Pflege von Gerechtigkeit und guten menschlichen Beziehungen, die im harmonischen Familienleben ihre Grundlage haben.
Doch nicht diese Lehre sichert Eigenständigkeit und Erfolge der Bewegung. Es ist vielmehr die praktische Arbeit, die sie in straff organisierter Weise leistet.
Ihre Arbeit gilt einmal der *Persönlichkeitsbildung* ihrer Mitglieder. Dabei hat sie von der Reiyūkei die Form der Gruppenbesprechungen in kleinen Zirkeln übernommen. Entgegen ostasiatischem Brauch, persönliche Probleme in privater Sphäre zu verbergen, gilt in diesen Zirkeln das Prinzip unverhüllter Offenherzigkeit. Fragen und Zurechtweisungen seitens des Gruppenleiters erinnern in ihrer Strenge und Grobheit an das Verhalten der *Zen*-Meister. Dabei darf nicht verkannt werden, daß diese Gruppenarbeit mit ihrem intensiven Eingehen auf jedermanns Nöte und Skrupel den Mitgliedern das Bewußtsein einer geistigen Heimat und seelischer Betreuung vermittelt.
Die Betreuung, die die Gesellschaft ihren Anhängern zukommen läßt, erstreckt sich aber auch auf schulische Ausbildung und karitative Fürsorge. Das Vorbild Tenrikyōs war maßgebend für die Errichtung eines großen Zentrums der Ge-

meinschaft im Tokyoer Bezirk *Suginami*. Dieses Zentrum umfaßt moderne Schulen, deren Unterricht von den Anfängen der Grundschule bis zum Abschluß des Gymnasiums führt. Es finden sich dort ferner Kindergarten, Krankenhaus und Altersheim, außerdem die Verwaltungsgebäude der Risshō Kōseikai. Den Mittelpunkt bildet eine riesige, 50 000 Menschen fassende Versammlungshalle, das »große Heiligtum« (*Daiseidō*) genannt. Der Bau wurde 1956 begonnen und 1964 beendet.

Dieses mit den Opfern meist wenig begüterter Anhänger errichtete Zentrum dürfte wesentlich die Werbekraft der Gesellschaft fördern. Sie hat sich in steilem Aufstieg zu einer der bedeutendsten neuen Religionen Japans entwickelt und zählt über 2 Millionen aktive Mitglieder.

Odoru Shūkyō

Tabuse, ein Dorf der Präfektur Yamaguchi, die im äußersten südwestlichen Zipfel der japanischen Hauptinsel Hondo liegt, ist der Entstehungsort und bleibende Hauptsitz einer neuen Religion, die allgemein als *Odoru Shūkyō*, »Tanzreligion« bekannt geworden ist und sich offiziell *Tenshō Kōdai Jingūkyō* nennt, worunter sie die »Lehre des absoluten Gottes« versteht.

Die Stifterin dieser Religion, häufig als »Prophetin von Tabuse« angesprochen, heißt *Sayo Kitamura*. Sie wurde am 1. Januar 1900 geboren und verlebte in der guten Atmosphäre ihres elterlichen Hauses als viertes von neun Kindern eine unbeschwerte Jugend. Nachdem sie im Alter von zwanzig Jahren mit dem in Tabuse beheimateten Bauern *Seinoshin Kitamura* verheiratet worden war, zeichnete sie sich durch unermüdliche Arbeit auf den Feldern ihres bäuerlichen Betriebes aus. Diese Tätigkeit blieb ihre einzige Erwerbsquelle, auch nachdem sie ihre Berufung erfahren hatte und zur Führerin einer Religionsgemeinschaft geworden war. Es ist bezeichnend, daß sie es ablehnt, von ihren Anhängern finanzielle Mittel entgegenzunehmen.

> »Wenn ich nur einen Yen von euch fordern würde, wäre es für euch unnütz, meine Predigten zu hören. Es gibt keinen Gott, der Geld oder Gaben benötigt.«[41]

Die Ereignisse, die zum religiösen Auftreten von Sayo Kitamura führten, fanden während des Zweiten Weltkrieges statt. Auslösendes Moment war eine Feuersbrunst, die in

[41] Guidance to God's Kingdom. Tabuse 1956, S. 8.

Tabuse ausbrach und auch das Haus der Prophetin vernichtete. Diese stand damals in ihrem 43. Lebensjahr.
Kritiker der Tanzreligion sprechen von einer Schockwirkung, die damals eingetreten sei und zu Geistesstörungen geführt habe, die sich im Bewußtsein einer dämonischen Besessenheit geäußert hätten. Für ihre Anhänger ist es der Beginn der Geschichte der Erwählung ihrer Prophetin, die sich über mehrere Jahre hinzog.
Zwei Daten, der 4. Mai 1944 und der 12. August 1945, sind vor allem entscheidend. Die Prophetin fühlt sich ganz in Besitz genommen von Gott. Später bekennt sie:

> »Ich bin nur eines Bauern Weib mit sechs Jahren Grundschule ... Der einzige, der groß ist, ist der Gott in mir. Mein Körper ist der Tempel Gottes, und die göttliche Funkverbindung ist ständig eingeschaltet.«[42]

Als Stimme Gottes fühlt sich nunmehr die Prophetin. Ihre erste Predigt hält sie vor Freunden am 22. Juli 1945. Dieser Tag kann als Gründungsdatum der neuen Religion bezeichnet werden, die weniger als zwei Jahre später, im März 1947 nämlich, ihre behördliche Registrierung und damit offizielle Anerkennung erlangt.
Ihr rasches Wachstum, das in wenigen Jahren zu einer Anhängerschaft von über 100 000 Menschen führt, verdankt sie in erster Linie der starken persönlichen Ausstrahlungskraft ihrer Stifterin. Es fasziniert der Ausdruck ihres grobgeschnittenen, aber energievollen Gesichtes. Ihre – stets unvorbereiteten – Predigten und Lieder trägt sie mit Stentor-Stimme vor.

> »Sie begann die Botschaft Gottes herauszuschreien«,

berichtet eine offizielle Schrift ihrer Gemeinde über ihr erstes Auftreten.[43]
Und es ist in ihrem Verhalten nichts zu finden von jener selbstgewählten Absonderung, die *Miki Nakayama*, die Stifterin der *Tenrikyō*, nach ihrer Berufung befolgte. Die Prophetin von Tabuse bleibt unter den Leuten. Sie bestellt weiterhin ihre Äcker. Sie zieht predigend durch das Land, zu Fuß, mit dem Fahrrad oder reitend, stets ihren Proviant mit sich führend.
Ihre Botschaft verbreitet sie auch außerhalb der japanischen Inseln. 1952 unternimmt sie ihre erste Reise nach *Hawaii*, wo sie sieben Zweigstellen ihrer Religionsgemeinschaft errichtet und mehr als 2000 Anhänger gewinnen kann. Anfang

[42] Ebd., S. 17.
[43] Ebd., S. 4.

1954 bricht sie zu einer zweiten Auslandsreise auf, die diesmal über Hawaii hinaus in die *Vereinigten Staaten* führt; sie kehrt am 13. Februar 1956 nach Japan zurück. Hawaii und die Vereinigten Staaten sind auch das Ziel ihrer dritten Auslandsreise im Jahre 1961.

Die Verkündigung der Prophetin von Tabuse ist gekennzeichnet durch *absolute Intoleranz* gegenüber anderen Religionen. Zwar werden *Jesus Christus* und *Gautama Buddha* als Offenbarungen des gleichen himmlischen Gottes bezeichnet, der in dem Körper der Prophetin Wohnung genommen hat. Zugleich aber behauptet die Odoru Shūkyō die Verderbnis von Christentum und Buddhismus, ihre Unfähigkeit, erlösend zu wirken:

> »Diese Religionen sind tote Religionen, die keine Macht haben, die Seelen der Lebenden und der Toten zu erlösen. Deshalb ist der allmächtige Gott des Universums noch einmal herabgestiegen ...«[44]

Und die Prophetin erklärt:

> »Seht auf die Vergangenheit. Alle professionellen Religiösen sind mehr und mehr korrupt geworden. Sie haben Idole gebildet und Tempel und wundervolle Kathedralen gebaut, sie haben Geld und Eigentum vom Volk gesammelt und religiöse Bücher studiert ohne ein geistliches Erwachen in ihnen selbst. Sie predigen, daß die Leute in den Himmel kommen müssen; aber wie können die Leute Religiösen folgen, die nichts anzubieten haben außer Ideen und Einbildungen.«[45]

In ihrer eigenen Lehre vertritt die Odoru Shūkyō einen *Gottesbegriff*, den sie zumindest teilweise als monotheistisch versteht; denn sie setzt ihn dem himmlischen Vater des Christentums gleich, allerdings auch dem Urbuddha. Sie nennt ihn den »Absoluten Gott«, *Tenshō Kōdai Jingū*.

Allerdings wird dieser allmächtige Gott des Universums als eine Zweiheit verkündet, die aus einer männlichen und einer weiblichen Gottheit bestehe, und es ist von einer Trinität die Rede, deren dritte Person die Prophetin von Tabuse bilde.

Sicherlich liegt alles Gewicht der Odoru Shūkyō – wenigstens bislang – auf religiöser Erfahrung und Praxis und nicht im Bereich dogmatischer Definition. Deshalb ist es schwierig, die religiöse Stellung, die die Stifterin in ihrer Gemeinschaft einnimmt, eindeutig zu kennzeichnen. Sie wird einerseits der »heilige Mittler Gottes« genannt. Einer bloßen Mittlerfunktion aber steht andererseits der religiöse Ehrentitel entgegen, den ihre Gemeinde ihr verlieh und den sie anerkennt. Er lautet *Ogamisama*, was ausdrücklich als »Großer Gott« verstanden werden soll.

[44] Ebd., S. 18.
[45] Ebd., S. 6.

Tendenzen zur *Vergöttlichung der Stifterin* treten klar hervor. Ihnen völlig eindeutig zu widersprechen, steht das ausgeprägte Sendungsbewußtsein der Ogamisama entgegen, an dessen subjektiver Aufrichtigkeit kein Zweifel bestehen dürfte. Dies aber führte zu mehrdeutigen Selbstbekenntnissen.
Einerseits betonte Sayo Kitamura, daß sie nur eine einfache Bäuerin und weiter nichts als ein Werkzeug Gottes sei. Andererseits aber ließ sie nicht allein den Gebrauch des Titels Ogamisama üblich werden, ihr Sohn wird bereits als »junger Gott« bezeichnet und ihre Enkelin, die designierte Nachfolgerin in der Führung der Gemeinde, als »göttliche Prinzessin«.
Weniger Gewicht dürfte der Tatsache beizumessen sein, daß mit dem 4. Mai 1944, dem Tag der ersten Offenbarung der Prophetin, eine neue Jahreszählung beginnen soll. Anscheinend setzt sich diese *Kalenderreform* in den Kreisen ihrer Anhänger nur sehr zögernd durch. Eine Schwierigkeit dürfte auch darin liegen, daß die Prophetin selbst nach dieser neuen Zeitrechnung 44 Jahre vor Beginn ihrer Ära geboren wurde.
Im Zentrum der Verkündigung der Ogamisama steht die Botschaft vom baldigen Anbruch des *Königreiches Gottes*, das sich aus dem gegenwärtigen Zeitalter des Niederganges und der Katastrophen erheben soll. Dieses Königreich Gottes wird begriffen als eine innerweltliche, im irdischen Leben realisierbare Heilstatsache. Es nimmt seinen Ausgang in dem Dorfe Tabuse. Die Stätte der Offenbarung ist also identisch mit derjenigen des beginnenden Heils. Dies geht aus den folgenden Ausführungen hervor:

»In einem Winkel Japans, in der Präfektur Yamaguchi, dort ist ein Dorf, Tabuse genannt, wo man tatsächlich eine besondere Welt finden kann, die fern von Einbildung ist – die Welt, die alle menschlichen Geschöpfe eifrig gesucht haben. Diese himmlische Welt ist das Königreich Gottes, gegründet von Sayo Kitamura, unserer Erretterin. Dort, in der Predigthalle unserer Zentrale, hält sie ihre Predigten Tag und Nacht. Große Mengen Volkes aus allen Teilen Japans besuchen unsere Zentrale, um ihre Seelen zu bilden und teilzunehmen an der heiligen Aufgabe unserer Heilbringerin, Gottes Königreich hier auf Erden zu erschaffen und den Weltfrieden zu begründen. Unsere Gottheit hält ihre Predigten sowohl in der Form von Psalmen als auch in gewöhnlicher Rede, aber sie braucht sie niemals vorzubereiten. Wenn sie ihren Mund öffnet, kommen Predigtworte hervor wie sprudelndes Wasser, das aus der Erde strömt. Sie sagt: ›In dem Moment, in dem ich meinen Mund öffne, beginnt die göttliche Funkverbindung und ihr könnt Offenbarungen hören, die direkt von Gott kommen . . .‹ Die Gemeinde der Anhänger, die an sie glauben, ist nichts weniger als Gottes Königreich selbst, das Königreich der Aufrichtigkeit, in dem keine Polizei vonnöten ist, um dem Rechte Geltung zu verschaffen, in dem Ränge, Titel und Reichtümer unnötig und unerwünscht sind. In diesem Sinne kann die Zentrale in Tabuse ein geistliches Heimatland für alle Anhänger genannt werden, und unsere Anhänger wissen alle, daß es eines Tages das gleiche für alle Menschen auf der Welt werden wird.«[46]

Voraussetzung für die Verbreitung eines Königreiches Gottes ist eine innere Umkehr, zu der die Prophetin nicht müde wird, immer wieder erneut aufzurufen:

»Erwacht, ihr madigen Bettler!
Erwacht, ihr verräterischen Bettler!
Die Tür des Himmels hat sich nun geöffnet, damit die frommen Seelen eintreten können.«[47]

Es sind *ethische Anliegen*, die die Prophetin hiermit ansprechen will. Sie werden inhaltlich bestimmt unter Verwendung der japanischen Begriffe *ga* und *muga*. Der Egoismus, das »Ich«, wird mit *ga* ausgedrückt, und *muga* ist das »Nicht-Ich«, die Freiheit von selbstischen Wünschen und Zielen, die im einzelnen als Ausrottung von sechs Wurzeln des Bösen bezeichnet wird. Und diese Freiheit vom Egoismus ist verbunden mit der Forderung der Demut.
Das *Gemeinschaftsgebet* der Odoru Shūkyō, das einzige, das in ihren Versammlungen gesprochen wird, soll helfen, dieses Ziel zu erreichen:

»Allmächtiger Gott des Universums, Ursprung aller Gottheiten,
Frieden der ganzen Welt, Frieden der ganzen Welt,
wenn alle Menschen Gottes Willen erfüllen.
Gib uns ein himmlisches Königreich, in dem es erfreulich ist zu leben.
Sechs Wurzeln des Übels, sechs Wurzeln des Übels,
sechs Wurzeln des Übels in meinem Geist sind nun vollkommen getilgt.
Da die sechs Wurzeln der Sünde getilgt sind,
kann es nicht sein, daß dieses Gebet nicht erfüllt wird.
Verehrung sei dem Lotos-Sūtra.«[48]

Mit Hilfe dieses Gebetes gelangt der Mensch bis an das Tor des Königreiches Gottes. Um eintreten zu können, bedarf es noch einer *kultischen Handlung*, die mit *muga no odoru*, »Tanz des Nicht-Ich« bezeichnet wird. Es handelt sich um einen ekstatischen Tanz, der dieser neuen Religion ihren inoffiziellen Namen der »Tanzreligion« gegeben hat.
Um das Königreich Gottes universal zu verbreiten, wird es nötig sein, auch die Seelen der Ahnen, nicht allein die des eigenen Volkes, sondern die aller Völker, von bösen Geistern

[46] The Paradise of Tabuse. Tabuse 1953, S. 1.
[47] Guidance to God's Kingdom, a.a.O., S. 4.
[48] Ebd., S. 12.

zu befreien. Auf das Beten der Gemeinschaft hin werden die Ahnenseelen kommen und Erlösung suchen. Da sie die verschiedenen Sprachen ihrer einstigen Lebensbereiche sprechen, gilt es als sicher, daß dann durch dieses Zusammentreffen mit den Ahnengeistern alle Menschen leicht und mühelos alle Sprachen lernen können.

PL Kyōdan

Der Name, den diese Religionsgemeinschaft seit ihrer Neubegründung im Jahre 1946 trägt, ist zweisprachig, eine Tatsache, die von japanischen Kritikern angegriffen und ironisiert worden ist. In den eigenen Reihen wird sie in folgender Weise begründet:

> »Wir möchten zur Modernisierung Japans beitragen, und deshalb wählten wir einen modernen amerikanischen Namen.«[49]

Das bezieht sich auf die Abkürzung *PL*, die in *Perfect Liberty*, »vollkommene Freiheit«, aufzulösen ist. Japanisch dagegen ist das Wort *Kyōdan*, »religiöse Bruderschaft«. Bis zu ihrer behördlich verordneten Auflösung im Jahre 1937 trug diese Religion den Namen *Hito no Michi*. Er bedeutet »Menschen (*hito*)-Weg (*michi*)«. Wegen ihrer eifrigen Förderung der Anlage von Golfplätzen wird diese Bewegung auch gelegentlich abwertend als *Golfreligion* bezeichnet, womit sie als eine rein innerweltliche Angelegenheit gekennzeichnet werden soll.

Die beiden aufeinanderfolgenden Selbstbezeichnungen dieser Religion entsprechen durchaus ihrer Tendenz, sich selbst zu wandeln, eine fortschreitende Anpassung der eigenen Verkündigung an die jeweiligen Erfordernisse wechselnder Zeiten zu vollziehen. Damit verzichtet sie bewußt auf den Anspruch einer ausschließlichen Einmaligkeit und Letztgültigkeit ihrer ursprünglichen Botschaft.

Da der historische Wandel stets aufs neue in das Lehrsystem einbegriffen werden soll, verlangt der PL Kyōdan von seinem jeweiligen Leiter nicht allein organisatorische Fähigkeiten und religiöses Wissen, sondern darüber hinaus eigene Intuitionen, denen charismatische Begabungen zugrunde liegen sollen.

Der PL Kyōdan kennt zwei aufeinander folgende Gründerpersönlichkeiten. Er bezeichnet sie in seinen englischsprachigen Missionsschriften mit *Founder I* und *Founder II* und verleiht ihnen außerdem den religiösen Ehrentitel *Holy Father*, womit er in etwa die japanische Bezeichnung *Oshie-oya* wie-

[49] *Harry Thomsen*, The New Religions of Japan. Tokyo 1963, S. 183.

dergibt. Außerdem verehrt er einen »Vorläufer«, der der Lehrer der beiden Gründer war.

Dieser Vorläufer, im PL Kyōdan auch *Kakurioya*, »verborgener Gründer« genannt, hieß *Tokumitsu Kanada*. Er wurde am 1. November 1863 in Sakai, der zweitgrößten Stadt der Präfektur Ōsaka, geboren. Seit frühester Jugend zeichnete er sich durch tiefe Frömmigkeit aus. Später zog er sich oft zu religiösen Übungen in die japanische Bergwelt zurück und befolgte damit einen in Japan seit alters geübten Brauch. In einem Kloster, das *Kōbō Daishi* (744–835), der Gründer der *Shingon*-Schule, im Jahre 816 n. Chr. auf dem südlich von Ōsaka gelegenen *Kōya-san* errichtet hatte, wurde Tokumitsu Kanada mit den magischen Lehren dieser buddhistischen Schulrichtung bekannt und erwarb sich dadurch wohl auch die Fähigkeiten der Krankenheilung und des Hellsehens, die ihn später auszeichneten. Im September 1912 rief er in Ōsaka eine eigene Sekte ins Leben, die vor allem in der Geschäftswelt Anhänger fand. Sie wurde nach dem Namen ihres Stifters »Tokumitsu-Lehre«, *Tokumitsukyō*, genannt.

Von grundlegender Bedeutung für die Entstehungsgeschichte des PL Kyōdan war es, daß Tokumitsu der Lehrer der beiden nachmaligen Stifter dieser neuen Religion wurde, des *Tokuharu Miki* und seines ältesten Sohnes *Tokuchika Miki*.

Tokuharu Miki wurde am 27. Januar 1871 als Sohn eines Mälzers in der auf der Insel Shikoku gelegenen Stadt Matsuyama geboren. Von seinem 10. Lebensjahr an erhielt er in einem *Zen*-Kloster seiner Heimatstadt die Ausbildung eines buddhistischen Priesters. Er wurde ein Meister des Zen, und als Oberpriester unterstanden ihm sieben Tempel. Er verheiratete sich, was seinem priesterlichen Rang innerhalb des Zen nicht entgegenstand, mit einer Angehörigen der Zen-Sekte. Für die Erhaltung in Not geratener Klöster arbeitet er in der Folgezeit als Bauer und Weber und zieht außerdem als Bettelmönch durch das Land.

Durch Entbehrungen und Überanstrengungen, die er auf sich genommen hat, erkrankt er an asthmatischem Husten. Im Jahr 1912 trifft er in Ōsaka zufällig mit Tokumitsu Kanada zusammen. Dieser, der die Fähigkeit besitzt, die Leiden anderer auf sich zu nehmen, heilt ihn. Zugleich erkennt Tokumitsu in Tokuharu den Fortführer und Vollender seiner eigenen religiösen Ideen.

Tokuharu Miki ist von den Lehren Tokumitsus tief beeindruckt und wird, nachdem er sein Amt eines buddhistischen Priesters aufgegeben hat, im Jahre 1916 dessen Schüler, zusammen mit seinem am 8. April 1900 geborenen Sohn Tokuchika.

Es fällt auf, daß die Vornamen sowohl des Vorläufers als auch

der späteren Gründer des PL Kyōdan als ersten Bestandteil eines Kompositums das Wort *toku* haben; dieses *toku* bedeutet »Tugend«.
Tokumitsu, der Vorläufer, stirbt am 4. Januar 1919. Es vergehen einige Jahre, ehe sich Tokuharu Miki entschließt, mit einer eigenen Neustiftung die Gedanken des Meisters weiter zu pflegen und zu vollenden. Unmittelbarer Anlaß hierzu wird ihm der Empfang himmlischer Offenbarungen. Ehe er im Jahr 1926, also im Alter von 55 Jahren, seine eigene religiöse Gemeinschaft offiziell ins Leben ruft, fährt er mit einigen seiner Anhänger zum kaiserlichen *Shintō*-Heiligtum von *Ise* und verbeugt sich dort ehrfurchtsvoll vor dem Schrein der Sonnengöttin *Amaterasu.*
Die neue Religion, die sich zunächst noch als »Tokumitsu-Lehre« versteht, erhält im Jahre 1931 den Namen *Hito no Michi,* »Menschenweg«, und erlebt bis zur Mitte der 30er Jahre einen erstaunlich schnellen Aufstieg. Dann aber führt die offizielle Förderung des Staats-Shintō zur Verfolgung anderer Religionen, deren Führer den polizeilichen Behörden suspekt erscheinen
Offenbar erwartete Tokuharu Miki sein eigenes Martyrium. Denn am 27. September 1936 übergab er seinem Sohn Tokuchika die Leitung seiner Religionsgemeinschaft, die bald darauf, im April 1937, den Befehl zur Auflösung erhält. Ihre Führer kommen ins Gefängnis. Dort schwächt sich der Gesundheitszustand von Tokuharu Miki so sehr, daß er am 6. Juli 1938 stirbt. Sein Begräbnis findet im geheimen statt.
Sein Sohn Tokuchika wird am 9. Oktober 1945 aus dem Gefängnis entlassen. Anhänger seiner Gemeinschaft, die der neuen Religion innerlich treu geblieben waren, bitten ihn, diese neu zu begründen. Er folgt diesem Ruf am 29. September 1946 und verleiht der Gemeinschaft den bis heute gültigen Namen *PL Kyōdan.*
Der Aufstieg, den diese neue Religion seitdem verzeichnen kann, ist nicht zuletzt ein Verdienst ihres zweiten Gründers, eines sehr gebildeten Mannes, der es verstanden hat, sich auch offiziellen Einfluß zu verschaffen; er ist einer der Berater des Kultusministeriums in Religionsangelegenheiten.
Die Zahl der Anhänger des PL Kyōdan hat eine Million überschritten. Die Gemeinschaft ist über die Grenzen Japans hinaus in verschiedenen Ländern vertreten. Nach ihren eigenen Angaben besitzt sie Gläubige in Brasilien, den USA, in Australien, Thailand, Vietnam, Argentinien und Paraguay.[50]
Das Zentrum der neuen Religion, »Eternal Headquarters« genannt, wurde nach einigen Provisorien seit 1955 auf einem 2000 Hektar großen Terrain in der Präfektur Ōsaka errichtet.

[50] PL (Missionarische Schrift aus dem Jahre 1958), S. 17.

Die Gemeinschaft bezeichnet es als »Heiliges Land«, und sie hofft, daß es ein *Mekka* für alle Völker der Erde werde.[51] Als »irdisches Paradies« wurde es mit Gartenanlagen, künstlichen Hügeln und einem künstlichen See versehen. Auf dem Gelände stehen der aus Marmor errichtete Haupttempel, Wohnhäuser für die ständig anwesenden Mitglieder und Schlafhallen für die Pilger. Ein Hospital, Grund- und höhere Schule sind vorhanden, natürlich auch ein großräumiger Golfplatz. Der PLY – PL Youth –, der Jugendorganisation, wurde ein eigenes Zentrum errichtet, weithin sichtbar durch die riesigen, mit roter Farbe auf das Gebäude gemalten Abkürzungsbuchstaben.

Die *Verkündigung*, mit der der PL Kyōdan gegenwärtig hervortritt, ist ausgesprochen in der Einleitung zum Katechismus des Jahres 1957:

> »Der PL hat eine Mission zu erfüllen. Alle Menschen suchen nach einem Lebensweg. Es gibt schon viele Religionen, die eine glänzende Lehre haben. Wir denken an den Buddhismus, an das Christentum, an den Islam und andere. Warum stellt der PL trotzdem eine neue Lehre auf? – Darum, weil der PL sagt, was Leben ist –: Leben ist Kunst!«

Am Schluß dieser Ausführung, die eine Abgrenzung gegenüber traditionellen Religionen vornimmt, steht der für die Botschaft des PL Kyōdan zentrale Satz:

> »Leben ist Kunst.«

Diese Erkenntnis hat zu beachtlichen künstlerischen Leistungen geführt. Aber mit Recht wird betont:

> »Wir gebrauchen das Wort ›Kunst‹ in einem weiteren Rahmen.«[52]

Und im einzelnen wird erläutert:

> »Das Leben des Menschen ist Kunst. Vom Augenblick an, da der Mensch dieses künstlerische Leben lebt, erkennt er den Sinn und die Bedeutung des Daseins. Worin besteht nun dieses künstlerische Leben? Jeder Mensch drückt frei, je nach den Gegebenheiten seines Berufes, seine Individualität aus . . . Wenn er auf sein eigenes, selbstsüchtiges Ich verzichtet, läßt er sich nicht mehr von Lust und Leidenschaft hinreißen. Wenn der Mensch sich nicht so weit erhebt, daß er für das Wohl der Menschheit wirken will, kann er seine Individualität nicht in einem höheren Grade ausdrücken.«[53]

[51] Ebd., S. 3.
[52] Ebd., S. 14.
[53] *Maurice A. Bairy*, Japans Neue Religionen in der Nachkriegszeit. Bonn 1959, S. 95. (Der Titel der Schrift ist irreführend, eine zusammenfassende Darstellung wird nur vom PL Kyōdan gegeben!)

Es sind also *ethische Forderungen*, die mit der künstlerischen Gestaltung des Lebens verbunden sind. Und es ist bezeichnend, daß der ethische Zentralbegriff des PL Kyōdan, der die ethische Entscheidung des Menschen zum Ausdruck bringen soll, *shikiri* lautet. Dieser Terminus ist dem Bereich des altjapanischen Kampfspieles entnommen, wo er die Kampfentscheidung (im Sinne einer Entscheidung *zum* Kampfe, zum Beginn des Kampfes) bedeutet.
Inhaltlich hat diese Ethik einen völlig altruistischen Charakter:

»Sobald der Mensch den Egoismus ablegt, frei wird von Selbstinteresse und Leidenschaft und die Haltung der Aufrichtigkeit annimmt, dann wenden sich die Dinge zu seinem Nutzen; alles verläuft in harmonischem Frieden. Andererseits, wenn er durch seine selbstsüchtigen Regungen und sein persönliches Interesse sich leiten läßt, dann wendet sich alles, was um ihn ist, gegen ihn; alles stellt sich seinem Verlangen entgegen.«[54]

Dieses altruistische Ideal wird von der Gemeinschaft an anderer Stelle sehr deutlich kommentiert:

»Wir müssen unsere Auffassung radikal ändern. Statt zu sagen: der Kaufmann verkauft, der Bauer zieht Getreide, müssen wir sagen: Ich bin begnadigt, daß ich für alle Menschen verkaufen kann, daß ich für alle Menschen Getreide ziehen kann.«[55]

Aus dieser Ethik werden Impulse für das *Ziel des Weltfriedens* abgeleitet:

»Weltfriede bedeutet nicht allein, keinen Krieg führen. Es heißt, eine Welt schaffen, in der die gesamte Menschheit sich frei für und miteinander ausdrückt, künstlerisch gestaltet und diese künstlerische Gestaltung in Gegenseitigkeit hochschätzt und so in Freundschaft zusammenlebt.«[56]

Die Möglichkeit einer künstlerischen Gestaltung menschlichen Lebens wird als göttliche Gnadengabe begriffen. Deshalb heißt es im Morgengebet der Gemeinschaft:

»Heute bitte ich Dich als Kind Gottes, mir die Gnade des unendlichen Gottes zu gewähren, um ein künstlerisches Leben zu leben.«[57]

Der *Gottesbegriff*, der hiermit angesprochen wird, wird vom PL ganz unbestreitbar wenig klar definiert. Man gebraucht für Gott den Namen *Mioya-ōkami*, was etwa mit »erhabener

[54] Ebd., S. 102.
[55] Ebd., S. 86.
[56] Ebd., S. 89.
[57] Ebd., S. 108.

göttlicher Vater« wiedergegeben werden kann. Die Aussagen über ihn enthalten pantheistische Momente und scheinen – wie übrigens alle Verkündigungen dieser Religion – mehr die Innerweltlichkeit als die Transzendenz hervorzuheben:

»Gott ist das Ganze ... Die Gesamtheit der Erscheinungen ist Gottes Leib. So kann man es wenigstens ausdrücken, wenn wir auch mit menschlichen Worten Gottes Wesen nie vollkommen ausdrücken können. Eins ist aber dabei im Auge zu behalten: Das Ganze, das Gott ist, hat eine bestimmte Richtung. Es ist gerichtet auf Aufbau, Fortschritt, Entfaltung. Das Ganze bringt alle Erscheinungen der Welt und auch den Menschen als Teil der Erscheinungswelt hervor.«[58]

An einer anderen Stelle, die die Harmonie himmlischer Phänomene mit der vom Menschen zu gestaltenden Erde fordert, bleibt ganz unklar, ob die Sonne, auf die sich diese Aussage bezieht, als Wesensoffenbarung Gottes verstanden oder nach Art des *Shintō* als Gottheit begriffen wird. Der Text lautet so:

»Nach Art der Sonne ein Herz voll allumfassender Liebe und Erbarmen, ein Herz voll Ehrlichkeit und Rechtschaffenheit, das Ganze umfassend. Die Sonne ergießt ihre Strahlen ohne Unterschied über alles, über das Land der Guten und das Land der Bösen. Die Sonne fordert nichts, sie schenkt nur. So muß auch unsere Lebenseinstellung sein.«[59]

Sōka Gakkai

Aus Anfängen, denen vergleichsweise recht bescheidene Zielsetzungen zugrunde lagen, hat sich die Sōka Gakkai, die »Gesellschaft (*gakkai*) für Wertschaffen (*sōka*)«, heute zu einer mächtigen und anspruchsvollen Bewegung entwickelt, die, von ihrem jetzigen Leiter als »die Sonne Japans und die Hoffnung der Welt«[60] bezeichnet, außerhalb der Reihen ihrer dezidierten Anhänger mit viel Skepsis als »Japans unheimliche dritte Kraft«[61] angesehen wird.
Mit ihrer Bekehrungsmethode, die sie *shakubuku*, »zermalmen und unterwerfen«, nennt,[62] ist es der Gesellschaft in der relativ kurzen Zeit ihres Wiederaufbaus nach dem Ende des Zweiten Weltkrieges gelungen, etwa 20 Millionen Anhänger, fast ein Fünftel der japanischen Bevölkerung, zu ge-

[58] Ebd., S. 80.
[59] Ebd., S. 85.
[60] »Der Spiegel« vom 21. November 1972, S. 134.
[61] Ebd., S. 133 (Zitat aus »Japan Times«).
[62] Vgl. *Hartmut O. Rotermund*, Einführung zum Shakubuku Kyōten der Sōkagakkai. Bekehrung auf Biegen und Brechen. In: Zeitschrift für Religions- und Geistesgeschichte 24, 1972, S. 227–241

winnen; allerdings ist diese Zahl insofern ungenau, als die Sōka Gakkai ihre Mitgliederschaft nicht nach Einzelpersonen, sondern nach Haushalten zählt. Da pro Person ein als »Spende« deklarierter Mitgliedsbeitrag von umgerechnet 160 Mark jährlich eingezogen wird, ist schätzungsweise mit einem Einkommen der Gesellschaft zu rechnen, das im Jahr auf drei Milliarden Mark angesetzt werden muß.

Die Gesellschaft ist nicht allein in Japan verbreitet. Ihr vornehmstes Missionsgebiet sind die USA, in denen sie 200 000 Anhänger gewinnen konnte. Zweigstellen werden aber auch in etwa 70 anderen Ländern unterhalten, die deutsche befindet sich in Düsseldorf. Bemerkenswert ist, daß sich in den überseeischen Gebieten die Erfolge der Gesellschaft keineswegs allein auf die im Ausland lebenden Japaner beschränken.

Natürlich ist die Sōka Gakkai vornehmlich eine innerjapanische Angelegenheit. Ihre Anhängerschaft, die sie mittels eines straffen Organisationssystems zusammenhält, das Züge militärischer Disziplinierung aufweist, bildet im Lande der aufgehenden Sonne einen geschlossenen Block. Das Ziel, ganz Japan für die neue Lehre zu gewinnen, tritt ziemlich unverhohlen in Erscheinung.

Gewissermaßen symbolisch hierfür war der Bau ihres zentralen Tempels, der am Fuße des heiligen Berges Fuji errichtet und am 1. Oktober 1972 eingeweiht wurde. Er sollte alle anderen Tempel des Landes an Größe und Pracht übertreffen und den »Beginn einer neuen Epoche der Weltarchitektur« darstellen. Seine Errichtung, die einen Kostenaufwand von 370 Millionen Mark erforderte, vollzog sich in 9,7 Millionen Arbeitsstunden. Dabei wurden 23 000 Tonnen Stahl und 118 000 Kubikmeter Beton verbaut.[63]

Die kritischen Stimmen, die sich gegen die Sōka Gakkai erheben, gelten ihr nicht nur als einer religiösen Bewegung, sondern auch als einem *innerjapanischen Politikum.* Seit dem Jahre 1959 hat die Gesellschaft sich mit Erfolg bemüht, direkten politischen Einfluß zu gewinnen.[64] Sie identifiziert sich dabei ganz bewußt mit dem Volk Japans, wenn beispielsweise einer ihrer Redner verkündet:

> »Japans Politiker mögen uns nicht, sie haben Angst vor uns. Wir stören ihre Kreise. Diese Politiker denken nur an sich und an ihre Parteien. Dieses Volk gilt ihnen nichts. Sōka Gakkai aber ist das Volk. Und es ist höchste Zeit, daß das Volk im Parlament vertreten ist.«[65]

[63] »Der Spiegel« vom 21. November 1972, S. 133.
[64] »Der Spiegel« vom 8. Juli 1964.
[65] »stern« vom 13. September 1964, S. 42.

Die Sōka Gakkai tritt politisch nicht unter eigenem Namen, sondern als *Komeito*-Partei in Erscheinung, und sie vergleicht diese Partei gern mit den christlich-demokratischen Parteien Westeuropas. Obwohl über die tatsächlichen Ziele der Komeito, die als erste japanische Partei Fühlung mit Peking aufnahm, wenig bekannt wurde, erzielte sie auf Anhieb höchst beachtliche Wahlerfolge. Mit 47 Abgeordneten wurde sie die drittstärkste Fraktion des Parlaments. Damit aber hatte sie offenbar den Höhepunkt ihrer politischen Einflußnahme erreicht. Denn bei den Parlamentswahlen am 10. Dezember 1972 fiel die Zahl ihrer Abgeordneten auf nur noch 29.[66]

Die Sōka Gakkai hat mit dem *PL Kyōdan* zweierlei gemeinsam. Einmal will auch sie keine ein für allemal festliegende, in sich abgeschlossene Botschaft verkünden, sich vielmehr den jeweiligen Verhältnissen anpassen. Dabei tritt gegenüber dem PL Kyōdan eine qualitative Unbestimmtheit der eigentlichen Ziele bedeutend stärker in Erscheinung.

Das zweite Charakteristikum, das die Sōka Gakkai mit dem PL Kyōdan teilt, ist, daß auch sie sich nicht auf die Verkündigung nur eines Offenbarungsträgers beruft. Sie besitzt vielmehr mehrere, für die Prägung ihrer heutigen Gestalt entscheidende Persönlichkeiten, die das Wesen der Sōka Gakkai sukzessive formten und von ihr *Stiftungsvorstände* genannt werden.

Der erste Stiftungsvorstand war *Tsunesaburō Makiguchi*. Er wurde am 6. Juli 1871 in einem Dorf der Präfektur Niigata geboren und übersiedelte in früher Jugend nach der nördlichen Insel Hokkaidō, wo er sich an der Pädagogischen Akademie von Sapporo, der Hauptstadt der Insel, zum Volksschullehrer ausbilden ließ. Diesen Beruf übte er zunächst in Sapporo aus. Im Jahre 1901 übersiedelte er nach Tokyo, wo er als Rektor an mehreren Volksschulen tätig war. Sein pädagogisches Interesse richtet sich auf die Entwicklung neuer Erziehungsmethoden, die im Gegensatz stehen zu den damals in Japan weithin verbreiteten Grundsätzen der deutschen Pädagogik.

Auf der Suche nach grundlegenden Prinzipien der Erziehung trifft er in Tokyo zusammen mit *Sokei Mitsuya*, der ebenfalls Rektor einer Volksschule ist und außerdem dezidierter Anhänger der *Nichiren*-Sekte. Die Bekanntschaft mit deren Lehren bewirkte bei Makiguchi eine Ausweitung seiner pädagogischen Interessen auf generelle Fragen der Lebensgestaltung. Im Jahre 1903 veröffentlicht er ein Buch mit dem Titel *Jinsei Chirigaku*, »Geographie des Lebens«, in dem er Geographie und Ethnologie mit Lebenskunde zu verbinden sucht.

Eine weitere Bekanntschaft der Tokyoer Jahre gewinnt für

[66] »Neues aus Japan.« Hrsg. von der Japanischen Botschaft in Bonn, Nr. 190, Bonn, Januar 1973.

Makiguchi große Bedeutung, diejenige mit *Jōsei Toda* (1900 bis 1958), mit dem er im Jahre 1921 zuerst zusammentrifft, der dann, obwohl vordem dezidierter Christ, sein getreuester Mitarbeiter und später als zweiter Stiftungsvorstand sein Nachfolger wird. Der äußere Lebensgang Todas ähnelt dem Makiguchis. Auch Toda kam in früher Jugend auf die nördliche Insel Hokkaidō, wurde ebenfalls zum Volksschullehrer ausgebildet und wirkte gleichermaßen zunächst auf Hokkaidō und später in Tokyo.

Zusammen mit Toda begründet Makiguchi im Jahre 1937 in Tokyo die Vorläuferin der jetzigen Sōka Gakkai, nämlich *Sōka Kyōiku Gakkai,* die »Gesellschaft für Erziehung und zur Schaffung von Werten«.

Daß hierbei pädagogische Interessen, allerdings erweitert auf die Bildung von Erwachsenen, eine beachtliche Rolle spielten, ergibt sich aus dem in den Namen der Gesellschaft aufgenommenen Begriff der »Erziehung« (*Kyōiku*) sowie aus der Tatsache, daß das Ganze eine Angelegenheit von Volksschullehrern ist. In deren Kreisen dürfte wohl auch die anfängliche Mitgliedschaft zu suchen sein, die zunächst nur die spärliche Zahl von 60 Personen umfaßt. Makiguchi wird zum Präsidenten der Gesellschaft gewählt, Toda zum Generaldirektor.

Die Gesellschaft, die es im Jahre 1941 auf 3000 Mitglieder bringt, entgeht nicht der staatlichen Verfolgung. Als ihre Mitglieder sich weigern, *Shintō*-Riten zu vollziehen, wird die Gesellschaft wegen Majestätsbeleidigung verboten. Im Jahre 1943 werden Makiguchi und Toda zusammen mit 22 ihrer getreuesten Anhänger gefangengesetzt. Makiguchi stirbt im November 1944 in seiner Gefängniszelle.

Nach dem Ende des Zweiten Weltkrieges vollzieht Josei Toda die Neugründung der Gesellschaft, der er im Jahre 1946 den bis heute gültigen Namen *Sōka Gakkai* gibt. Unter Todas dynamischer Führerschaft erfolgt der rapide Aufstieg der Bewegung. Toda, ihr zweiter Gründungsvorstand, betont, wie dies die Namensänderung seiner Gesellschaft deutlich werden läßt, in stärkerem Maße genuin religiöse Anliegen, denen gegenüber die pädagogischen zurücktreten. Mit der von Toda im Jahre 1951 begründeten »Zeitung der heiligen Lehre« – *Seikyō Shimbun* – gewinnt die Gesellschaft ein bald sehr einflußreiches publizistisches Organ, das heute in Massenauflagen erscheint.

Toda ist am 20. April 1958 im Alter von 58 Jahren gestorben. Die Gesellschaft wartete über zwei Jahre, ehe sie am 30. Mai 1960 mit *Daisaku Ikeda* den dritten Stiftungsvorstand wählte. Ikeda stand damals im Alter von 32 Jahren und war daher im Gegensatz zu seinen Vorgängern eher geeignet, Jugendliche zu gewinnen, an die er sich vornehmlich wandte:

»Die Mächte, die ein neues Zeitalter schaffen sollen, sind Enthusiasmus und Kraft der jungen Menschen.«[67]

Mit Daisaku Ikeda wurde ein Mann Oberhaupt der Sōka Gakkai, der die Ziele der Bewegung mit äußerster Energie vertritt, und seine Amtszeit begann mit der programmatischen Verkündigung eines Angriffs auf die anderen neuen Religionen Japans. Von seinen Gegnern wird Ikeda ein Faschist genannt.

Die *Lehre* der Sōka Gakkai will als buddhistische Schulrichtung und speziell als Fortführung der von *Nichiren* (1222–1282) verkündeten Ausdeutung des Buddhismus verstanden werden. Nichiren hatte gefordert, daß die Buddhawerdung sich nicht in den Bereichen der Versenkung und des Nirvāna, sondern im tätigen Leben auf dieser Erde und in der menschlichen Geschichte zu vollziehen habe. Damit hatte er gerade aus dem Buddhismus Impulse abzuleiten versucht für eine aktive Diesseitsgestaltung, die er vornehmlich in den Dienst eines japanischen Patriotismus zu stellen gedachte.

Prüft man die Frage, inwieweit sich die Sōka Gakkai in legitimer Weise auf Nichiren berufen kann, so sind sicher einige Positiva anzuführen. Die neue Lehre hat mit Nichiren gemeinsam die Betonung des Geschichtlichen gegenüber dem Ungeschichtlichen, des Konkreten gegenüber dem Allgemeinen, der Erfüllung irdischer Pflichten in Welt und Gesellschaft. Wie Nichiren pflegt sie nicht die weltentsagenden Bereiche buddhistischer Heilssuche, sondern will in der diesseitigen Welt wirken. Von einem Transzendieren der Wirklichkeit und einer Erfüllung des Lebens im Nirvāna ist keine Rede. Vielmehr liegt das Hauptgewicht auf der Verwirklichung einer glücklichen menschlichen Gesellschaft. Auf der Grundlage einer zum Handeln in der Welt und zur Diesseitsgestaltung führenden Haltung lassen sich Verbindungslinien zwischen Nichiren und der Sōka Gakkai aufzeigen.

Andererseits aber sondert sich die Sōka Gakkai doch sehr deutlich von dem großen Wahrheitssucher, der Nichiren war, wenn sie in dezidierter Weise den Wert der Wahrheit durch den des Gewinnes zu ersetzen sucht. Der erste Satz ihrer Lehre lautet:

»Das Ziel des Lebens liegt in der Verfolgung von Glück.«[68]

Der Weg, auf dem Makiguchi, der erste Stiftungsvorstand, von seiner ursprünglich rein pädagogischen Zielsetzung zu dieser neuen Wertlehre gelangte, ist deutlich. Als Sinn der Erziehung von Kindern in Elternhaus und Schule sah er die Heranbildung von glücklichen Menschen an, und dieses Er-

[67] The Mita Campus. Hrsg. von der Keio University. Juni 1963, S. 3.
[68] *Werner Kohler*, Die Lotus-Lehre und die modernen Religionen in Japan. Zürich 1962, S. 215.

ziehungsprogramm erweiterte er dann zum generellen Lebensziel für alle Menschen.
Aber es stimmt bedenklich, daß diese Verfolgung von Glück qualitativ in erster Linie mit dem Erwerb von Werten materieller Art, mit Nutzen und Profit (*ri*) definiert wird. In der Schrift *Shakubuku Kyōten*, die missionarischen Zwecken dienen soll und die einen Abriß der Sōka Gakkai-Lehren enthält, wird erklärt:

> »Es ist dumm, über Abneigung oder Zuneigung Profit oder Schaden zu vergessen.«[69]

Diese Konzeption des Gewinnes als überwertiger Größe ist geeignet, ethische Werte zu relativieren. Und dieses tut die Sōka Gakkai denn auch in ausgesprochener Weise. Sie verkündet in Punkt 9 ihrer Richtlinien:

> »Ein böser Mensch hält das Böse für recht und das Gute für schlecht; ein Gauner hält die Ehrlichkeit für ein Laster.«[70]

Diese *Relativitätsethik* betont ferner die soziale Bedingtheit der Werte, wenn sie behauptet:

> »Der Grad von Gut und Böse ist von der sozialen Stellung abhängig.«[71]

Die Wertvorstellung der Sōka Gakkai, die denkbar weit entfernt ist von der konfuzianisch geprägten Ethik Japans, steht im Dienste eines *Zukunftszieles.* Die Bewegung tendiert auf einen Idealzustand, eine »Menschenreform«, wie sie es nennt, durch die das höchste Glück der Gemeinschaft zugleich den einzelnen Individuen den höchsten Gewinn sichert.
Allerdings soll dabei das Wohl der Gesellschaft dem des Individuums übergeordnet sein, denn:

> »Schlecht ist derjenige Mensch, der, versucht vom privaten Profit, das für die Öffentlichkeit Gute vernachlässigt.«[72]

Der Wertmesser für gute und böse Taten ist allein der Beitrag, den sie zur Erreichung dieses kollektiven Zieles leisten. Wenn sie im Dienste dieses Zieles steht, kann eine moralisch verwerfliche Tat aus der Sicht der Sōka Gakkai zur guten erklärt werden.
Es ist jedoch nicht allein dieser ethische Relativismus, der die Sōka Gakkai suspekt erscheinen läßt, sondern auch die *qualitative Unbestimmtheit* ihrer teleologischen Vorstellungen, de-

[69] Shakubuku Kyōten. 3. Aufl. 1961, S. 60; *H. O. Rotermund*, a.a.O., S. 233.
[70] *W. Kohler*, a.a.O., S. 221.
[71] Punkt 6 der Richtlinien; a.a.O., S. 221.
[72] Punkt 3 der Richtlinien; a.a.O., S. 221.

ren genaue Festlegung offensichtlich den jeweiligen Stiftungsvorständen im Hinblick auf aktuelle Möglichkeiten überlassen bleibt. Welcher zukünftige Zustand der Menschen durch eine »Menschenreform« erreicht werden soll, was für ein Leben glückselig ist, darüber wird keine nähere Erklärung gegeben. Obwohl hierüber Unklarheit herrscht oder nach außen absichtlich geschwiegen wird, tritt die Sōka Gakkai mit kaum überbietbarem *Selbstbewußtsein* und absoluter *Intoleranz* auf. Andere Religionen werden als »Ketzerreligionen« (*ja-shūkyō*) verdammt, und man erklärt:

> »Individuelles Unglück, Verfall der Familie, gesellschaftliche Tragödien, all dies wurzelt wesentlich in den Ketzerreligionen.«[73]

Dieses Verdikt richtet sich einmal gegen die neuen Religionen Japans, über die auch im einzelnen ähnliche Äußerungen seitens der Sōka Gakkai vorliegen. Es wendet sich ferner, unter Ausnahme des Nichiren-Buddhismus, gegen alle anderen Schulrichtungen dieser Religion, die insgesamt als »Pseudobuddhismus« verketzert werden. Schließlich gilt der Angriff auch dem Christentum, das als »Trivialreligion« abgewertet wird, sowie der autochthonen Religion Japans, dem Shintō, über den gesagt wird:

> »Ganz konkret gesehen, gibt es im Shintō nichts, was einer irgendwie gearteten Lehre ähnlich sähe.«[74]

[73] Shakubuku Kyōten, a.a.O., S. 309; *H. O. Rotermund*, a.a.O., S. 235.
[74] Shakubuku Kyōten, a.a.O., S. 331; *H. O. Rotermund*, a.a.O., S. 238.

T'ai-p'ing

T'ai-p'ing, »großer Friede«, war ein Begriff, der in der chinesischen Geschichte eine alte Tradition besaß, ehe er in der zweiten Hälfte des vorigen Jahrhunderts weltweit bekannt wurde. Als Regierungsdevise ist T'ai-p'ing seit dem dritten nachchristlichen Jahrhundert nachweisbar, und bereits gegen Ende des zweiten Jahrhunderts n. Chr. hatte der Aufstand einer buddhistisch beeinflußten taoistischen Sekte, die sich »Religion des großen Friedens«, *T'ai-p'ing-chiao*, nannte, die jüngere *Han*-Dynastie (25–220 n. Chr.) schwer erschüttert.[1]
Die Verbindung religiöser und politischer Ziele kennzeichnet auch die T'ai-p'ing-Rebellion der Jahre 1850–1864. Dabei standen im Vordergrund des damaligen Interesses politische Faktoren, die auch die weitere Entwicklung Chinas stärker beeinflußt haben als die neuen religiösen Ideen. Der große, wenn auch nur zeitweilige Erfolg des T'ai-p'ing-Aufstandes stellte eine ernste Erschütterung nicht allein der Herrschaft der *Mandschu*-Dynastie, sondern der herkömmlichen Staatsordnung des kaiserlichen China dar, und allgemein wird ihm ein fortwirkender Einfluß auf die Revolution des Jahres 1911 zugeschrieben.
Der geistige wie auch organisatorische Führer der T'ai-p'ing-Bewegung war der Dorfschullehrer *Hung Hsiu-ch'üan*. Nach mehrfach gescheiterten Versuchen, einen akademischen Grad zu erwerben, hatten seine seelischen Depressionen zu einer fieberhaften Erkrankung geführt, die vierzig Tage andauerte. Visionen, die ihm während dieser Zeit zuteil wurden, begründeten seine religiöse Lehre und seine machtpolitischen Ansprüche. Zu seinem Vater sagte er hierüber:

> »Der Alte im Himmel hat mir befohlen, daß alle Menschen mir huldigen und alle Schätze mir zufließen sollen.«[2]

Chinesische Überlieferungen trafen sich in der T'ai-p'ing-Bewegung mit christlichen Einflüssen, die ihrem Stifter durch protestantische Missionen vermittelt worden waren. »Der Alte im Himmel«, von dem er zu seinem Vater sprach, ist *T'ien-kung*, der »Himmelsgroßvater«, die südchinesische Bezeich-

[1] *J. J. M. de Groot*, Universismus. Die Grundlage der Religion und Ethik, des Staatswesens und der Wissenschaften Chinas. Berlin 1918, S. 134.
[2] *Wilhelm Oehler*, Die Taiping-Bewegung. Gütersloh 1923, S. 24.

nung eines himmlischen Hochgottes. Zu ihm bekannte sich die T'ai-p'ing-Lehre in streng monotheistischer Weise.
Jesus Christus wurde als Sohn Gottes und als Erlöser anerkannt. Für die religiöse Selbsteinschätzung von Hung Hsiu-ch'üan war es bezeichnend, daß er sich den »jüngeren Bruder Jesu Christi« nannte. Die Einführung der Taufe, die Anerkennung der Bibel als heilige Schrift, die Übernahme der zehn Gebote und eine Lossprechung von Sünden lassen christlichen Einfluß erkennen.
Zum wöchentlichen Feiertag wurde jedoch nicht der Sonntag, sondern der Sabbat erklärt.
Mit der Beibehaltung des Ahnendienstes wurden rein chinesische Traditionen fortgeführt. Ein sakramentales Teetrinken dürfte als eine Mischform zwischen Vorstellungen über das christliche Abendmahl und östlichem Brauchtum zu deuten sein.
In der *Ethik* nahm die Forderung unbedingter Wahrhaftigkeit eine vorrangige Stellung ein. In den Grundsätzen der Gemeinschaft hieß es:

> »Wer der Wahrheit folgt, wird sich ewigen Glückes erfreuen; wer aber ungehorsam ist gegenüber der Wahrheit, wird ewiges Leid erdulden müssen ...«
> »Wer lügt, soll aus dieser Gemeinschaft ausgeschlossen werden.«[3]

Es erfolgte ein Verbot des Opiumgenusses:

> »Opiumraucher werden aus dieser Gemeinschaft ausgestoßen.«[4]

Das Programm der T'ai-p'ing erstrebte ferner allgemeine Brüderlichkeit, eine Landreform mit Überführung des Grundbesitzes in Gemeineigentum und eine *Mandschu*-feindliche, nationalistische Politik, die an die Traditionen der *Ming*-Dynastie (1368–1644) anknüpfen sollte.
Diese Ziele verfehlten ihre propagandistische Wirkung nicht. Auf ihnen beruhte in erster Linie das rasche Anwachsen der Bewegung und deren machtpolitische Erfolge.
Es gelang den T'ai-p'ing-Rebellen, Nanking einzunehmen und zur Hauptstadt ihres »himmlischen Reiches des großen Friedens« (*T'ai-p'ing t'ien-kuo*) zu erklären, das zeitweise 13 Provinzen Süd- und Mittelchinas umfaßte. An seinem 38. Geburtstag, am 1. Januar 1851, rief Hung Hsiu-ch'üan dieses Reich aus, nahm den Titel *T'ien Wang*, »himmlischer König«, an und nannte die neue Dynastie, die er zu begründen vermeinte, *Hou-Ming*, »jüngere Ming«.

[3] *Georg Franz-Willing*, Die Ideologie der Taiping. In: Zeitschrift für Religions- und Geistesgeschichte 24, 1972, S. 323.
[4] Ebd., S. 323.

Dem T'ai-p'ing-Staat war nur kurze Dauer beschieden. Innere Machtkämpfe schwächten seine Position gegenüber der Regierung in Peking. Unterstützt durch britische und französische Kanonenboote, gelang den kaiserlichen Truppen am 19. Juli 1864 die Einnahme von Nanking. Die T'ai-p'ing hatten fanatischen Widerstand geleistet. Ihre Führer, sofern sie nicht in der Schlacht gefallen waren, begingen Selbstmord durch Selbstverbrennen oder Ertränken.
Hung Hsiu-ch'üan hatte die Aussichtslosigkeit seiner Situation bereits vorher erkannt. Auch er endete – am 1. Juni 1864 – durch Selbstmord, wahrscheinlich durch Gifteinnahme. Seine Bewegung erlosch. Was blieb, ist allein ihre historische Bedeutung.

Chinesische Geheimgesellschaften

Geheimgesellschaften haben in China seit alters eine beachtliche Rolle gespielt; ihre Existenz ist seit dem ersten vorchristlichen Jahrhundert nachweisbar. Das konfuzianische Dogma, auf dem der Staat seit der älteren *Han*-Dynastie (206 v. Chr. bis 25 n. Chr.) basierte, stand im Widerspruch zum Aufkommen dissidenter Gruppen, die es in einen Untergrund verwies, aus dem sie zeitweilig in Revolten hervortraten.
Die Anziehungskraft, die diese meist straff organisierten Gemeinschaften vornehmlich auf die ärmere Bevölkerung ausübten, bestand in einer Hilfe, die sie dem einzelnen, dessen Familie hierzu außerstande war, bieten konnten.[5]
Eine der ältesten und bedeutendsten dieser Geheimgesellschaften, die zu Beginn des vorigen Jahrhunderts neu begründet wurde, ist die »Gesellschaft des Weißen Lotos« (*Pai-lien-chiao*), die ihrerseits in mehrere Sekten aufgespalten ist. Ihre Entstehung, die nicht eindeutig zu datieren ist, dürfte an der Wende des ersten zum zweiten nachchristlichen Jahrtausend erfolgt sein; als beachtlicher politischer Faktor ist sie in der Endphase der *Ming*-Dynastie nachweisbar.
Es liegt im Wesen von Geheimgesellschaften, daß über ihre Lehren und Praktiken meist wenig bekannt ist. Buddhistischer Einfluß dürfte sich bei der »Gesellschaft des Weißen Lotos« in ihrer Forderung der Unterdrückung der Begierden, der Buße, des vegetarischen Lebens, der Abkehr von Ruhmsucht und Reichtum zeigen. Über den Vollzug von Zauberhandlungen, die Übernahmen aus dem späteren Taoismus darstellen dürften, ist in Einzelheiten nichts bekannt. Die Eintrittsweihe in die Gesellschaft blieb geheim.

[5] *Åke Haglund*, Contact and Conflict. Studies in Contemporary Religious Attitudes among Chinese People. Lund 1972, S. 200.

Eine im Prinzip religiöse Geheimgesellschaft, die jedoch in erster Linie als machtpolitischer Faktor von internationaler Bedeutung bekannt geworden ist, war auch die »Faust der Rechtlichkeit und Eintracht« (*I-ho-ch'üan*), die allgemein den leicht mißverständlichen Namen der *Boxer*-Bewegung erhielt. Im Mittelpunkt der religiösen Praxis dieses christen- und fremdenfeindlichen Geheimbundes stand ein Ritual, das die Besessenheit der Mitglieder zum Ziel hatte; derjenige, von dem ein Geist Besitz ergriffen hatte, galt als unverwundbar.

Der sogenannte Boxeraufstand der Jahre 1900 und 1901 führte zur militärischen Intervention eines internationalen Expeditionskorps, das die am 7. September 1901 erfolgte Unterzeichnung des Boxerprotokolls erzwang. In ihm verpflichtete sich China – neben der Anerkennung politischer Bedingungen – zum Verbot der dem Ausland gegenüber feindlich eingestellten Geheimgesellschaften.

Die im Jahre 1915 von *T'ang Huan-chang* in der Provinz Szechuan begründete »Gesellschaft zur Erweckung der Rechtschaffenheit« (*Wu-shan She*) gewann ihre Anhänger vornehmlich in niederen Volksschichten. In ihrer Organisation lehnte sie sich an das Vorbild der römisch-katholischen Kirche an. Der Empfang von Weisungen aus der Geisterwelt und Geisterphotographie kennzeichnete ihre religiöse Praxis, die auf stark synkretistischen Anschauungen aufbaute.

Eine starke Anziehungskraft auf die Kreise der Gebildeten übte die Anfang 1918 von *Wang Ch'ao-tsung* in Peking begründete »Gesellschaft für allgemeines Wohl« (*T'ung-shan She*) aus. Es handelte sich um eine ausgesprochen karitativ eingestellte Gesellschaft, die in ihren Anschauungen buddhistische Traditionen pflegte und ihren Kult aufs strengste geheimhielt.

Im Jahre 1921 wurde die »Gesellschaft des Weges« (*Tao-Yuan*) begründet. Sie verehrt den »Höchsten Weisen« und »Uranfänglichen Ahnherrn« als die »Große Einheit«, an deren Altar die Namen von *Konfuzius, Lao-tse* und *Buddha* stehen und die Symbole des *Christentums* und des *Islam* angebracht sind. Die Lehre verkündet die geistige Einheit des Himmels und der Menschen, und sie vertritt das Ziel allgemeiner Brüderlichkeit. Eine stark entwickelte karitative Tätigkeit zeichnet ihre Praxis aus, ebenso die Forderung von Meditationsübungen, aber auch das spiritistische Betreiben von Geisterphotographie. Über die heutige Situation der Gesellschaft, die vorübergehend 30 000 Anhänger zu zählen vorgab, ist nichts Sicheres bekannt.

Tonghak und Chondokyo

Der Koreaner *Ch'ö Chye-u* war der Sohn eines mit chinesischem Geiste vertrauten Gelehrten, der ein guter Kenner des Konfuzius wie auch der auf den chinesischen Weisen Lao-tse zurückgehenden taoistischen Religiosität gewesen zu sein scheint. Er war ein *Yangban,* ein Angehöriger der Nobilität des Landes, und seine Familie führte ihre Ahnenreihe zurück bis in die Zeit der berühmten Dynastie *Silla* (57 v. Chr. – 668 n. Chr.), die ein geeintes Korea geschaffen hatte. Als Sohn dieses koreanischen Gelehrten wurde *Ch'ö Chye-u* 1824 in Kyongju geboren, der Hauptstadt des Reiches von Silla, die im Südosten des Landes liegt, südlich der Hafenstadt Pohang.
Aus der Jugend des Ch'ö Chye-u sind der frühe Tod seiner Mutter und seines Vaters bekannt, der starb, als sein Sohn 16 Jahre alt war. Obwohl die Familie dadurch in wirtschaftlich bedrängte Verhältnisse geriet, ermöglichte sich Ch'ö Chye-u in harter Arbeit ein gründliches Studium der traditionellen »drei Lehren« Ostasiens: des Konfuzianismus, Taoismus und Buddhismus.
Da keine dieser Lehren seine religiösen Bedürfnisse zufriedenstellte, begab er sich im Alter von 18 Jahren auf eine lange Wanderschaft, mit dem Ziel, neue religiöse Ideen zu finden. Erst 1855, also in seinem 32. Lebensjahr, wird ihm die Erfüllung seines mühevollen Suchens zuteil. Ein himmlischer Bote, von manchen Berichten als geheimnisvoller Greis geschildert, übergibt ihm ein mit *Chonso,* »himmlischer Schrift«, bezeichnetes Buch, das sich zuvor unter einem Stupa im Kumgang-San befunden haben soll, dem in Küstennähe des Japanischen Meeres, wenig nördlich der späteren Grenzziehung von 1953 liegenden »Diamantberg«. Außerdem übermittelt ihm dieser himmlische Bote eine religiöse Formel, deren einer Teil Geheimnis des Ch'ö Chye-u und seiner Nachfolger blieb und deren andere, zur öffentlichen Verkündigung bestimmte Hälfte lautet:

> »Hänge Gott an, dem Herrn der Welt, vergiß ihn nicht, alles ist durch ihn gemacht.«[6]

Zu diesen Offenbarungen kommt noch das Erlebnis von Auditionen, das Ch'ö Chye-u erst eigentlich auf den Weg des Religionsstifters führt. In seinem 35. Lebensjahr vernimmt er die Stimme Gottes mit den Worten:

> »Ich bin kein Gott des Zornes und der Rache, sondern dein Vater.«

[6] *Andre Eckardt,* Korea. Nürnberg 1972, S. 286.

In der Folgezeit erhält er in wiederholten Offenbarungserlebnissen den Auftrag zur Verkündigung. Er kommt diesem nach, als er 1860 oder 1861 – die Angaben schwanken – erste Anhänger in Südkorea sammelt und mit ihnen eine neue Religion begründet, die zunächst den Namen *Tonghak* erhält und auch unter der japanischen Übersetzung dieses Namens als *Tō-gaku* bekannt wird.

Beide Begriffe bedeuten »östliche Lehre«. Damit wurde in programmatischer Weise der Gedanke einer Abwehr westlicher Lehren herausgestellt. Speziell war damit aller Wahrscheinlichkeit nach das seit 1784 in Korea missionierende katholische Christentum gemeint, das damals in Korea oft mit *Sohak* als »westliche Lehre« bezeichnet wurde.

Diese antiwestliche und vornehmlich gegen das Christentum römisch-katholischer Konfession gerichtete Tendenz schließt für den monotheistischen Gottesbegriff der Tonghak eine bewußte Übernahme aus dem Christentum aus. Es ist daher an einen Rückgriff auf den altkoreanischen Glauben an den Himmelsgott *Hananim* zu denken.

Die Verehrung des Himmels ist wahrscheinlich der älteste Bestandteil der eigenen Religion des koreanischen Volkes. Dabei ist die Bezeichnung des Himmels im numinosen und meist personifizierten Sinne mit *Hananim* oder *Hanalim* – der Sprachgebrauch ist regional verschieden – die volkstümliche und ursprüngliche. Später bedienten sich die Gebildeten, unter chinesischem Einfluß, des Begriffes *Sang-tje*, einer Koreanisierung des chinesischen *Shang-ti*, »der oberste Herr«. Die etymologische Bedeutung der volkstümlichen Bezeichnung Hananim ist umstritten. Einleuchtend ist die Annahme, daß das Wort eine verehrungsvolle Bezeichnung des »Himmels« sei[7].

Hananim ist der Herr des Himmels und der Beherrscher des Universums; er regiert die Welt, belohnt das Gute und bestraft das Böse. Man erwartet von ihm Hilfe in großen Nöten und in Lebensgefahr[8].

Die Religionsstiftung Ch'ö Chye-us stellte nicht allein eine Repristination des altkoreanischen Glaubens an einen himmlischen Hochgott dar. Er verband diesen Glauben vielmehr mit einer Pflege des göttlichen Kerns im Menschen und seinem Aufschwung zum Himmel. In synkretistischer Weise gingen in seine Verkündigung ein die taoistische Begierdelosigkeit, die konfuzianischen Ideale der Menschlichkeit und Gerechtigkeit und das buddhistische Erbarmen.

[7] Eine andere Deutung geht aus von einem Worte *han*, das »eins, einzig« bedeutet; vgl. *Se Myung Baek*, The Origins of Korean Thought. In: Koreana Quarterly 4, 1962, S. 151 ff.

[8] *Thomas Ohm*, Die Himmelsverehrung der Koreaner. In: Anthropos 35–36, 1940/41, S. 830 ff.

Von seinen Anhängern forderte Ch'ö Chye-u, in jeder Nacht ein Glas Wasser als Symbol ihrer Entsühnung zu opfern und außerdem morgens und abends Reis für die Gemeinschaft zu stiften.

Als die Zahl ihrer Bekenner stieg, erregte die neue Religion das Mißtrauen der Konfuzianer, der Vertreter der damals in Korea herrschenden Staatsreligion. Ihnen lieferte eine christliche Deutung des Monotheismus der Tonghak den Grund oder vielleicht den Vorwand für das Martyrium ihres Stifters. Ch'ö Chye-u wurde von seinen Gegnern als Propagandist einer ausländischen Religion angeklagt und ins Gefängnis von Taegu geworfen, wo er nach fürchterlichen Folterungen im März 1864 enthauptet wurde. Seine Anhänger verehren ihn seitdem als »Heiland«.

Die Bewegung erlosch also nicht mit dem Tode ihres Stifters. Im Gegenteil, sie breitete sich weiter aus, zunächst im geheimen, dann aber öffentlich als ein Sammelbecken nationalistischer Elemente, das zu einem politischen Faktor im Leben Koreas wurde. 1893 veranstalteten ihre Mitglieder eine eindrucksvolle Massendemonstration. Im folgenden Jahr kam es zum offenen Aufstand, der den Ausbruch des chinesisch-japanischen Krieges der Jahre 1894 und 1895 mitveranlaßte; in seinem Gefolge mußte China im Frieden von Shimonoseki die Unabhängigkeit Koreas anerkennen.

Die neue Religionsgemeinschaft stand zu jener Zeit unter der Leitung des 1827 in der Nähe von Kyongju geborenen *Ch'ö Si-hyong*, eines asketischen, opferbereiten Mannes. Ihn hatte Ch'ö Chye-u drei Jahre vor seinem Tod kennengelernt, ihm die Parole »Reinige dein Herz, mache gerade deine Seele« übergeben und ihn zu seinem Nachfolger bestimmt.

Am Aufstand seiner Gemeinde im Jahre 1894 hatte sich Ch'ö Si-hyong persönlich nicht beteiligt. Dennoch wurde er als Rebell gegen die bestehende Ordnung verfolgt, in Wonju gefangengenommen, nach Seoul gebracht und dort im Jahre 1898 erhängt. In seiner Gemeinde gilt er seitdem als Märtyrer.

Sein Nachfolger in der Führung der Tonghak-Gemeinde wurde der 1861 geborene *Son Pyong-hui*. Dank eines gewissen Wohlwollens, das der japanische Generalresident der Tonghak entgegenbrachte, konnte Son Pyong-hui die politische Stellung seiner Gemeinschaft zunächst konsolidieren. Dann aber kam es zu Zerwürfnissen zwischen national-koreanischen und japanophilen Mitgliedern. Dies veranlaßte Son Pyong-hui zu einer Änderung des Namens der neuen Religion, die er seit dem Jahre 1906 mit *Chondokyo* bezeichnete. Chondokyo entspricht dem japanischen *Tendōkyō*. Die Bedeutung ist »Lehre vom himmlischen Tao«. In den Namen der neuen Religion wurde

mithin das *Tao* aufgenommen, der numinose Ordnungsbegriff des alten China, der »Weg«, der die Gesetze des Kosmos wie des Menschenlebens bestimmt.
Das Hauptverdienst von Son Pyong-hui bestand im sorgfältigen Aufbau einer Organisation kirchenähnlichen Charakters, die er seiner Gemeinde gab. Das religiöse Leben der Gläubigen untersteht einer festen Ordnung. Zu ihr gehört neben dem Besuch des sonntäglichen Gottesdienstes, der Predigt, Gebet und Gesang umfaßt, die tägliche Abendandacht in den Familien, bei der Wasserspende und Reisopfer vollzogen werden und das Gebet zu sprechen ist:

> »Erfülle die Welt mit deiner Tugend, rette alle Lebendigen weit und breit!«

Die äußeren Geschicke der Gemeinschaft wurden bald wieder von politischen Faktoren bestimmt. Unter dem Eindruck der Ideen des amerikanischen Präsidenten *Wilson* proklamierte Son Pyong-hui als Führer der bestorganisierten Bewegung des Landes, als die seine Gemeinde inzwischen galt, im März 1919 die Unabhängigkeit Koreas. Daraufhin wurde er verfolgt und ins Gefängnis geworfen, in dem er starb. Die Unterstützung der Behörden genoß während der japanischen Herrschaft nur ein religiös bedeutungsloser japanophiler Zweig von Chondokyo, der den Namen *Sit'yonkyo* (japanisch: Jitenkyō) trug und von einem Manne namens I Yongku (gest. 1912) begründet worden war, der die am 28. August 1910 vollzogene vollständige Annexion seines Landes durch Japan ausdrücklich begrüßt hatte. Die Sekte, die sich später in zwei Gruppen aufspaltete, ist seit 1945 bedeutungslos geworden.
Für die Chondokyo eröffnete sich erst nach dem Ende des Zweiten Weltkrieges die Möglichkeit zu unbehinderter Entfaltung, allerdings nur im Südteil des Landes. Dort konnte sie ihre Organisation großzügig ausbauen und Einfluß gewinnen auf Schulen und Universitäten. Im religiösen Leben Südkoreas stellt sie heute einen bedeutsamen Faktor dar. Ihrem Bemühen, die Grenzen des Landes missionarisch zu überschreiten, war in Japan und Hawaii Erfolg beschieden; dort kam es zu Gründungen von Zweigkirchen.
Zum Oberhaupt der Chondokyo wurde im April 1967 *Ch'ö Toksin* gewählt, ein früherer General, der vor der Übernahme seines geistlichen Amtes südkoreanischer Botschafter in Bonn gewesen war[9]; neuerdings soll er die Leitung einer Universität in Seoul übernommen haben[10].
Die statistische Erfassung der Chondokyo weist leider beträcht-

[9] »Der Spiegel« vom 29. Mai 1967.
[10] *A. Eckardt*, a.a.O., S. 317, Anm. 18

liche Schwankungen auf, bei denen die oberen Werte wahrscheinlich zutreffend sein dürften. Danach besäße die Gemeinschaft über 200 eigene Kirchen, etwa 1000 hauptamtliche Geistliche und eine Laienanhängerschaft, die die Millionengrenze bei weitem überschritten hat.

Tankunkyo und Täjongkyo

Nach koreanischem Glauben war *Tankun*, der »Fürst« (*kun*) des »Sandelbaumes« (*tan*), ein Enkel des Himmelsgottes *Hananim*, der göttliche Begründer des koreanischen Reiches. Er saß unter einem Sandelbaum auf dem im koreanisch-mandschurischen Grenzgebiet liegenden Päktusan, einem Berg, der bedeutsam ist als Ursprung dreier großer Flüsse; die guten Geister (*sin*) des Windes, des Regens und der Wolken dienten ihm, und er beobachtete die neun wilden Stämme, aus denen sich die Urbewohner des Landes zusammensetzten. Sie lebten kulturlos im Sommer unter Bäumen und im Winter in Erdhöhlen. Tankun lehrte sie die Untertanenpflichten, Hochzeitsriten, Kochkunst und Hausbau. Er zeigte ihnen, wie Bäume zu fällen und Felder zu bestellen seien. Er gründete die Hauptstadt seines Reiches, dem er den Namen *Choson-kuk*, »Land der Morgenfrische« (nicht Morgenstille!) gab. Das geschah im Jahre 2333 v. Chr.[11]

Auf diese alte Überlieferung griff eine neuzeitliche Religionsstiftung zurück, für deren Begründung wiederum – wie bei der Tonghak – das Auffinden einer alten heiligen Schrift den entscheidenden Anstoß gab. Im Jahre 1904 nämlich soll ein gewisser *Päkpong* an einer alten Verehrungsstätte Tankuns in der mandschurischen Provinz Kirin Schriften und Chroniken Tankuns, des göttlichen Ahnherrn des koreanischen Reiches, gefunden haben. Auf diesen Texten fußte *Na Chol*, als er die *Tankunkyo* begründete, deren nationalistisch-koreanische Grundlagen er nach der japanischen Annexion im Jahre 1910 dadurch tarnte, daß er seiner Stiftung den Namen *Täjongkyo*, »Lehre des großen Ahngottes«, gab.

Natürlich bewahrte die neue Religion trotzdem ihre genuin koreanischen Züge. Sie kommen vor allem zum Ausdruck in der Hochschätzung des koreanischen Volkes. Denn die neue Lehre betont mit Nachdruck, daß alle Koreaner Kinder Tankuns seien, und durch die Verehrung seiner göttlichen Person müsse die Einheit der Nation bewirkt werden.

Hinzu kommen allerdings noch andere Prinzipien, die eine

[11] *Andre Eckardt*, Unter dem Odongbaum. Eisenach–Kassel 1950, S. 14. – *Choson* ist mithin der ursprüngliche Name, der der japanischen Bezeichnung *Chōsen* zugrunde liegt, während Korea auf *Koryo-kuk*, »Land der hohen Schönheit«, zurückgeht; *kuk* bedeutet »Land«.

Übernahme chinesischen Geistesgutes vermuten lassen. Die Ansicht, der Himmel sei rein und aktiv, die Erde unrein und inaktiv, das Männliche tätig, das Weibliche passiv, erinnert stark an die alte chinesische *Yang-Yin*-Spekulation, die einen komplementären Dualismus zum Inhalt hat. Und die moralischen Forderungen der Täjongkyo lassen konfuzianischen Einfluß erkennen.
Die kultische Praxis kennt ein Gebet, das die Bekenner vor einer Namenstafel Tankuns vollziehen, die sie an der Nordwand ihrer Häuser anbringen lassen. In der Mitte jedes Monats feiern sie ein kleines, am 13. Oktober das große Fest ihrer Gemeinschaft, eine Erinnerungsfeier an das Datum der Gründung des koreanischen Reiches durch Tankun.
Eine Statistik vom 31. Oktober 1968 zählte 113 720 Anhänger der neuen Religion. Sie war zunächst am stärksten im Norden vertreten, vornehmlich in der Nähe des Schauplatzes von Tankuns Reichsgründung. Heute ist die Zentrale mit ihrem Ältestenrat in Seoul, und in den Provinzen existieren regionale Leitungen. Institutionen für Forschung und kulturelle Arbeit werden von der Gemeinschaft unterhalten.

Tong-Il oder die Gesellschaft zur Vereinigung des Weltchristentums

Ganz im Gegensatz zur *Chondokyo*, der nur eine nationale Bedeutung zukommt und die, wovon ihr ursprünglicher Name *Tonghak* beredtes Zeugnis ablegt, in dezidierter Weise »östliche Lehre« sein will, beansprucht eine weitere neue Religion Koreas, die weitaus jüngeren Datums ist, welthistorische Bedeutung auf der Grundlage einer universalen Verbreitung ihrer Lehren. Diese neue Religion trat zunächst – auch in Europa – unter ihrem ursprünglichen koreanischen Namen in Erscheinung, der *Tong-Il* lautet, was nicht mehr als »Vereinigung« bedeutet. (Der anlautende Dental hat im Koreanischen eine andere Klangfarbe als derjenige in *tong*, »Osten, östlich«.) Dann aber änderte die Bewegung ihren Namen, zumindest in ihren westlichen Missionsgebieten. In Deutschland trägt sie seitdem die Bezeichnung »Gesellschaft zur Vereinigung des Weltchristentums«. Dies entspricht in etwa der englischen Benennung »Holy Spirit Association for the Unification of World Christianity«, die jedoch nicht in Amerika üblich ist. Dort finden wir den qualitativ weniger festgelegten Namen »Unification Church«.
Anhänger der Gemeinschaft bestreiten nicht, daß es sich in jedem Fall um die ursprüngliche Tong-Il handelt, und dies wird auch durch die Kontinuität ihres Symbols bezeugt. Schon

die Tong-Il trat mit einem Emblem in Erscheinung, das noch heute die Missionare der Gesellschaft zur Vereinigung des Weltchristentums auf ihrer Kleidung tragen und das nach ihrem eigenen Verständnis Sinnbild einer kreisförmigen Bewegung sein soll, die sich um ein Strahlenzentrum vollzieht, das seinerseits in ein Quadrat gestellt ist, welches eine Lehre von »vier Positionen« zum Ausdruck bringen soll.

Die umfassendste – und leider auch einzige – authentische Darstellung ihrer Lehren, die die Bewegung verbreiten läßt, besteht in einem sogenannten »Studienführer«, der den Obertitel »Die Göttlichen Prinzipien« trägt.[12] Missionsschriften schmalen Umfanges, die die Gesellschaft ebenfalls verteilt, enthalten einzelne Abschnitte dieses »Studienführers«.

Enttäuscht werden wird allerdings, wer in diesem »Studienführer« einer religiösen Gemeinschaft, die sich heute »Gesellschaft zur Vereinigung des Weltchristentums« nennt, Ausführungen über die ökumenischen Bewegungen der christlichen Kirchen zu finden hofft. Denn die Tong-Il kann ebensowenig als christlich bezeichnet werden wie das Mormonentum – und dies in beiden Fällen zumindest teilweise aus vergleichbaren Gründen, die jeweils ein vom christlichen Verständnis abweichendes Geschichtsbild betreffen. Deshalb haben wir es auch bei Tong-Il nicht mit einer christlichen Bewegung zu tun, die dem Studienbereich des Konfessionskundlers oder des ökumenischen Theologen zuzurechnen wäre, sondern mit einer neuen Religion, die – und dies kann wohl gesagt werden – religionsgeschichtliches Interesse in hohem Grade verdient: dies im Hinblick auf ihren Stifter, ferner bezüglich der Deutung der biblischen Botschaft, die sie unter Hinzunahme fremdreligiöser Kategorien einer Interpretation unterzieht, die im Ergebnis zu einem eigenständigen, in sich geschlossenen System führt, das Makrokosmos und Mikrokosmos, die Welt und die Geschichte der Menschen umfaßt.

Obwohl dieses Lehrsystem den Eindruck einer abgeschlossenen Heilslehre erweckt, wird es von Tong-Il selbst als unvollständig bezeichnet im Hinblick auf die Verkündigung weiterer Offenbarungen, die die Gestaltung der Zukunft betreffen sollen. Hierüber erfahren wir aus dem »Studienführer«:

> »Die in diesem Buch enthaltene Botschaft ist nur ein Teil der vollen Offenbarung, die Herr Mun erfahren hat. Der vollständige Plan der Wiederherstellung und das Leben im Goldenen Zeitalter bleiben einer Veröffentlichung in der Zukunft vorbehalten.«[13]

[12] Die Göttlichen Prinzipien. Studienführer. Aus dem Englischen übersetzt von *Paul Werner*. Titel der englischen Originalausgabe: The Divine Principle. 1. Aufl. 1960. Deutsche Erstauflage 1963; 5. Aufl. Essen 1972.
[13] Die Göttlichen Prinzipien, a.a.O., S. 14.

In diesen Sätzen wird der »Offenbarer der Göttlichen Prinzipien«, wie seine Gemeinde ihn nennt, mithin der Stifter dieser neuen Religion zitiert. Sein vollständiger Name ist *San Myung Mun*.
Leider erfahren wir über die Vita dieses koreanischen Religionsstifters unserer Tage nicht allzuviel. Geboren wurde er am 6. Januar 1920 als Sohn christlicher Eltern. Von einer entscheidenden Vision, die ihm in seinem 16. Lebensjahr zuteil wurde, berichtet der »Studienführer«:

> »Die in diesem Buche enthaltene Botschaft wurde Herrn San M. Mun innerhalb einer Periode von sieben Jahren von Gott offenbart. Als Herr Mun 16 Jahre alt war, erschien ihm Jesus am Ostermorgen und sagte ihm, daß er für die Durchführung einer großen Mission auserwählt sei und er, Jesus, ihm dabei helfen würde.«[14]

Wie dieser Bericht des Studienführers, so beziehen sich auch seine weiteren Angaben zur Lebensgeschichte des Stifters in erster Linie auf dessen religiöse Erfahrungen. Wichtig sind einige Ausführungen, die bereits gewisse Intentionen der neuen Lehre erkennen lassen:

> »Während die Menschheit und die geistige Welt von Satan schwer geplagt und die ganze Welt durch seine Macht gelähmt wurde, war Herr Mun sich dessen voll bewußt, daß dieser Zustand nicht von Gott geplant war. Er war fest entschlossen, die Wurzel dieser Unordnung in der Welt aufzudecken.
> Trotz der ständigen Angriffe Satans war Herr Mun sieben Jahre lang durch Gebete verzweifelt auf der Suche nach Antworten auf diese Fragen. Im Verlauf dieser Jahre des Kampfes entdeckte er die Göttlichen Prinzipien, Gottes gesamten Plan für die Menschheit, die verborgene Bedeutung der menschlichen Geschichte und das geheime Verbrechen Satans.
> Nachdem er diesen Schlüssel zur Lösung der Probleme der Welt entdeckt hatte, forderte er Satan zum kosmischen Kampf heraus, den er mehr als zwanzig Jahre lang allein gegen ihn kämpfte. Sein seelisches Leid war unvorstellbar. Er vergoß unzählbare Tränen für Gott und betete inbrünstig für die Welt. Auf diese Weise kämpfte er unermüdlich gegen den kosmischen Feind.
> Er erkannte, daß Gott den Menschen nach den gleichen Prinzipien wiederherstellen würde, die seiner Erschaffung zugrunde liegen. Er ebnete den Weg zur Vollkommenheit – der kosmischen Wiederherstellung –, von der niemand zu träumen wagte. Wenn er jedoch von der göttlichen Wahrheit sprach, wollte niemand zuhören. Wegen der neuen Wahrheit, die er lehrte, wurde er mehrere Male unter verschiedenen Regimen ins Gefängnis geworfen und grausam gefoltert. Sein Leben war ein blutiger und tränenreicher Kampf und sein Weg ein Pfad voller Dornen und Leid.

[14] Ebd., S. 12.

Es war wirklich eine Ironie, daß er von der Welt verspottet wurde, als er kämpfte und litt, um die Menschheit zu befreien. Von den Christen wurde er verdammt und als Häretiker verfolgt. Er blieb jedoch standhaft in seinem einsamen und bitteren Kampf.«[15]

Zur Gründung einer Gemeinde entschließt sich Mun 1954, also nach der im vorangegangenen Jahr durch Waffenstillstand erfolgten Beendigung des Koreakrieges. Die Angaben, die der »Studienführer« über diese erste Gemeindebildung macht, geben Hinweise auf parapsychische und spiritistische Elemente[16], die zumindest in den koreanischen Gruppen von Tong-Il eine Rolle spielen dürften, sowie auf die unterschiedliche religiöse Herkunft der Anhängerschaft des Stifters:

»Im Jahre 1954 organisierte er eine Gruppe und begann mit der Veröffentlichung der Göttlichen Prinzipien. Viele Mitglieder dieser Gruppe verfügen über geistige Gaben. Einige stehen mit den höchsten Regionen der geistigen Welt in Verbindung, und andere unterhalten sich mit Jesus und Gott unter den verschiedensten Voraussetzungen . . .
Ein auffallendes Merkmal dieser Gruppe ist die Tatsache, daß sie sich aus Mitgliedern verschiedener Konfessionen und Religionen zusammensetzt. Einige Mitglieder kamen durch direkte Führung der geistigen Welt zu dieser Gruppe. Maria, die Mutter Jesu, Gautama Buddha und Konfuzius gehören in der geistigen Welt zu denen, die gewisse Personen aus ihrem Anhängerkreis zu dieser Gruppe führten. Die Gruppe setzt sich zusammen aus Katholiken und Protestanten sowie aus Buddhisten, Schintoisten und Konfuzianisten.«[17]

Zweifellos war Mun von Anfang an bestrebt, seine Gemeinde weltweit zu verbreiten, und er hat dieses Ziel mit »Arbeitskreisen« in Japan und mindestens 15 westlichen Ländern auch erreicht. Allerdings liegen keine zuverlässigen Angaben über die jeweiligen Mitgliederzahlen vor, die durchweg recht klein sein dürften.
Im Dienste der Verbreitung seiner Lehre standen mehrere Weltreisen, die Mun seit Anfang der 60er Jahre unternahm. Auf ihnen soll er verschiedenen Orten seinen Segen erteilt, an ihnen koreanische Erde verstreut und sie dadurch zu »heiligen« Plätzen geweiht haben. Anscheinend gewinnen sie für seine Anhänger die Bedeutung von Wallfahrtsstätten. Auf deutschem Gebiet existiert in Essen-Bredeney ein solcher »heiliger Grund«.
Nach Deutschland kam die Bewegung über Österreich. Dort hatte der 1927 in Pommern geborene Pfarrerssohn *Paul*

[15] Ebd., S. 12 f.
[16] Ebd., S. 13 f.
[17] Der Text des »Studienführers« bietet »Konfuzianisten« statt der im Deutschen üblichen Bezeichnung »Konfuzianer«.

Werner die erste deutschsprachige Gruppe gegründet, die er 1966 ins Vereinsregister der Stadt Wien eintragen ließ. Später wurde die Leitung der österreichischen Gruppe, die inzwischen auch in Graz ein »Zentrum« besitzt, von einem *Peter Koch* übernommen, und Paul Werner kam in die Bundesrepublik, zunächst nach Frankfurt am Main, von wo aus er die deutsche Zentrale nach Essen, Adolf-Schmidt-Straße 15, verlegte. Anfang 1973 übersiedelte die Zentrale nach Camberg im Taunus.

In Essen hat Mun anläßlich seiner dritten Weltreise im Frühjahr 1972 seine Lehre erläutert. Die Lokalpresse bezeichnete ihn als »vierschrötigen, sehr kräftigen Mann« und als »kraftvollen, ungestümen Redner«[18].

Vor dem missionarischen Auftreten Muns in Europa lag ein Datum, das von ihm und seiner Gemeinde als äußerst wichtiger Einschnitt innerhalb eines universalen Heilsplanes angesehen wird. Im Jahre 1960 nämlich sei ein Wendepunkt zum Guten herbeigeführt worden, und die im 19. Kapitel der Offenbarung des Johannes prophezeite Hochzeit des Lammes habe stattgefunden.

Es besteht kein Zweifel darüber, daß hiermit die im April 1960 vollzogene Eheschließung Muns gemeint ist, der damals zum zweiten Male heiratete. Zu verstehen ist die damit verbundene Wertsetzung allerdings nur aufgrund der außerordentlich großen Bedeutung, die dem Heiraten beigemessen wird – nur in der Familie sei eine Vervollkommnung möglich.

Das besondere Gewicht, das hierbei der Heirat Muns beigemessen wird, gibt einen Hinweis auf dessen außergewöhnliche Stellung innerhalb seiner Gemeinschaft: Er ist nicht nur Stifter dieser neuen Religion, sondern auch die zentrale Gestalt ihrer Heilslehre – nämlich ein neuer, *zweiter Messias*. Der »Studienführer« nennt in diesem Zusammenhang zwar nicht den Namen Muns ausdrücklich; aber er macht mit seinen Angaben in ganz eindeutiger Weise klar, daß allein Mun gemeint sein kann. Hierfür sprechen die geographischen und historischen Ausführungen des »Studienführers«. Der zweite Messias, der ein Reich der Freude und Liebe auf Erden errichten wird, soll aus dem Osten kommen:

> »Der zweite Messias, der Herr des Neuen Zeitalters, wird im Osten erscheinen und das Siegel des lebendigen Gottes tragen.«[19]

Dieser geographische Herkunftsbereich wird dann eingeschränkt auf eine bestimmte Nation, wobei in eindeutiger Weise auf *Korea* verwiesen wird. Dort soll sich die letzte und

[18] »Ruhrwort« vom 29. April 1972.
[19] Die Göttlichen Prinzipien, a.a.O., S. 231.

endgültige *Dispensation* ereignen, womit im Sprachgebrauch von Tong-Il der abschließende, erfolgreiche Versuch Gottes zur Wiederherstellung des ursprünglichen, paradiesischen Zustandes gemeint ist:

»Die Nation, die Gott für die Erfüllung seiner letzten Dispensation erwählt, wird eine Nation sein, die durch unverdiente Verfolgungen und Leiden geprüft wurde. In den letzten Tagen wird die Bevölkerung dieser Nation noch mehr leiden und viel Blut vergießen müssen. Da dieses Volk solch eine bedeutende Mission durchzuführen hat, gehört ihm Gottes große Liebe und besondere Fürsorge. Aus diesem Grund werden sie von Satan am meisten gehaßt und unaufhörlich mit allen ihm zur Verfügung stehenden Mitteln geplagt.«[20]

Und ferner:

»Um als universeller Altar erwählt zu werden, muß diese Nation in zwei Teile geteilt sein, die jeweils Kain und Abel symbolisieren. Auf diese Weise ist diese Nation der Repräsentant der ganzen Welt, die ebenfalls in zwei Machtblöcke aufgeteilt ist. Um ihre Mission als auserwählte Nation erfüllen zu können, muß sie vereinigt werden, d. h. Abel muß Kain in diesem Lande unterwerfen.«[21]

Auch die Vergangenheit Koreas verweise auf seine aktuelle Bedeutung:

»Da diese auserwählte Nation Gott als ein Königreich von Priestern dienen soll, muß sie durch die Geschichte hindurch frei sein von vorsätzlicher Aggression. Alle ungerechte Drangsal, die diese Nation durch ihre Angreifer erleiden mußte, diente als Bezahlung für ihre Mission.«[22]

Zu diesen Enthüllungen über den Ort der Ankunft des neuen Messias tritt dann eine sehr eindeutige zeitliche Festlegung, bei der wiederum das Datum der Hochzeit Muns eine Rolle spielt:

»Er ist derjenige, der durch seine Anklage und Unterwerfung des Satans im Jahre 1960 einen Wendepunkt zum Guten herbeiführte. Zu diesem Zeitpunkt fand die Hochzeit des Lammes statt, die im 19. Kapitel der Offenbarung prophezeit wurde.«[23]

Besonders hervorgehoben wird das ganz außergewöhnliche Gewicht, das man dem Jahr 1960 beimißt, durch seine Einordnung in einen großen universalhistorischen Zusammenhang,

[20] Ebd., S. 232.
[21] Ebd., S. 231 f.
[22] Ebd., S. 233.
[23] Ebd., S. 234.

der von der Schöpfung bis zum Auftreten dieses zweiten Messias reicht. Daß hierbei symbolische Geschichtsdeutungen eine vorrangige Rolle spielen, ließen bereits die zitierten Textstellen mit ihrer Bezugnahme auf Kain und Abel erkennen.

Beachtung verdient diese eigenständige Geschichtsschau in doppelter Hinsicht:

Einmal reizt der Vergleich mit dem *Mormonentum*, das ebenfalls in seiner Lehre einem irrealen Geschichtsbild eine zentrale Stellung zuweist. Hierbei muß anerkannt werden, daß die Geschichtsschau von Tong-Il – unbeschadet ihrer höchst angreifbaren Symbolismen und Parallelisierungen – diejenige der Mormonen an systematischer Klarheit und geistiger Bewältigung historischer Fakten bei weitem übertrifft.

Zweitens ist nach der Werbekraft dieser Geschichtsspekulation zu fragen. Trügt nicht alles, so dürfte gerade in heutiger Zeit, in der eine »Abkehr von der Geschichte« vollzogen wird, unter den historisch Ungebildeten ein phantastisches Geschichtsbild bestrickende Werbekraft besitzen – und dieses nicht allein wegen seiner systematischen Einordnung und Deutung historischer Fakten, sondern auch weil es der Gegenwart eine über alle frühere Geschichte hinausragende Bedeutung verleiht.

Als entscheidend für den »Anbruch des Neuen Zeitalters« gelten die auf das Jahr 1960 verweisenden vierzig Jahre nach dem Ersten Weltkrieg, die aufgrund ihrer Unruhen als »die vierzig Jahre der universellen Wiedergutmachung« bezeichnet werden.

Der Erste und der Zweite Weltkrieg sowie der Aufstieg des Kommunismus werden als drei universale Prüfungen angesehen, die im Weltmaßstab biblische Ereignisse wiederholen.

> »Ebenso wie Jesus in der Wüste drei Versuchungen ausgesetzt war, so muß die Menschheit im letzten Abschnitt der Vorsehung Gottes drei weltumspannende Prüfungen durchmachen. Die Israeliten wanderten vierzig Jahre lang in der Wüste umher, bevor sie Kanaan betraten. Die vierzig Jahre nach dem Ersten Weltkrieg repräsentieren den Zeitabschnitt in der Wüste für die gesamte Menschheit, die unmittelbar vor dem Einzug in das universelle Kanaan steht. Nationen leiden unter Hunger, Furcht, physischer und geistiger Unsicherheit, ebenso wie die Israeliten in der Wüste unter all diesen Dingen zu leiden hatten. Verwirrung und Chaos sind universell vorherrschend.
>
> Das universelle Kanaan ist jedoch nahe, und die Mühen in der universellen Wüste werden bald ein Ende haben. Die Schafe Gottes werden seine Stimme selbst im Chaos hören, und die klugen Jungfrauen werden von dem Kommen ihres Bräutigams selbst um Mitternacht wissen (Matth. 25, 1–13).
>
> Wir leben heute in einem großartigen Zeitalter, obwohl viele Menschen, in Anbetracht der ausgedehnten Unruhen in der Welt,

> der internationalen Krisen und des Chaos, das Gegenteil annehmen mögen. Diejenigen, die wachsam sind, können den Anbruch des ›Neuen Tages‹ sehen.«[24]

Deutlich werden hier historische Parallelisierungen vorgenommen, die frühere Ereignisse als Hinweise auf das weltumspannende, universale Geschehen einer endzeitlichen Heilsgeschichte werten. Dies geschieht sowohl mit der Wüstenwanderung der Israeliten als auch mit der Versuchungsgeschichte Jesu, der somit im Verständnis dieser neuen Religion nur eine vorläufige, auf das eigentliche Heilsgeschehen lediglich hinweisende Bedeutung zukommt.

Dies ist zu verstehen im Zusammenhang mit einer sehr eigentümlichen *Christologie*, die dem Anspruch von Tong-Il widerspricht, eine »Gesellschaft zur Vereinigung des Weltchristentums« zu sein, und deutlich macht, daß es sich hier um eine neue Religion handelt.

Die Grundgedanken dieser Christologie sind in folgenden Sätzen ausgesprochen:

> »Gott erschuf einen Mann, Adam, für den er eine Frau, Eva, machte. Gott muß also zuerst einen Mann in Adams Position und durch ihn eine Frau in Evas Position wiederherstellen. Adam und Eva sollten mit dem Segen Gottes heiraten und somit die vollkommenen Eltern der Menschheit sein. Jesus, der an Adams Stelle kam, sollte eine Braut nehmen, die in Evas Position stand . . .
> Wenn die Ehe Jesu verwirklicht worden wäre, dann wären Jesus und seine Braut die wahren Eltern der Menschheit geworden.«[25]

Das sind Spekulationen, die denkbar weit vom Christentum entfernt sind. Von Tong-Il werden sie jedoch nicht als blasphemische Polemik gegen das Christentum verstanden, sondern als logische Konsequenz eines komplementären Dualismus von Männlichem und Weiblichem.

Seinetwegen wird der Eheschließung von San Myung Mun heilsgeschichtlicher Wert beigemessen, und die Frau, die Mun im Jahre 1960 heiratete, wird seitdem als »wahre Eva« verehrt.

Die Heirat Muns verwirklichte einen komplementären Dualismus, der die gesamte Theologie, Kosmologie und Anthropologie von Tong-Il beherrscht. Im Zentrum steht das *Gottesverständnis* der neuen Lehre:

> »In Gott ist die Universale Energie polarisiert in männlich und weiblich. Das Geben und Nehmen zwischen ihnen bildet die Grundlage für seine ewige Existenz.«[26]

[24] Ebd., S. 227 f.
[25] Ebd., S. 104.
[26] Ebd., S. 20.

Abgeleitet wird diese Aussage aus einer Spekulation über den Menschen als Ebenbild Gottes:

»Der Mensch, der zum Bilde Gottes geschaffen ist, existiert grundsätzlich in zwei verschiedenen Formen, männlich und weiblich. Daraus geht hervor, daß Gott in Polarität existiert und in seinem Wesen männliche und weibliche Charakterzüge vorhanden sein müssen.«[27]

Für »männlich« und »weiblich« werden auch die Begriffe »positiv« und »negativ« gebraucht und zur Charakterisierung der *Kosmologie* verwandt:

»›Positiv‹ bezieht sich z. B. auf die Sonne, den Mann, männliche Tiere, männliche Pflanzen, positive elektrische Ladungen und Protonen, in welchen wir eine zentrale, aktive, schöpferische, aggressive Wesensart erkennen. ›Negativ‹ bezieht sich z. B. auf den Mond, die Frau, weibliche Tiere, weibliche Pflanzen, negative elektrische Ladungen, in welchen wir eine abhängige, passive, beständige, statische und in sich einschließende Wesensart finden. Die ersteren sind Subjekte und die letzteren ihre Objekte.«[28]

Dieser *Dualismus*, der nicht antithetisch, sondern, wie bereits erwähnt, komplementär verstanden wird, durchzieht die ganze Schöpfung:

»Einige Beispiele dieser Verhältnisse sind männliche und weibliche Tiere, männliche und weibliche Pflanzen, Protonen und Elektronen, Anoden und Kathoden, Sonne und Planeten, Ost und West, Nord und Süd, Selbstlaut und Mitlaut, die geistige und die physische Welt, rechts und links, vorne und hinten, innen und außen. Nichts existiert in sich selbst gänzlich als Subjekt oder Objekt, sondern ist aus sich gegenseitig ergänzenden Subjekt- und Objekt-Bestandteilen zusammengesetzt.«[29]

Es erhebt sich die Frage nach der Herkunft derartiger Anschauungen. Diese Frage wird von den Bekennern der neuen Religion keineswegs als ein Zerpflücken ihrer Glaubensinhalte angesehen, sondern zustimmend akzeptiert. Denn Tong-Il bewältigt den Pluralismus der Religionen geistig nicht durch deren Verdammung oder Dämonisierung, sondern mit der Annahme einer sukzessiven Offenbarung, als deren vollkommenen Abschluß sich diese neue Religion selbst begreift.
Daß Mun andere Religionen studiert habe, berichtet der »Studienführer« ausdrücklich[30], und er bekennt sich – mit einer propagandistisch sicher geschickten, den Eindruck der Wissenschaftlichkeit seiner Geschichtsthesen erweckenden Berufung auf *Toynbee* – zur religiösen Synthese:

[27] Ebd., S. 17.
[28] Ebd., S. 18.
[29] Ebd., S. 19.
[30] Ebd., S. 12.

»Entsprechend der Analyse Arnold Toynbees haben sich alle Kulturen auf dem Fundament irgendeiner Art von Religion entwickelt. Die westliche Zivilisation hat ihren Ursprung im westlichen Christentum, das im Grunde eine Verschmelzung frühen Christentums mit griechischer Philosophie ist. Jedoch durch den deutlich sichtbaren Verfall des Christentums in der westlichen Welt hat die Entwicklung der westlichen Zivilisation ihr Ende erreicht. Es ist daher eine neue Form von Kultur erforderlich, bevor weitere Fortschritte erzielt werden können. Eine neue Religion, die als Grundlage für die neue Zivilisation dienen kann, würde eine Verschmelzung von Christentum und orientalischer Philosophie sein. Nur durch diese neue Religion kann der Menschheit neue Hoffnung gegeben werden.
Die großen nichtchristlichen Religionen haben dazu beigetragen, den Weg zu ebnen für Gottes letzte Dispensation, indem sie das geistige Wachstum der Menschen in der ganzen Welt förderten. Der neue Messias hat die Mission, alle Ideologien und Religionen und somit die ganze Welt zu vereinigen. Folglich muß der Herr der Wiederkunft nicht nur den Zweck des Christentums, sondern auch den der anderen großen Religionen und Philosophien erfüllen.«[31]

Legitim im Sinne von Tong-Il ist daher auch die Frage nach der Provenienz des komplementären Dualismus, der im Zentrum der neuen Lehre steht, das Interpretationsschema ihres Bibelverständnisses bildet und sich mit seinen Bezugnahmen auf die Elektrizitätslehre den Anschein moderner Wissenschaftlichkeit gibt. Daß es sich tatsächlich um eine Übernahme der uralten chinesischen *Yang-Yin-Spekulation* handelt, dürfte zweifelsfrei feststehen, zumal dieser Ansicht von Gefolgsleuten Muns nicht widersprochen wurde. Ausführungen über die Yang-Yin-Philosophie, deren älteste Quelle des *I-king*, das »Buch der Wandlungen«, ist, lassen die Übereinstimmung mit der Lehre Muns deutlich werden:

»Nach der Philosophie des I-king herrscht in der Natur ein durchgängiger Dualismus der beiden Prinzipien Yang und Yin. Dem Yang als dem männlichen, schöpfenden, hellen, warmen Elemente entspricht der Himmel, die Sonne, der Süden, die rote Farbe; dem Yin als dem weiblichen, empfangenden, dunklen, kalten dagegen die Erde, der Mond, der Norden, die schwarze Farbe.. So werden Himmel und Erde als Verkörperung der Urkräfte Yang und Yin aufgefaßt. Die von ihnen ausgeübte Wechselwirkung bringt alle Dinge hervor.«[32]

Auch die *Anthropologie* der neuen Religion ist geprägt von der Vorstellung eines komplementären Dualismus:

[31] Ebd., S. 231.
[32] *F. E. A. Krause*, Ju-Tao-Fo. Die religiösen und philosophischen Systeme Ostasiens, München 1924, S. 29.

»Beide, der Mensch und das Universum, sind zum Bilde Gottes geschaffen. Der Mensch ist jedoch die direkte Darstellung der Polarität Gottes, während die Schöpfung die indirekte und symbolische Darstellung ist.«[33]

An einen alttestamentlichen Text, nämlich an Genesis 1,28, knüpft die Verkündigung von »drei Segnungen« an, die den Menschen zuteil geworden seien. Die herangezogene Stelle aus dem 1. Buch Mose lautet bekanntlich:

»Seid fruchtbar und mehret euch und füllet die Erde und machet sie euch untertan.«

Recht eigenständig ist wiederum die Interpretation:

»Die erste Segnung, seid fruchtbar, heißt, daß Körper und Herz, auf Gott ausgerichtet, eins werden und so Gottes harmonisches Wesen in sich verkörpern.«[34]

Die zweite Segnung stellt Tong-Il ganz unter den überwertigen Gedanken der Familie, denn:

»Ein einzelner Mensch ohne eine Familie kann sich weder wiederherstellen noch vermehren oder herrschen.«[35]

– und dies bedeutet, wenn wir den von Tong-Il häufig gebrauchten Begriff der »Wiederherstellung« durch die damit gemeinte »Erlösung« ersetzen, daß ein einzelner Mensch ohne Familie ausgeschlossen ist vom Ziel der Heilsgeschichte.
Über die »dritte Segnung« schreibt der »Studienführer«:

»Die Herrschaft innezuhaben heißt, daß der Mensch alle Dinge mit der Liebe und der Kraft Gottes regiert und daß er Schönheit und Nutzen von allen Dingen zurückerhält.«[36]

Da die »drei Segnungen« ganz im Sinne harter Forderungen Gottes an den Menschen aufgefaßt werden, könnte man diesen Teil der Lehre als ihre *Ethik* auffassen und eine Übertretung dieser Gebote als Sünde kennzeichnen.
Von einer Sündenvergebung weiß Tong-Il offenbar nichts, und dies ist konsequent auf dem Hintergrund der Anschauung, daß der Mensch seine »Wiederherstellung« aus eigener Kraft bewirken könne. Somit tritt an die Stelle etwaiger Sündenvergebung das Gesetz der Vergeltungskausalität der Tat, das in den indischen Religionen mit *karma* bezeichnet wird. Hierüber führt der »Studienführer« das Folgende aus:

[33] Die Göttlichen Prinzipien, a.a.O., S. 19.
[34] Ebd., S. 31.
[35] Ebd., S. 30.
[36] Ebd., S. 31.

»Viele Christen hatten das Empfinden, daß durch das Kommen Jesu das mosaische Gesetz: ›Auge um Auge, Zahn um Zahn‹ aufgehoben wurde. Das ist nicht wahr. Für Ungerechtigkeiten der Menschen untereinander muß der Mensch bezahlen, entweder in seinem physischen Zustand auf der Erde oder in der geistigen Welt; entweder an den Geschädigten oder an jemandem, der sich in einer ähnlichen Situation befindet. Buddhisten und Hinduisten nennen dies das Gesetz des Karma; auch dieses ist unerbittlich.«[37]

Die *Soteriologie* von Tong-Il ist enthalten in einer Lehre, die als »Grundlage der vier Positionen« bezeichnet wird. Mit diesen vier Positionen sind gemeint: die ursprüngliche Einheit, Subjekt und Objekt als Ergebnisse einer Aufspaltung in die zwei Positionen der Polarität und schließlich die Zielposition der Wiederherstellung, mit der das Ideal der Schöpfung erfüllt wird. Über die – wiederum dem Bereich der *Ethik* zuzuschreibenden – Mittel, die hierzu führen, schreibt der »Studienführer«:

»Loyalität, eheliche Treue und kindliche Verehrung sind die drei Arten der Schönheit, welche diejenigen in der Objekt-Position dem Subjekt zurückgeben. Die Familiengrundlage der vier Positionen ist das Ideal der Schöpfung.«[38]

Dieses Ideal wird mit einem Begriff, der außerordentlich stark von seinem christlichen Verständnis abweicht, »Dreieinigkeit« genannt. Wir erfahren hierüber:

»Da sie sich mit Satan vereinigt hatten, versagten Adam und Eva in der Errichtung der Dreieinigkeit mit Gott.«[39]

Aber:

»Die gesamte Menschheit wird Gott zurückgegeben werden, indem sie eine Dreieinigkeit mit ihm bildet. Alle Menschen werden dann selbst Bäume des Lebens sein. Jeder wird dann das Ideal der Schöpfung erfüllen. Auf diese Weise wird auf Erden eine große Familie errichtet.«[40]

Mit dem Begriff der Familie wird auch die *Organisationsform* der neuen Religion bezeichnet; ihre einzelnen Gruppen sind »wahre Familien«, und das interne Blatt der deutschen Anhängerschaft trägt den Titel »Familiennachrichten«.
Über das gemeinsame Leben in diesen Familien, die als Kommunen organisiert sind, ist wenig bekannt. Wir wissen von gemeinsamen Gebeten, vom Unterricht in den Lehren der Ge-

[37] Ebd., S. 73 f.
[38] Ebd., S. 23 f.
[39] Ebd., S. 105.
[40] Ebd., S. 105.

meinschaft und von Fastenübungen, die offensichtlich auch zur Buße für Verfehlungen auferlegt werden können. Nikotingenuß ist verboten, das im Berufsleben erworbene Geld fließt in eine gemeinsame Kasse.

Die Tatsache, daß Mun und seine Frau, mit Kronen geschmückt, mehrfach Massenhochzeiten veranstalteten[41], legt die Vermutung nahe, daß sich die Eheschließung innerhalb der Gemeinschaft zu einem kultischen Akt entwickelt.

Der Eintritt in die neue Religionsgemeinschaft wird als endgültig aufgefaßt. Es ist möglich, daß damit geheime Verpflichtungen übernommen werden und eine Arkandisziplin geübt werden muß. Die spärlichen Nachrichten, die aus der deutschen Gruppe seit ihrer Übernahme durch Paul Werner an die Öffentlichkeit gelangen, legen diese Vermutung nahe. Es sind Berichte absolut negativen Inhalts, die von Wesensveränderungen der »Familien«-Angehörigen und von deren totaler Abhängigkeit vom Leiter der Gemeinschaft sprechen.[42]

Caodaismus

Seit dem Jahre 1926, in dem der Caodaismus im Gebiet des heutigen *Südvietnam* offiziell begründet wurde, hat sich diese neue Religion, deren Mitgliederzahl in raschem Aufstieg die Grenze von 2 Millionen überschritt, zu einem bedeutsamen Faktor nicht allein des geistlichen, sondern auch des gesamten öffentlichen Lebens ihres Landes entwickelt. Die straffe Organisation, der sie ihre Anhänger unterwarf, sowie die Aufstellung eigener militärischer Einheiten erlaubten ihr eine politische Einflußnahme, die im wesentlichen, abgesehen von unbedeutenden dissidenten Gruppen, konservativ, gemäßigt nationalistisch geprägt war. Sicher hat der Caodaismus zeitweise den Staat beeinflussen, vielleicht auch einen Staat im Staate bilden wollen. Ganz offen ist heute, wie sich das Geschick des Caodaismus, insbesondere hinsichtlich seiner politischen Ambitionen, nach dem Ende des Vietnam-Krieges zukünftig gestalten wird.

Der Caodaismus ist eine recht junge Religionsstiftung. Auf der Grundlage eines Auswahlprinzips, das durch spiritistische Offenbarungen vermittelt wurde, vereinigt er in einem weit umgreifenden Synkretismus ostasiatische, indische und christliche Elemente. Seine eigenen Aussagen hierüber sind, wie auch in anderen Punkten seines Systems, nicht völlig einheitlich, vor allem aber prinzipiell unabgeschlossen. Denn der

[41] So wurden 1970 von ihnen in Seoul 777 Paare in einer Zeremonie verheiratet; vgl. »Materialdienst«. Aus der Evangelischen Zentralstelle f. Weltanschauungsfragen 1970, S. 273 f.

[42] Vgl. »Materialdienst« 1973, S. 66 ff.; »stern« vom 5. April 1971.

Caodaismus bekennt sich zu der Möglichkeit neuer, fortschreitender Offenbarungen, was aufgrund seines Spiritismus weitere Mitteilungen durch Geister bedeutet.
Eine kanonisierte heilige Schrift kennt diese Religion daher nicht. Ihre Publikationen ermangeln weitgehend eines systematischen Aufbaus. Dagegen stellt die französische Sprache, in der sie häufig verfaßt sind, kein Hindernis für ihre inhaltliche Erfassung dar. Sie dürfte in den meisten Fällen den von zweisprachigen Vietnamesen verfaßten Originaltext bieten. Die Geister allerdings, auf deren Äußerungen alle Ausführungen zurückgehen, sollen sich während der spiritistischen Sitzungen in annamitischer Sprache äußern.
Der Name der neuen Religion leitet sich ab von dem annamitischen Begriff *Cao-Dai*, der wörtlich »Großer Palast« bedeutet. Der Caodaismus (korrekt Kao-dai-ismus auszusprechen) drückt damit seinen Gottesbegriff aus, den er in seinen Tempeln symbolisch durch das »heilige Auge« darstellt, ein riesiges Auge über einer Weltkugel, die es überschaut.
Der *culte des génies* und der *goût du merveilleux* der Vietnamesen, von denen man zur französischen Kolonialzeit sprach[43], ihr »Geisterkult« und ihre »Wunderanfälligkeit« bedingen es, daß sich im annamitischen Bereich seit alters spiritistische Sitzungen großer Beliebtheit erfreuen. Für die Vorgeschichte des Caodaismus spielen Séancen eine Rolle, die *Ngo-Van-Chieu* veranstaltete, ein Regierungssekretär, der am 28. Februar 1878 in der Nähe von Saigon als Kind armer Eltern geboren worden war, aber durch die Fürsorge einer mit einem Chinesen verheirateten Tante konfuzianische Bildung erhalten hatte. Im Jahre 1902 war erstmals ein Anruf der »hohen Geister« an ihn ergangen. Seitdem scharte sich um ihn ein Kreis Gleichgesinnter, der vornehmlich aus jüngeren Regierungsbeamten bestand.
Entscheidend wurde der 25. Dezember 1925. An diesem Weihnachtsabend empfing Ngo-Van-Chieu die Offenbarung des Gottesnamens Cao-Dai. Zugleich erteilte ihm der Gott Cao-Dai den Auftrag, als Führer einer neuen Religionsgemeinschaft den Mandarin *Lē-Van-Trung* zu wählen, der damals Mitglied des Kolonialrates war.[44]
Lē-Van-Trung genoß damals nicht den besten Ruf. Er galt als reiner Genußmensch und war bekannt als ziemlich hemmungsloser Opiumraucher. Der Auftrag, ausgerechnet ihn mit der Gründung einer neuen Religion zu betrauen, erregte daher zunächst beträchtliche Verwunderung. Die Wandlung jedoch, die er nunmehr in seiner Lebensführung vollzog, die Askese,

[43] *Bernard B. Fall*, Rückblick auf Französisch-Indochina. In: Atlantis, Juni 1955, S. 257 f.
[44] Vgl. *Lē-Thanh Khōi*, 3000 Jahre Vietnam. München 1969, S. 411.

der er sich von nun an unterwarf, gilt den Caodaisten als Zeugnis für die Wahrheit ihrer Lehre, als Beweis für die Glaubwürdigkeit empfangener Offenbarungen.
Um den damals 50jährigen Lē-Van-Trung bildete sich Anfang 1926 der Kern der neuen Gemeinde, deren Gründung offiziell am 7. September 1926 deklariert wurde. Ihr Sitz war zunächst in Saigon. Er wurde jedoch bald nach *Tay-ninh* verlegt, einen Ort, der etwa 100 Kilometer nordwestlich von Saigon liegt. Dies geschah im Rahmen religiöser Feiern, die vom 18. bis 20. November 1926 veranstaltet wurden.
Im Verlaufe dieser Feierlichkeiten erhielt Lē-Van-Trung Stellung und Titel des »irdisch-zeitlichen Papstes« (*Giao-Tong*) des Caodaismus. Hierbei war das Vorbild der römisch-katholischen Kirche maßgebend. Ihr ist die hierarchische Organisation des Caodaismus mit ihren Kardinälen, Erzbischöfen, Bischöfen und Priestern bis in Einzelheiten nachgebildet, mit der einzigen Ausnahme, daß außer dem Papst des Caodaismus jeder andere geistliche Rang prinzipiell auch Frauen offensteht.
Lē-Van-Trung verstarb am 19. Dezember 1934. Ein Konzil wählte zu seinem Nachfolger *Ho-Phap-Pham-Cong-Tac*. Unter seiner Leitung erfolgte ein rasches Anwachsen der jungen Gemeinschaft. Sie griff 1937 auf Kambodscha über und gewann Anhänger auch in Frankreich und den Vereinigten Staaten. Eine gemäßigt japanfreundliche Haltung, die Ho-Phap-Pham-Cong-Tac einnahm, führte nach dem Ende des Zweiten Weltkrieges zu seiner zeitweiligen Verbannung nach Madagaskar.[45]
In seiner *Lehre* versteht sich der Caodaismus als Vollendung bereits bestehender Glaubensformen. Seine Bezugnahmen auf frühere Religionen sind aber uneinheitlich und bedürfen noch einer historisch-systematischen Klärung.
Einmal wird die Anknüpfung an den Buddhismus in den Vordergrund gestellt. Dies geschieht, wenn der Caodaismus sich als »erneuerten Buddhismus«, als *Bouddhisme rénové*, bezeichnet und sich berufen fühlt, zwei Lücken auszufüllen, die dem traditionellen Buddhismus als Mängel anhaften, nämlich das Fehlen einer kirchlichen Hierarchie und die Unzulänglichkeit einer allein der Selbsterlösung dienenden Ethik, die religiös motivierte Impulse zur karitativen Aktivität vermissen läßt. Es verwundert, daß diese Abgrenzung gegenüber dem Buddhismus nicht auch den ausgeprägten Theismus nennt, zu dem sich der Caodaismus bekennt.
Gegenüber dieser einseitigen Berufung auf den Buddhismus und der Auseinandersetzung allein mit ihm scheint dem Anspruch, einen synkretistischen Überbau mehrerer Religionen

[45] *Jan Romein*, Das Jahrhundert Asiens. Bern 1958, S. 260.

zu bieten, größere Bedeutung zuzukommen. Theologisch beruht dieser Synkretismus auf der caodaistischen Lehre von mehreren »Amnestien« des Gottes Cao-Dai im Laufe der Geschichte. Mit dem Begriff der *amnistie* (annamitisch *Tam-Ky-Pho-Do*) bezeichnet die caodaistische Terminologie eine »Kundgebung der göttlichen Barmherzigkeit«, eine Offenbarung mithin.

Dem Gedanken einer fortschreitenden Offenbarung liegt eine zyklische Geschichtstheologie zugrunde. Nach ihr begannen die bisherigen Epochen der Menschheit mit göttlichen Offenbarungen, sie tendierten jeweils auf ein durch Verfall gekennzeichnetes Endstadium. Die göttliche Vergebung eröffnete dann den Zyklus von neuem.

Diese heilsgeschichtliche Konzeption erlaubt es dem Caodaismus, das eigene Sendungsbewußtsein mit einer irenischen Haltung zu verbinden. Jedoch sind die Aussagen des Caodaismus hinsichtlich der Religionen, die als seine Vorläufer genannt werden, uneinheitlich. Dies könnte auf unterschiedlichen missionarischen Zielsetzungen beruhen.

An den Westen wenden sich Äußerungen eines caodaistischen Würdenträgers über die Stellung seiner Religion zum Christentum:

> »Die Lehre des Moses ist die Knospe, die Lehre Christi ist die Blüte, der Caodaismus ist die Frucht. Die Blüte zerstört nicht die Knospe, die Frucht nicht die Blüte, sondern jedes folgende Stadium der Entwicklung der Pflanze ist die Vervollkommnung des früheren Zustandes.«[46]

Demgegenüber ist der Text, der die vier täglichen Gebete der Caodaisten einleitet, ganz östlich orientiert. Er nimmt allein Bezug auf den Taoismus Lao-tses, auf Konfuzianismus und Buddhismus, also auf jene Religionen, die vornehmlich in China als die »drei Lehren« bezeichnet werden:

> »Über dem Meer des menschlichen Leides, dessen Unendlichkeit sich zwischen Himmel und Wasser verliert, steigt im Orient schon das Tagesgestirn auf.
> Der erhabene Beginner Lao-tse hatte das Verdienst, am Heil der Menschheit mitzuwirken.
> Die drei Religionen verkünden als Grundlage ihrer Lehre die Ausübung des Guten und der Tugend.
> Der weise Konfuzius hat deutlich den Weg des rechten Mittelmaßes vorgezeichnet.
> Der barmherzige Buddha hat Demut und Nächstenliebe gepredigt.

[46] La constitution religieuse du Caodaïsme. Paris 1953, S. 13.

Die Lehre des Tao hat die Verehrung des Wahren und die Selbstbeherrschung vorgeschrieben.
So hat ein und derselbe Stamm drei ähnliche Zweige hervorgebracht.
Der Mensch, der sich von diesen tiefen Wahrheiten durchdringen läßt, möge sein Herz reinigen, um die heiligen Gebete zu sprechen.«[47]

Sowohl auf östliche als auch auf westliche Vorläufer seiner Religion bezog sich der caodaistische Papst Ho-Phap-Pham-Cong-Tac in einer Ansprache, die er am 28. November 1938 in Tay-ninh hielt:

»Damit der universale Geist eine Quelle des Lichtes werden kann, um die Welt zu erleuchten, ist es notwendig, daß sich alle Sünden und Leiden in einer caodaistischen Arche auflösen, um die Menschheit aus diesem Tal der Tränen zu retten.
Shākyamuni (d. i. Buddha) hat aus Liebe zur Menschheit den Weg der Erlösung gefunden.
Lao-tse hat aus Liebe zur Menschheit über Tod und Leiden triumphiert.
Jesus Christus hat, um die Menschheit zu erlösen, die Passion verherrlicht.
Schließlich haben, um die Menschheit zu führen, die Heiligen und die Weisen das Leiden erduldet.«[48]

Die *Ethik* des Caodaismus wird bestimmt durch die Ergebung in den Willen Gottes und durch den Glauben an die Seelenwanderung. Sie fordert allgemeine Brüderlichkeit und Achtung vor jedem, auch dem tierischen Leben. Vegetarismus ist für Priester Pflicht, den Laien wird er empfohlen. Selbstlosigkeit gilt als moralisches Gebot, ebenso die Mißachtung von Reichtum. Die Meidung von Alkoholgenuß wird gefordert. Die stark altruistisch bestimmte Moral des Caodaismus äußert sich in seiner karitativen Tätigkeit und in seinem Eintreten für eine Anhebung der Volksbildung; die Einführung der Schulpflicht gehört zu seinem Programm.
Im *Kult*, der in den mit einer überladen und bizarr wirkenden Symbolik ausgestatteten Tempeln vollzogen wird, ist die Darbringung von Weihrauch üblich. Das gemeinsame Gebet steht im Mittelpunkt. Es soll hinführen zur Meditation, die als abstraktere Form des Gottesdienstes höher eingeschätzt wird.
Wesentlicher als der Kult ist für die *religiöse Praxis* des Caodaismus die bedeutsame Rolle, die *Geisterbeschwörungen* spielen. Auswahl und Wertschätzung der angesehensten Geister, der »hohen Geister« des Caodaismus, lassen den Einfluß ganz verschiedener Kulturen erkennen. Zu diesen »hohen Geistern«

[47] *Pierre Rondot*, Der Caodaismus. Ein Synkretismus aus unserer Zeit. In: Kairos 9, 1967, S. 215.
[48] La constitution religieuse du Caodaïsme, a.a.O., S. 168 f.

zählen der chinesische Dichter *Li-Tai-Po,* der Revolutionär *Sun Yat-sen, Newton* und die *Jungfrau von Orléans.* Besonderes Ansehen genießt *Victor Hugo,* der am Eingang der Kathedrale von Tay-ninh in der Uniform der Académie Française abgebildet ist. Von ihm sagte ein Kardinal des Caodaismus:

»Wir verehren ihn als einen Apostel, weil er mit wahrer Leidenschaft für die Menschheit schrieb.«[49]

[49] *Peter T. White,* South Viet Nam Fights the Red Tide. In: The National Geographic Magazine 120, 1961, S. 452.

Indonesien

Saminismus und Samatismus

Die Erwartung eines *Ratu Adel,* eines »gerechten Königs«, der ein Reich des Friedens, des Wohlstandes und Glücks errichten werde, geht in Indonesien und dort speziell auf *Java* auf sehr alte Überlieferungen zurück. Ihr Ursprung wird in der Prophetie eines Fürsten *Djayabhaya* gesehen, der etwa von 1130 bis 1160 über das ostjavanische Teilreich Kediri geherrscht haben soll. Da das früheste Zeugnis für die Islamisierung Indonesiens eine Grabinschrift aus dem Jahre 1297 ist, muß die Prophetie des Fürsten Djayabhaya unbeeinflußt gewesen sein von der islamischen *Madhī*-Idee, der Erwartung eines göttlich »Geleiteten«, der am Ende der Zeiten aus dem Hause des Propheten Muhammed erstehen wird. Diese Idee hat aber sicher die weitere Entwicklung der Ratu-Adel-Erwartung, vor allem in vollständig islamisierten Gebieten Indonesiens, beeinflußt und dabei sowohl einheimische Vorstellungen als auch solche, die auf die zyklische Geschichtsschau Indiens zurückzuführen sind, überlagert und verstärkt.
Fürst Djayabhaya hatte verkündet, daß die Inseln einst unter die Fremdherrschaft eines der gelben Rasse angehörenden Volkes gelangen würden. Nach dieser nur vorübergehenden Unterwerfung aber würden durch einen gerechten König Unabhängigkeit und Frieden wiederhergestellt. Diese Periode eines glücklichen Daseins der Insulaner solle durch überreichliche Reisernten eingeleitet werden.
Diese Prophetie ist in Indonesien bis in die jüngste Zeit lebendig geblieben. Ihr Hinweis auf die vorübergehende Fremdherrschaft eines gelben Volkes und die hierauf folgende Unabhängigkeit verlieh ihr während des Zweiten Weltkrieges, nachdem die Japaner die Inseln besetzt hatten, erhöhte Aktualität.
Aber bereits seit Anfang des 18. Jahrhunderts waren in Indonesien Ratu-Adel-Prätendenten aufgestanden. Ihr bedeutendster war *Dipanagara II.* von Djokjakarta. Er erstrebte die Wiederherstellung von Javas alter Herrlichkeit, die Ausschaltung europäischen Einflusses, und er entfesselte einen »heiligen Krieg« gegen die Holländer, der ihre Herrschaft in den Jahren 1825 bis 1830 ernstlich in Frage stellte.
Die mit der Erwartung des zukünftigen Ratu Adel verbundenen Vorstellungen entwickelte der Javaner *Samin von Rem-*

bang zu einer Lehre, von der er behauptete, sie sei älter als das Christentum und der Islam. Dieser nach seinem Stifter benannte *Saminismus* vollzog intentionell einen ideellen Rückgriff auf die frühen, von fremden Einflüssen freien Zeiten der Inseln. Vordergründig traten natürlich die praktischen Forderungen, die damit verbunden waren, in Erscheinung. Alles Land sollte Gemeinbesitz werden, der niederländischen Regierung seien die Steuern zu verweigern, und es müsse ihr offener Widerstand geleistet werden.

Samin trat mit seinen Ideen erstmals 1890 an die Öffentlichkeit, und er verschaffte seiner Lehre Geltung durch die Gründung einer »samanitischen Brüderschaft«. Im Jahre 1907, in dem in Ost-Java ein neuer Ratu-Adel-Prätendent auftrat, wurde Samin von der Regierung deportiert.

Scheinbar waren es säkulare Ziele, die vom Saminismus vornehmlich vertreten wurden. Ihnen fehlte jedoch nicht der religiöse Hintergrund. Er trat betonter in Erscheinung im *Samatismus*, den ein Verwandter Samins, *Samat* (gest. 1920), gestiftet hat. Seine Verkündung war ganz auf das Kommen des Erlöserkönigs zentriert, dessen Eintreffen aus dem Westen um das Jahr 1930 zu erwarten sei. Er werde, freilich erst nach harten Kämpfen mit den Fremden, ein chiliastisches Reich gründen. Dieses werde ein Reich des Friedens sein, und unter den Bewohnern der Inseln, die einander völlig gleichgestellt seien, werde es keinen Streit geben.

Obwohl die Erlangung der indonesischen Selbständigkeit neue Verhältnisse schuf, haben die Ideen des Samatismus weiterreichende Wirkung besessen. Die ihnen eigentümliche Verbindung religiöser mit innerweltlichen Zielen trat erneut in Erscheinung, als *Sukarno* am 1. Juli 1945 zur geistigen Grundlage des neuen Staates die »fünf Prinzipien«, die *Pantja Sila*, erklärte und dabei bereits in der Wahl dieser Bezeichnung einen Begriff aufnahm, der in Indonesien Tradition besaß.[1] Nationalismus, Glaube an Gott, Humanismus, Demokratie und soziale Gerechtigkeit sollten diese einander gleichrangigen Prinzipien sein.[2] Zwei dieser Forderungen sind in religiöser Hinsicht höchst bemerkenswert. Sie lassen in ähnlicher Weise wie Samins Lehre, die älter als Christentum und Islam sein wollte, Bestrebungen nach einer religiösen Selbständigkeit Indonesiens erkennen. Dies betrifft den Glauben an Gott, nicht Allah, und den Nationalismus, dessen Verkündigung eine Absage an einen muslimischen Glaubensstaat war.

[1] *Waldemar Stöhr/Piet Zoetmulder*, Die Religionen Indonesiens. Stuttgart 1965, S. 268.

[2] *Erwin Schuhmacher*, Indonesien heute. Frankfurt am Main 1960, S. 68 ff.

Indien

Verfolgt man die Religionsgeschichte der letzten Jahrhunderte, so kann man die *Sikh*-Religion als erste Neustiftung auf indischem Boden bezeichnen. Mit ihrer Bestreitung der für den orthodoxen Hinduismus religiös verbindlichen Autorität der Texte des *Veda*, ihrer islamisch beeinflußten bildlosen Verehrung eines monotheistischen Gottes und der täglich vollzogenen kultischen Huldigung ihrer eigenen heiligen Schrift, des *Granth*, weist sie eine unbestrittene Eigenständigkeit auf.
Aber *Nānak* (1469–1538), der Begründer der Sikh-Religion, war ein Zeitgenosse *Luthers* (1483–1546), und seine Stiftung ist daher in keiner Weise charakteristisch für jene neuen Religionen, die in unserer Zeit Bedeutung gewinnen. Das sind vielmehr auf dem indischen Subkontinent Bewegungen, die seit den ersten Jahrzehnten des vorigen Jahrhunderts sukzessive entstanden sind.
Bei ihnen stehen wir der Tatsache gegenüber, daß sie theoretisch nicht als eigenständige neue Religionen gelten und deshalb häufig als *Reformhinduismus* bezeichnet werden. Der Grund hierfür wird in einer irenischen, äußerst toleranten Haltung des Hinduismus gesehen, jener Religion, auf deren Boden diese Reformbewegungen entstanden sind. Richtiger wäre es wohl, von einem »Inklusivismus«[1] zu sprechen, der abweichende Bekenntnisse nach Möglichkeit in sein System einschließt und damit offiziell nicht auf den Weg zu eigenständigen Religionsbildungen verweist.
Dennoch kann kein Zweifel darüber bestehen, daß diese indischen Reformbewegungen sich inhaltlich weit vom orthodoxen Hinduismus entfernt haben und daher faktisch den neuen Religionen unserer Zeit zuzurechnen sind. Vornehmlich die Begegnung und Auseinandersetzung mit dem *Christentum* ist es gewesen, die zu diesen Neustiftungen führte. Sie wurden von einer geistigen Elite, die zahlenmäßig klein war, begründet und getragen, sie haben religiös überragende Gestalten der neueren Geschichte Indiens in ihren Bann gezogen und wesentlich zur Ausstrahlungskraft des Hinduismus beigetragen. Gekennzeichnet sind sie durch eine entschiedene Hinwendung zu einem eindeutigen Monotheismus und durch eine

[1] *Paul Hacker*, Zur Geschichte und Beurteilung des Hinduismus. In: Orientalische Literaturzeitung 59, 1964, Sp. 239 f.

den Forderungen ethischen Handelns verpflichtete Weltoffenheit.
Doch Indien war und ist nicht allein ein Land edler Geister und sublimer religionsphilosophischer Spekulationen. Wer seinen Boden betritt, wird bald das Indienbild der Romantik, das die auf Sanskrittexte konzentrierte Indologie lange Zeit tradierte, korrigieren müssen. Denn er sieht sich der Masse des indischen Volkes konfrontiert: einer weitgehend ungebildeten Menschenmasse und den primitiven Völkerschaften, die ebenfalls zu Indien zählen. Daß unter ihnen ebenfalls neue Religionen entstanden, ist eine Tatsache, die bislang wenig Beachtung fand.

Brāhma Samāj

Der bengalische Brahmane *Rām Mohan Rai* (1772–1833), der Stifter des Brāhma Samāj, ist der »Vater des neuen Indien« genannt worden. Er war eine geistig überragende Gestalt, die echte religiöse Anliegen mit weitgespannten politischen und sozialen Interessen verband.
Rām Mohan Rai, der vorübergehend im Dienste der Ostindischen Kompanie gestanden hatte, lebte seit dem Jahre 1814 in Kalkutta allein seinen geistigen Interessen. Der Besitz eines großen Vermögens erlaubte es ihm, sich ausschließlich seinen Studien zu widmen, die sich sowohl auf die Traditionen seiner eigenen hinduistischen Religion als auch auf andere Religionen bezogen. Seine umfassenden Sprachkenntnisse, die neben dem Bengalischen und Englischen die Beherrschung des Sanskrit, des Persischen, Arabischen, Hebräischen, Griechischen und Lateinischen umfaßten, ermöglichten ihm die Lektüre vieler religiöser Texte in ihren Ursprachen.
Das Ergebnis seiner Studien war die Gründung einer religiösen Gemeinschaft, die er am 20. August 1828 in Kalkutta mit einer Schar Gleichgesinnter, meist geistig hochstehender bengalischer Brahmanen, ins Leben rief. Sie erhielt den Namen *Brāhma Samāj*, der als »Gemeinde der Gottesgläubigen«, nicht als diejenige der Anhänger des polytheistischen Gottes *Brahma* verstanden werden will. Denn das hervorstechende Charakteristikum des Brāhma Samāj, sein in damaliger Zeit im hinduistischen Bereich völlig neues Bekenntnis, bestand in einem kompromißlosen *Monotheismus*.
Einflüsse des *Christentums* waren für diese monotheistische Verkündigung sicherlich mitbestimmend, andererseits aber keineswegs allein maßgebend. Für eine intensive Beschäftigung Rām Mohan Rais mit dem Christentum zeugt sein Buch »The Precepts of Jesus, the Guide to Peace and Happiness«, das er

bereits 1820 veröffentlicht hatte. Die Einführung von Predigten in die Gottesdienste des Brāhma Samāj kann auf protestantisches Vorbild zurückgehen.
Auch wandte sich Rām Mohan Rai entschieden gegen Mißstände, die im Hinduismus seiner Zeit stark hervortraten. Er verwarf den Bilderdienst, verurteilte die Witwenverbrennung und kritisierte soziale Ungerechtigkeiten.
Aber dies bedeutete in seiner Sicht keine Abkehr vom Hinduismus. Er verband vielmehr seine Verkündigung, die des monotheistischen Gottesbegriffs wie den Einspruch gegen Entartungen des Hinduismus, mit einem historisch problematischen Rückgriff auf die frühe Religionsgeschichte Indiens, indem er sie ausgab als Wiederherstellung der reinen, aber im Verlaufe der Zeit verderbten Lehre des *Veda* und der *Upanishaden*, der ältesten Sammlungen religiöser Texte Indiens.
Deshalb stellte Rām Mohan Rai die Verlesungen vedischer Hymnen und der Upanishadtexte in den Mittelpunkt seiner Gottesdienste. Und indischen Vorstellungen blieb er auch mit seiner Ansicht verbunden, daß nur Brahmanen Priester sein dürften.
Trotzdem setzte er selbst gegen Ende seines Lebens seine Kastenzugehörigkeit aufs Spiel, als er, ein Gebot des alten *Gesetzbuches des Manu* überschreitend, eine Reise zur See unternahm, auf der er sich allerdings, um keine Speisevorschriften zu verletzen, von einem eigenen Koch begleiten ließ. Um das *Christentum* genauer kennenzulernen, fuhr Rām Mohan Rai nach England. Dort erkrankte er und starb am 27. September 1833.
Dieser Verlust bedeutete eine ernste Gefahr für den weiteren Einfluß des Brāhma Samāj. Die Krise wurde erst im Jahre 1842 behoben, als *Debendranāth Tagore* (1817–1905), ebenfalls bengalischer Brahmane, der jungen Religionsgemeinschaft beitrat. (*Tagore* ist die anglisierte Form des bengalischen Namens *Thākur*.) Dieser hochgebildete und tiefreligiöse *mahārishi*, »der große Seher«, wie ihn sein Volk nannte, wurde die religiös überragende Gestalt Indiens in der 2. Hälfte des 19. Jahrhunderts. Im Brāhma Samāj, dem bereits sein Vater angehört hatte, erlangte er bald nach seinem Eintritt die Führung.
Wie Rām Mohan Rai, so bekannte sich Debendranāth Tagore zu einem einzigen, monotheistischen Gott, den er in formenschönen Gebetshymnen pries:

»O Herr, mein Gott, wie kann ich Deine Herrlichkeit beschreiben? Ich weiß nicht, wo ich beginnen und wo ich enden soll. Du wohnst in dem Lichte, zu dem niemand hinzukommen kann; aber je näher ich dem Ende meiner Erdentage komme, um so näher fühle ich Dich in meiner Seele. Mein Haar, einst dunkel, ist jetzt weiß geworden; der Glanz meiner Augen ist dunkel geworden. Mein Leib wird alle Tage schwächer. Aber Deine Gnade kennt kein Abnehmen. Eben in diesem Augenblick dringt Deine Gnade in mein innerstes Sein und stärkt meine Seele mit Kraft und Leben.«[2]

Hinsichtlich der Rückführung des Monotheismus auf die Anfänge der indischen Religionsgeschichte war Debendranāth Tagore kritischer als sein Vorgänger. Er erkannte sehr wohl den Polytheismus der vedischen Zeit und ließ daher nur jene Stellen des Veda gelten, die monotheistische Aussagen enthielten.

Damit trennte er seine Gemeinde völlig vom orthodoxen Hinduismus, der die unumschränkte Anerkennung und Verbindlichkeit des Veda in Fragen der Religion, der Ethik und des gesellschaftlichen Lebens fordert. Außerdem verwarf er die indische Seelenwanderungslehre.

Albert Schweitzer hat in seinem Buche »Die Weltanschauung der indischen Denker«[3] am eindringlichsten eine Entwicklung des neuzeitlichen Indien herausgestellt, die von einstiger Weltabkehr zu einer religiösen und den Forderungen ethischen Handelns verpflichteten Weltoffenheit führt. Diese Wendung zu einer weltoffeneren Haltung trat besonders stark bei Debendranāth Tagore in Erscheinung. Symptomatisch war hierfür folgendes Ereignis:

Es war eine im indischen Altertum entwickelte Sitte, daß sich der Brahmane, wenn seine Kinder erwachsen waren, aus dem weltlichen Leben zurückzog und – wie es die altindischen Texte ausdrücken – »aus dem Hause in die Hauslosigkeit« ging, um als heimatloser Asket sein Leben mit religiösen Übungen und Meditationen zu beschließen. Auch Debendranāth Tagore folgte im Alter diesem Brauch seiner priesterlichen Kaste und zog sich in weltabgeschiedene Gegenden des Himalaya zurück. Dort aber vernahm er eines Tages eine göttliche Stimme, die ihm gebot, das Leben in der Verborgenheit aufzugeben und zurückzukehren in diese Welt. Daß er dieser Stimme Folge leistete, war typisch für die indische Wendung zu einer weltoffeneren Haltung.

Eine optimistische Einstellung, die sich sehr deutlich abhebt vom Pessimismus Altindiens, kommt noch entschiedener zum Ausdruck bei dem Sohne Debendranāth Tagores, bei *Rabīndranāth Tagore* (1861–1941), dem Dichterphilosophen von Shāntiniketan und Nobelpreisträger des Jahres 1913. Er war diejenige Gestalt aus dem Kreise des Brāhma Samāj, die außerhalb Indiens, in Europa und in Amerika, am bekanntesten ge-

[2] *Friedrich Heiler*, Christlicher Glaube und indisches Geistesleben. München 1926, S. 11.
[3] 1. Aufl. München 1936; 2. Aufl. München 1965.

worden ist und oft in sehr einseitiger Wertung als ästhetischer Lyriker gewürdigt wurde.
Tatsächlich verstand er sich als der Verkünder einer religiösen Botschaft. Und wenn er diese in unbestreitbar formvollendeter Diktion vortrug, so war dies Ausdruck seiner Überzeugung von einer wesensmäßigen Einheit des Schönen und des Wahren.
Rabīndranāth Tagore lehnte jede religiöse Spaltung und Sektenbildung ab. Deshalb löste er sich später vom Brāhma Samāj, in dessen Umgebung er aufgewachsen war. Daß er aber von dessen geistiger Haltung geprägt war, zeigen seine Worte:

> »Der Pessimismus ist eine bloße Pose – sei es nun eine Pose des Intellekts oder des Gefühls. Doch das Leben ist optimistisch, es will vorwärts. Der Pessimismus ist eine Art geistiger Trunksucht.«[4]

Die altindische Religionsphilosophie hatte eine scharfe Trennung vollzogen zwischen einer diesseitigen Welt der Illusion, des Scheines und Truges, der *Māyā*, wie der indische Terminus lautet, und der Sphäre des wirklich Seienden, die dieser Welt des Unwirklichen völlig entgegengesetzt ist. Rabīndranāth Tagore überbrückte diese Kluft, die das alte Indien mit dieser dualistischen Weltansicht aufriß, indem er die Māyā nicht mehr als leidvolle Illusion, sondern als gottgewollte Schöpfung ansah und in diesem Sinne über Gott aussagte:

> »Er ist es, der den Schleier der Māyā webt in flüchtigen Farben von Gold und Silber, von Blau und Grün.«[5]

Dieses göttliche Wirken zu erkennen – sowohl in der Welt als auch im eigenen Selbst, das ist für Tagore das religiöse Ziel des menschlichen Lebens. Seine Sicht einer allgemeinen Vergottungsmystik umschließt die gesamte Natur:

> »Der gleiche Strom des Lebens, der Tag und Nacht durch meine Adern fließt, fließt durch die Welt und tanzt in rhythmischen Maßen. Das gleiche Leben ist's, das freudvoll durch den Staub der Erde schießt in zahllosen Gräsern und ausbricht in rauschenden Wogen von Blättern und Blumen. Das gleiche Leben ist's, das geschaukelt wird in der Ozeanwiege von Tod und Geburt, von Ebbe und Flut.«[6]

Im Jahre 1857 war *Keshab Candra Sen* (1838–1884) dem Brāhma Samāj beigetreten, eine faszinierende Persönlichkeit, die später im Kreise ihrer engeren Anhänger religiöse Ver-

[4] Gesammelte Werke VII. München 1921, S. 76.
[5] Gesammelte Werke I. München 1921, S. 207.
[6] Ebd., S. 204.

ehrung genoß. Als Mitarbeiter Debendranāth Tagores war Keshab Candra Sen längere Jahre hindurch im Brāhma Samāj führend tätig gewesen. Dann aber hielt er im Mai 1866 in Kalkutta eine Rede, die zum Bruch mit dieser Bewegung führte. Unter dem Thema »Jesus Christus, Europa und Asien« äußerte er sich in so einseitig positiver Weise über das Christentum, daß damals zunächst viele glaubten, er werde Christ werden. Tatsächlich verfolgte er die in der Stiftung des Brāhma Samāj enthaltene Möglichkeit der Ausweitung zu einer synkretistischen Universalreligion. Er erstrebte damit eine Vereinigung aller Hochreligionen.

Er fand Anhänger, die er in einer neuen Gemeinschaft zusammenschloß. Diese erklärte er am 25. Januar 1882 als *Naba Bidhān*, als »neue Anordnung«, womit er seine Lehre als abschließende göttliche Offenbarung bezeichnen wollte. Außerdem ließ er sich als *Ācārya Brahmānanda* verehren, als den »Meister, der in Gott seine Wonne findet«, und er ernannte 12 Apostel.

Der Gottesbegriff der neuen Lehre war trinitarisch, jedoch nicht im streng christlichen Sinne. Denn die erste Person des dreieinigen Gottes, zu der als zweite und dritte Sohn und Geist gerechnet werden, ist Vater und Mutter zugleich, eine Aussage, die wohl die Fülle der Gottheit zum Ausdruck bringen sollte.

Ihrer synkretistischen Zielsetzung entsprechend, lagen den Gottesdiensten der neuen Gemeinschaft nicht mehr allein die heiligen Texte des Hinduismus zugrunde, sondern das religiöse Schrifttum aller großen Religionen.

Bleibende Bedeutung hat die Stiftung Keshab Candra Sens nicht erlangt. Nachdem ihr Begründer am 8. Januar 1884 gestorben war, büßte seine aus dem Brāhma Samāj hervorgegangene Gemeinde sehr bald allen Einfluß auf das religiöse Leben Indiens ein.

Ārya Samāj

In bewußtem Gegensatz zum Brāhma Samāj entstand der *Ārya Samāj*, die »Gemeinschaft der Arier«. Sie bildete schon rein geographisch einen Gegenpol zum Brāhma Samāj. Während dieser eine geistige Erscheinung Bengalens ist, entwickelte sich der Ārya Samāj im nordwestlichen Indien. Dort gewann er aufgrund seiner betont nationalistischen Einstellung eine gegenüber dem Brāhma Samāj ungleich größere Zahl von Anhängern, die zeitweise bis zu einer Gefolgschaft von einer halben Million anstieg.

Der Stifter des Ārya Samāj war ein Brahmane, der von 1824 bis

1883 lebte – und zwar zunächst unter dem ererbten Namen *Mūlshankar*. Im Verlauf seiner religiösen Entwicklung nahm er dann jenen Asketennamen an, unter dem er schöpferisch gewirkt hat und religionsgeschichtlich bekannt geworden ist, nämlich *Dayānand Sarasvatī*.

Dayānand Sarasvatī war durch die priesterliche Kaste, der er entstammte, vorausbestimmt für den Beruf des Geistlichen. Im Alter von 8 Jahren wurde er von seinem Vater zum *brahmacāri* ernannt, zum Brahmanenschüler.

Er war 14 Jahre alt, als er ein Erlebnis hatte, das in ihm Zweifel an den herkömmlichen Formen der hinduistischen Götterverehrung hervorrief. Es gab den ersten Anstoß zu seiner späteren jahrelangen Suche nach der religiösen Wahrheit.

Anläßlich eines Festes zu Ehren des Gottes *Shiva* weilte Dayānand Sarasvatī mit Fasten und Gebet im Tempel, und er konnte dabei beobachten, wie eine Maus unbehelligt über das Bild des Gottes lief. Zwar erklärte ihm sein Vater nachher, daß keine Identität bestehe zwischen dem Gott und seinem Idol. Aber der Glaube an die hinduistische Bilderverehrung war in Dayānand Sarasvatī erschüttert.

Als heimatloser Pilger ist dann Dayānand Sarasvatī fünfzehn Jahre lang – von 1845 bis 1860 – durch Indien gezogen, auf der steten Suche nach der Wahrheit, die, wie in den Tagen des alten Indien, für ihn gleichbedeutend war mit der Suche nach einem *Guru*, einem geistigen Lehrer und Führer.

Dayānand Sarasvatī fand seinen Guru schließlich in dem blinden Greis *Virajānand Sarasvatī*, einem Verächter moderner Strömungen, der seiner Unterweisung anscheinend vornehmlich den Veda zugrunde legte. Nach der Belehrung durch diesen Guru setzte Dayānand Sarasvatī zunächst sein Wanderleben fort – nun aber mit dem festen Ziel, in Vorträgen und Unterredungen gegen Ritualismus, Bilderverehrung und soziale Mißstände des herkömmlichen Hinduismus zu kämpfen.

Am 10. April des Jahres 1875 vereinigte er dann seine inzwischen gewonnenen Anhänger in einer Organisation, der Stiftung des Ārya Samāj.

Wie der Brāhma Samāj, so bekannte sich auch Dayānand Sarasvatī zu einem idolfreien Monotheismus, und auch er begünstigte soziale Reformen.

Aber er distanzierte sich mit Entschiedenheit vom Brāhma Samāj, indem er jegliche Toleranz in Glaubensfragen strikt ablehnte und jede Religion verwarf, die nicht ihre ausschließliche Grundlage in den heiligen Schriften Altindiens, im *Veda*, erblickte.

Seine These, daß der *Veda* das Maß aller Dinge sei, beinhaltete für Dayānand Sarasvatī aber nicht allein, daß er seine

eigenen monotheistischen Anschauungen dort in erster und zeitlos gültiger Weise ausgesprochen zu finden glaubte, sondern sie führte ihn auch zu der abstrusen Theorie, daß im Veda als dem Urquell jeglicher Erkenntnis auch sämtliche naturwissenschaftliche Entdeckungen und technische Erfindungen anderer Länder und späterer Zeiten bereits in den frühesten Tagen Altindiens niedergelegt worden seien.
Selbstverständlich konnte der Versuch, derartige Behauptungen zu beweisen, nur durchgeführt werden mit Hilfe sehr gewagter, spitzfindiger Interpretationen und höchst fragwürdiger Etymologisierungen.

Rāmakrishna-Mission

Gadāhara Chattopadhyārya (1834–1886), der Sohn einer verarmten bengalischen Brahmanenfamilie, der unter seinem geistlichen Namen *Rāmakrishna* bekannt wurde, gewann im Indien des 19. Jahrhunderts den Ruf eines großen Heiligen. Der tief religiöse, ekstatisch und visionär veranlagte, aber im Gegensatz zu anderen großen Religiösen des neuzeitlichen Indien wenig gebildete Rāmakrishna trat als Neunzehnjähriger in den Dienst eines bei Kalkutta gelegenen Tempels der Muttergöttin *Kālī*. Diese Gottheit erschien ihm in mehrfachen Visionen, die er jedoch nicht als Erscheinungen einer polytheistischen Göttin, sondern als Offenbarungen des Absoluten erlebte:

> »Meine Heilige Mutter offenbart sich ihren Kindern in verschiedenen Formen ihrer göttlichen Verkörperungen. Sie ist die sichtbare Gottheit, die ihre Erwählten zur unsichtbaren Gottheit führt, und wenn es ihr so beliebt, dann entfernt sie von jedem geschaffenen Wesen die letzte Spur eines Ich, um es ins Bewußtsein des Absoluten zu tauchen, der ungeteilten Gottheit.«[7]

Für die religiöse Verkündigung Rāmakrishnas ist diese Äußerung in zweifacher Hinsicht von Bedeutung. Einmal zeigt sie ihn als Anhänger des *Vedānta*-Lehrers *Shankara*, eines Brahmanen, der von 788 bis 828 gelebt haben soll. Der zentrale Begriff seines religiösen Denkens war *advaita*, die »Nicht-Zweiheit« des einzig und allein existierenden Absoluten gewesen, demgegenüber alles andere nur eine Illusion, eine Fata Morgana ist. Rāmakrishna bekannte sich nicht allein zu dieser Lehre, er praktizierte sie auch, indem er durch die Ausführung niedrigster und ekelhafter Arbeiten jede eigene Ichhaftigkeit zu überwinden suchte.

[7] *Solange Lemaitre*, Ramakrischna in Selbstzeugnissen und Bilddokumenten. Reinbek bei Hamburg 1963, S. 52.

Sein Wort von der »ungeteilten Gottheit« läßt aber auch die Grundlage seiner Einstellung zu anderen Religionen deutlich werden, die kennenzulernen er sich intensiv bemüht hatte. Seine Einstellung unterschied sich von derjenigen früherer religiöser Reformer Indiens dadurch, daß er nicht bestrebt war, auf eine angeblich im Veda enthaltene monotheistische Urreligion zurückzugreifen. Er verwarf auch nicht die Formen des traditionellen Hinduismus, die sich im Laufe seiner Geschichte herausgebildet hatten. Vielmehr suchte er diese mit allen anderen Religionen in einer übergreifenden Synthese zu vereinigen. Er vertrat dabei den Standpunkt, daß die verschiedenen Religionen der Erde jeweils spezifische Ideale herausgearbeitet hätten, die Teilaspekte des Göttlichen darstellten und damit gleichermaßen dienlich seien als Wege zu Gott. Hierüber sagte er:

> »Ich habe alle Religionsbräuche geübt: den Hinduismus, den Islam, das Christentum, und ich bin auch die Wege der verschiedenen Sekten des Hinduismus gegangen, und ich habe gefunden, daß es derselbe Gott ist, zu dem sie alle streben, wenn auch auf verschiedenen Wegen.«[8]

Rāmakrishna verstarb am 16. August 1886. *Shāradā Devī*, seine Frau, mit der er in rein geistiger Gemeinschaft gelebt hatte, vernahm im Augenblick seines Todes in einer Audition die Worte:

> »Ich bin nur von einem Zimmer in ein anderes gegangen.«[9]

Aus dem Kreis der Schüler, die Rāmakrishna gefolgt waren, hatte er kurz vor seinem Tode den hochgebildeten, wortgewaltigen *Narendranāth Datta* (1863–1902) zu seinem eigentlichen Nachfolger bestimmt. Bekannt geworden ist er unter seinem geistlichen Namen *Svāmī Vivekānanda*.
Seine Persönlichkeit schilderte der damalige Botschafter Indiens in der Bundesrepublik, *P. A. Menon*, in einer Ansprache am 22. Oktober 1963, die er zur Feier des 100. Geburtstages Vivekānandas hielt, mit folgenden Worten:

> »Vivekānandas Leben, von dem nur ein Viertel der öffentlichen Tätigkeit galt, war für unsere heutigen Begriffe nur kurz, aber bereits in jungen Jahren hatte er sich von dem heiligmäßigen Leben und der schlichten Lehre Srī Rāmakrishnas angezogen gefühlt. Nach einer kurzen Periode der Zweifel und der Zurückgezogenheit wurde Vivekānanda dann dessen Anhänger und Lieblingsschüler. Im Jahre 1886, als Srī Rāmakrishna in die ›große jenseitige Welt‹ hinübergegangen war, entsagte Vive-

[8] Ebd., S. 90 f.
[9] Ebd., S. 119.

kānanda dem weltlichen Leben und legte die klösterlichen Gelübde ab ... Vivekānanda war ein Mann von außergewöhnlichen Geistesgaben, der auch die englische Sprache in Wort und Schrift meisterhaft beherrschte. Mit großer Sorgfalt hat er alle Aussagen und weisen Sprüche Srī Rāmakrishnas aufgezeichnet. Durch sein reiches Schrifttum und seine eindrucksvollen Reden schuf er einen ganz neuen, der indischen Geistigkeit gemäßen Wortschatz, der für die westliche Welt zu einem Medium der Interpretation indischer Tradition wurde. Tatsächlich hat Vivekānanda in noch weit höherem Maße dazu beigetragen, dem Westen Kenntnisse von Indien zu vermitteln, als die zeitgenössischen europäischen und amerikanischen Indologen des 19. Jahrhunderts, einschließlich solcher Persönlichkeiten wie Max Müller und Paul Deussen, die er persönlich kannte und tief bewunderte.«[10]

Vivekānanda übernahm von seinem Meister das Bekenntnis zur Einheit aller Religionen. Das geht aus Worten der Belehrung und Ermahnung hervor, die er an seine Anhänger richtete:

»Es gibt mannigfache Mittel und Wege, sich Gott zu nahen, und jede Religion dieser Erde stellt einen dieser Wege dar. Wo andere Menschen knien, sollt auch ihr euch anbetend verneigen. Denn wo so viele dem gütigen Herrn Ehre erweisen, wird Er sich offenbaren, Er ist die Gnade.«[11]

Im Sinne der Lehre Rāmakrishnas verkündete Vivekānanda einen vierfachen Yoga. Der *Rāja-Yoga*, der »königliche Yoga«, soll zur intuitiven Einsicht führen; der *Jnāna-Yoga*, der »Yoga der Erkenntnis«, zur Ansicht der Welt als einem Spiel der Gottheit; *Bhakti-Yoga*, »Yoga der hingebenden, vertrauenden Liebe« zu Gott, äußert sich in kultischen Handlungen und im religiösen Innenleben; *Karma-Yoga*, »Yoga der Tat«, ist selbstloser Dienst im täglichen Leben.
Vivekānanda war auch bemüht, Indien ein religiös fundiertes Selbstbewußtsein zu geben. An sein Land erließ er folgenden Aufruf:

»Oh, mein Indien, vergiß nie, daß Deine Ehre, Dein Reichtum, Dein Leben Dir nicht zu Deinem Vergnügen geschenkt wurden und auch nicht zu Deinem alleinigen Glück. Vergiß nie, daß die Geburt Deiner Kunst als ein Opfer auf dem Altar des Vaterlandes zu gelten hat. Vergiß nie, daß die soziale Ordnung lediglich die Widerspiegelung der universalen, unendlichen Mutterschaft ist. Vergiß nicht die Ärmsten, die Entrechteten, die Arbeiter, die Straßenkehrer, die Bauern; denn sie alle sind Deine Brüder ...«[12]

Im Jahre 1897 schloß Vivekānanda seine Anhänger organisatorisch in der *Rāmakrishna-Mission* zusammen. Diese Gesellschaft hat sich, neben der Pflege ihrer religiösen Ideen, vor

[10] Bulletin der Indischen Botschaft. Bonn 1963, Bd. 13, Nr. 10–11, S. 31 f.
[11] Bulletin der Indischen Botschaft. Bonn 1963, Bd. 13, Nr. 6–7, S. 24.
[12] Bulletin der Indischen Botschaft. Bonn 1963, Bd. 13, Nr. 9, S. 21.

allem durch uneigennützige Liebestätigkeit ausgezeichnet. Sie unterhält eigene Schulen, Kranken- und Waisenhäuser. Ihre Mitglieder leisten bei Katastrophen und Epidemien selbstlosen Hilfsdienst.
Seine religiösen Anliegen hat Vivekānanda auch auf mehreren Reisen nach Europa und Amerika vertreten und dabei Zweigstellen der Rāmakrishna-Mission ins Leben gerufen. Im Jahre 1893 nahm er als hinduistischer Delegierter in Chicago am »World Parliament of Religions« teil.

Integraler Yoga

Aurobindo (1872–1950) hat viel von sich reden gemacht, in Indien, Europa und Amerika, und dies nicht allein als Verkünder des »integralen Yoga«. Er war bengalischer Brahmane, der Sohn eines englischer Bildung verpflichteten Arztes, und trug den in seiner Heimat recht häufigen Familiennamen *Ghosh*. Seine Anhänger nannten ihn mit seinem Vornamen *Aurobindo* (Aussprache: Orobíndo) und setzten diesem ein *Shrī* (bzw. *Srī*), *»ehrwürdig«*, voraus.
Wie sein Vater, der Bewunderer britischer Kultur, so genoß auch Aurobindo seine Ausbildung in England. An der Universität *Cambridge* studierte er klassische Philologie. Dazu erlernte er mehrere moderne Sprachen Europas, nämlich das Deutsche, Französische, Italienische und Spanische.
Nach Indien zurückgekehrt, trat er als Verfasser von Gedichten und Dramen hervor, wurde aber öffentlich in erster Linie bekannt als radikaler Politiker, als militant eingestellter Nationalist.
Als solcher verurteilt, erfuhr er im Jahre 1909 im Gefängnis eine Vision des Gottes *Krishna*, die zu einer völligen Wende in seinem Leben führte. Er zog sich gänzlich aus der Politik zurück, übersiedelte nach dem damals französischer Oberhoheit unterstehenden *Pondicherry*, wo er einen *Āshram* gründete, eine verinnerlichter Erziehung und der Pflege religiöser Ideen dienende Wohn- und Lebensgemeinschaft.
Dieser Āshram von Pondicherry wurde das Zentrum weltweiter Verkündigung der neuen Ideen Aurobindos und der gern besuchte Wallfahrtsort seiner Anhänger, die bald mehr aus Amerikanern und Europäern als aus Indern bestanden.
Aurobindo selbst hat die 41 Jahre von seiner Übersiedlung nach Pondicherry bis zu seinem Tode in diesem Āshram verbracht, seit dem Jahre 1926 in völliger, selbstgewählter Zurückgezogenheit, sich allein der Meditation widmend. Seinen Schülern zeigte er sich von da an nur noch viermal im Jahre, verkehrte mit ihnen aber schriftlich. Die organisatorische Lei-

tung der Gemeinschaft hatte er seiner Gefährtin *Mira Richard* übertragen, der »Mutter«, wie sie im Āshram genannt wird.
Seine unter der Bezeichnung »Integraler Yoga« bekanntgewordenen Ideen, die Aurobindo in seinen Werken mit unbestreitbarer, häufige Wiederholungen einschließender Weitschweifigkeit vertrat, stellen sicher eine Mischung indischer und europäischer Anschauungen dar, wenn auch ihre Provenienz im einzelnen mehr zu vermuten als zu beweisen ist.
Gewiß ist, daß Aurobindo zu jenen Denkern des modernen Indien gehörte, die eine mystische Schau mit betonter Weltzugewandtheit verbanden. Dies geht unter anderem recht deutlich hervor aus folgenden Äußerungen über den Sinn des Yoga:

> »Was ist die vollkommene Technik des Yoga, oder genauer eines die Welt wandelnden oder die Natur wandelnden Yoga? Nicht eine, die ein kleines bißchen vom Menschen irgendwo packt, einen Haken daran spießt und ihn mit einem Flaschenzug ins Nirvāna oder Paradies hinaufzieht. Die Technik eines die Welt wandelnden Yoga muß vielfältig, elastisch vielseitig bezogen, geduldig, allumfassend wie die Welt selbst sein.«[13]

Ganz im Zentrum des Denkens Aurobindos stand diese immanente Verwandlung, eine Evolution des Menschengeschlechtes, die anlagemäßig vorgegeben sei. Spezifisch religiöse Fragen traten hinter diesem Anliegen zurück.
Jedoch muß betont werden, daß Aurobindo diese Höherentwicklung der Menschheit in erster Linie durch eine meditative Bewußtseinserweiterung erreichen wollte, die jeder einzelne für sich zu vollbringen hat. Unter »integralem Yoga« verstand er eine den ganzen Menschen verwandelnde Praxis des Yoga, die den modernen Menschen, der seine eigene Bewußtseinslage zur Norm mache, lösen solle von dieser tatsächlichen Relativität und damit zugleich öffnen solle für eine kosmische Allverbundenheit. Diese spirituelle Verwandlung erstrebte er nicht im Gegensatz zum Denken des Westens, vielmehr war er bemüht, dessen Errungenschaften mit einzuschließen.
Seine Anliegen sind in der folgenden Ausführung im wesentlichen zusammengefaßt:

> »Diejenigen einzelnen also, die im neuen Zeitalter der Zukunft der Menschheit am meisten dienen werden, das werden die sein, die eine spirituelle Evolution als die Bestimmung und darum als die große Notwendigkeit des Menschen anerkennen werden. Eine Entwicklung oder Verwandlung des gegenwärtigen Types von Menschheit in eine spiritualisierte Menschheit ist das dem menschlichen Geschlecht Notwendige, und sie ist gewiß die Absicht der

[13] *Srī Aurobindo*, Der integrale Yoga. Hrsg. von *Otto Wolff*, Hamburg 1957, S. 134.

Natur. Diese Entwicklung oder Verwandlung wird das Ideal und Bestreben jener einzelnen sein. Sie werden sich den besonderen Glaubenshaltungen und Glaubensformen gegenüber verhältnismäßig indifferent verhalten und die Menschen sich jenen Glaubenshaltungen und Glaubensformen zuwenden lassen, zu denen sie sich natürlicherweise hingezogen fühlen. Wesentlich wird ihnen nur der Glaube an diese spirituelle Verwandlung sein, an den Versuch, dieselbe auszuleben.
Vor allem werden sie nicht dem Irrtum verfallen, etwa zu meinen, daß dieser Wechsel durch eine Maschinerie und durch äußere Institutionen zuwege gebracht werden könnte. Sie werden wissen und niemals vergessen, daß er von einem jeden Menschen in seinem eigenen Innern ausgelebt werden muß, anders kann er nie eine Realität für die Menschheit werden.
Sie werden die nach innen gerichtete Schau des Ostens sich in ihrer innersten Bedeutung zu eigen machen, die den Menschen das Geheimnis seiner Bestimmung und seines Heils innen zu suchen heißt, aber sie werden ebenso jene Bedeutung anerkennen, die der Westen mit Recht dem Leben und dem Bemühen beimißt, das Beste, das wir erkennen und erreichen können, zur allgemeinen Regel des Lebens zu machen.«[14]

Sarvodaya-Samāj

Jeder, der das Wirken *Gāndhīs* (1869–1948) beobachtete, mußte wissen, zumindest vermuten, daß die bleibende Bedeutung dieses außergewöhnlichen Mannes auf religiös-ethischem Gebiet liegen würde. Gāndhī selbst hatte eindeutig und in typischer Weise darauf hingewiesen, als er am 15. August 1947 den offiziellen Feiern der Unabhängigkeit Indiens fernblieb und den Tag einsam, schweigend, fastend verbrachte. Nicht dem Triumph des politischen Erfolges galten seine Gedanken, sondern der Sorge um die Bewahrung der moralischen Kräfte seiner Bewegung.
Gāndhīs Religiosität war einerseits geprägt von der *Bhagavadgītā*, dem hinduistischen »Gesang des Erhabenen«, andererseits von der *Bergpredigt Jesu*, und sie erstrebte auf ethischem Gebiet eine Synthese indischen Erbes mit einem im Sinne *Leo Tolstois* verstandenen Christentum.
Christliche Einflüsse führten ihn zu einer neuen Sicht indischer Überlieferung. An der für sein Denken und Wirken zentralen Umdeutung des indischen Begriffes *ahinsā* wird dies besonders deutlich. Das Gebot des »Nicht-Tötens«, »Nicht-Schädigens« lebender Wesen – das meint *ahinsā* – stand im alten Indien primär im Dienste einer individualistischen und egoistischen Ethik des Freiwerdens von dieser Welt. Gāndhī gab dem Begriff eine Wendung ins Positive, als er ihn im

[14] Ebd., S. 133

Sinne eines altruistischen Mitleidens deutete und mit seiner Forderung einer Demut verband, die er, offensichtlich in Anlehnung an ein Wort *Augustins*, »majestätisch« nannte.
Auch in jenen Vorstellungen und Verhaltensweisen, in denen Gāndhī bewußt hinduistischen Traditionen anhing, zeigte sich die Intention einer Ethisierung des Überkommenen. Dies war der Fall bei seinem Eintreten für die *Verehrung der Kuh*, worin er ein zur Verbundenheit mit der untermenschlichen Kreatur aufforderndes Symbol erblickte.
Und im *Kastensystem*, dessen Abschaffung Gāndhī ausdrücklich widersprochen hat, wollte er nicht Privilegien sehen, sondern differenzierte Verpflichtungen ausgedrückt wissen. In diesem Sinne schrieb er:

> »Die einzelnen Kasten umschreiben Pflichten, sie gewähren keine Rechte.«[15]

Besorgt um das Erbe seiner Ideale, deren Schwerpunkt auf ethischem Gebiet lag, hatte Gāndhī kurz vor seiner Ermordung den *Sarvodaya-Samāj* ins Leben gerufen, die »Gesellschaft zum Wohle aller«. Ihre Leitung übernahm nach Gāndhīs Tod *Vinoba Bhave* (geb. 1895), ein hochgebildeter Brahmane, der seit 1916 zu den engsten Gefolgsleuten Gāndhīs gehörte.
Zu den Forderungen selbstlosen Dienens, der Demut und unbedingten Wahrheitsliebe, die Vinoba Bhave von seinem Meister übernahm, trat bald ein neues, für ihn selbst charakteristisches Programm. Auf einer großen Fußreise durch Indien, die er 1951 unternommen hatte, lernte er die ärmliche Lage der besitzlosen Feldarbeiter kennen. Diese Eindrücke haben ihn zu seinen Aufrufen an die Grundbesitzer veranlaßt, ein Sechstel ihres Landes den Feldarbeitern zu schenken. Unter der Bezeichnung »Landschenkung« (*bhūdān*) ist dieses Programm des Vinoba Bhave bekannt geworden.

Transzendentale Meditation

Der Hindu-Mönch *Maharishi Mahesh Yogi* hat in relativ kurzer Zeit – ob auf Dauer oder vorübergehend, ist noch unabsehbar – eine große Zahl von Anhängern gewinnen können, und dies in weitaus stärkerem Maße in Europa und Amerika als in Indien, wo er seine Schule der »transzendentalen Meditation« am 1. Januar 1958 in Madras begründete. Zur Verbreitung seiner Lehren hat er selbst auf weiten Reisen beigetragen und dabei vor allem unter Jugendlichen begeisterte

[15] *Mahātmā Gāndhī*, Jung-Indien. Erlenbach-Zürich 1924, S. 348.

Jünger gefunden. Seine Gefolgschaft verteilt sich heute auf 35 Länder. In den USA soll sie etwa 100 000 Anhänger umfassen, in der Bundesrepublik, deren Landesgruppe am 12. September 1960 in Bonn gegründet wurde, zumindest zeitweise 25 000. Der Sitz der deutschen Zentrale ist heute in Frankfurt. In Bremen-Blumenthal stiftete ein deutscher Mäzen die erste europäische Maharishi-»Akademie für Persönlichkeitsentfaltung«[16].

Maharishi Mahesh Yogi, studierter Physiker, will seine Erkenntnisse in einem Kloster des Himalaya erlangt haben. Er verspricht seinen Anhängern Befreiung vom Stress, von Schlaflosigkeit, von allen psychosomatischen Krankheiten. Nachweisbare Erfolge soll er bei Drogensüchtigen erzielt haben.

Seine Anleitung zur Meditation, nämlich »einen Gedanken von der Oberfläche des Bewußtseins in seine feineren Stadien zu verfolgen«, versucht, dem Westen östliches Erbe zu vermitteln. Aber in Indien selbst zweifelt man an der Echtheit dieser Vermittlung.

Dem Yogi wird nicht allein sein aufwendiger, luxuriöser Lebensstil zum Vorwurf gemacht. Man kritisiert vielmehr seine vereinfachende Auswahl der Yoga-Praxis und beanstandet vornehmlich, daß er die integrierende Kontrolle des Atems außer acht läßt. Auch seine Abkehr von asketischen Forderungen erregt Anstoß. Denn er lehrt:

> »Wenn wir Askese üben, hemmen wir nur den geistigen Fortschritt. Das Leben ist ebenso materiell wie geistig.«[17]

Die fanatische Begeisterung ihrer Anhänger kann nicht darüber hinwegtäuschen, daß die »transzendentale Meditation« nur einen Sektor des Religiösen darstellt. Sie betont, eine Technik, eine Methode zu sein, und behauptet, mit jeder Religion zu harmonisieren. Sie selbst sagt nichts aus über Gott, sie fordert keine bestimmte Ethik, es fehlt ihr ein eigener Kult. Sie kann Religionsersatz sein, aber Religion im Vollsinne des Wortes ist sie durchaus nicht.

Divine Light Mission

Mit der »transzendentalen Meditation« hat die »Mission des Göttlichen Lichtes« manches gemeinsam. Auch sie findet begeisterte Anhänger in Europa und Amerika, ist aber auch im heimatlichen Indien zahlreich vertreten. Wie die Botschaft des

[16] »Der Spiegel« vom 13. November 1967, S. 160.
[17] »Die Weltwoche« vom 12. Januar 1972.

Maharishi Mahesh Yogi, so weist auch die »Divine Light Mission« in ihrer geistigen Substanz eine bemerkenswerte Reduktion religiöser Gehalte auf. Erkennbar ist eigentlich nur die überwertige Aufforderung, an die Göttlichkeit ihres Leiters zu glauben.

Das ist *Guru Maharaj Ji*, ein heute etwa 15 Jahre alter indischer Jüngling, der mit dem Anspruch auftritt, als göttliche Inkarnation unser verderbtes Zeitalter zu erlösen. Die Bewegung begann – nach ersten Ansätzen in früheren Jahren – 1970, als der damals etwa 12 Jahre alte Guru Maharaj Ji am Indian Gate in Neu-Delhi verkündete:

> »Ich werde dieser Welt Frieden bringen. Oft bin ich gekommen. Dieses Mal komme ich mit mehr Kraft als je zuvor. Aber was kann ich tun, ehe Menschen zu mir kommen mit Liebe im Herzen, erfüllt von dem Wunsch, Frieden und Wahrheit kennenzulernen?«[18]

Noch expliziter hat der jugendliche Guru seine Göttlichkeit betont mit folgenden Worten:

> »Dies ist das Zeitalter der vollkommenen Dunkelheit, das Zeitalter der Maschinen. Sie waren alle Überbringer der Wahrheit: Moses, Buddha, Nānak, Kabīr, Jesus. Jetzt ist Gott selbst gekommen, in all seiner Macht, und niemand kann ihm den Stein der Weisen entwenden. Gib mir deine Leiden, gib sie ab an mich, entlade sie bei mir, ich werde dir Frieden geben.«[19]

International Society for Krishna Consciousness (ISKCON)

Svāmī Prabhupāda, heute von seinen Anhängern »Seine Göttliche Gnade« genannt, »landete im Safrangewand mit einem Koffer und sieben Dollars allein in New York, um das Krishna-Bewußtsein in eine Welt hineinzutragen, die nur Unpersönlichkeit und Leere kannte«.[20]

Dies geschah im Jahre 1965.

Prabhupāda stand damals im 70. Lebensjahr. Er hatte in seiner Jugend an der Universität Kalkutta englische Philologie, Philosophie und Volkswirtschaft studiert und später eine Fabrik

[18] »Materialdienst«, a.a.O. 36, 1973, S. 8.

[19] Ebd., S. 7.

[20] »Back to Godhead«, 3. Jg., 1973, Nr. 19, S. 7.
Diese Zeitschrift ist, nach eigener Angabe im Impressum, »das einzige Magazin in der westlichen Welt, das die autorisierte, transzendentale Wissenschaft der Gottesvergegenwärtigung verbreitet, wie sie durch ununterbrochene Nachfolge der geistigen Meister überliefert wird. Es erinnert die Menschheit an ihre ursprüngliche, spirituelle Bestimmung und zeigt einen Weg, der zurückführt zu Gott, dem Ursprung alles Seins.« –
Die deutsche Auflage von »Back to Godhead« erscheint in einer Höhe von 100 000 Exemplaren.

geleitet, ehe er sich ausschließlich geistigen Aufgaben zuwandte. Auf Anordnung seines Guru kam er in die westliche Welt, um dort das Krishna-Bewußtsein zu verbreiten.[21]

Die »Internationale Gesellschaft für Krishna-Bewußtsein« – nach der Anrufungsformel ihres Gottes auch *»Hare-Krishna-Bewegung«*[22] genannt – rief er 1966 in New York ins Leben; später übersiedelte die Zentrale nach Los Angeles. Die Gesellschaft besitzt heute Zweiggruppen in Kanada, Japan, Australien, England und Frankreich. Die deutschen Zentren sind in Hamburg, Heidelberg und München. In diesen Städten sind ihre ausschließlich jugendlichen Anhänger, die auf den Straßen für die Bewegung werben und deren Schriften verkaufen, ein bekannter Anblick geworden.

Svāmī Prabhupāda umreißt das Ziel seiner Gesellschaft mit folgenden Worten:

> »Diese Bewegung für Krishna-Bewußtsein versucht der gesamten Menschheit diese spirituelle Existenz zu bringen. In unserem gegenwärtigen, materiellen Bewußtsein haften wir an der sinnlichen, materiellen Auffassung des Lebens, aber hingebungsvolles Dienen zu Krishna, das heißt Krishna-Bewußtsein, kann diese Auffassung sofort beseitigen ... Wer solchen Dienst leistet, kann sofort – sogar in diesem gegenwärtigen Leben – befreit werden. Die meisten spirituellen Bemühungen sind materialistisch gefärbt, aber reines, hingebungsvolles Dienen ist transzendental zu jeder materiellen Verunreinigung. Diejenigen, die zurück zu Gott gehen wollen, brauchen nur die Prinzipien dieser Bewegung für Krishna-Bewußtsein anzunehmen und ihr Bewußtsein auf die Lotosfüße des Höchsten Herrn zu richten, des Persönlichen Gottes, Krishna.«[23]

An diesen Ausführungen wird dreierlei deutlich. Das ist einmal die zentrale Stellung Krishnas, des göttlichen Offenbarers im großen hinduistischen Lehrgedicht der *Bhagavadgītā*, des Erhabenen, dessen Gesang die *Gītā* ist. In Indien hatte diese Krishna-Verehrung eine lange Tradition, ehe sie durch Svāmī Prabhupāda weltweit verbreitet wurde.

Zum anderen wird der Begriff des Dienens, eines Dienens für Krishna herausgestellt. Dies ist der Grund dafür, daß die Anhänger der Bewegung ihren Namen das Wort *dāsa*, »Diener«, hinzusetzen.

Dieses Dienen wird zum dritten als »hingebungsvoll« gekennzeichnet. Damit wird das Prinzip der *bhakti* angesprochen, der hingebungsvollen Liebe und des Vertrauens zur Gottheit.

[21] Die Gesellschaft schreibt den Namen Krishnas meist in der rein wissenschaftlichen Transkription: *Kṛṣṇa*.

[22] *Hari*, wie der Nominativ lautet, wird synonym zu Krishna gebraucht.

[23] »Back to Godhead«, a.a.O., S. 24.

Es äußert sich vornehmlich in den Gottesdiensten der Gemeinschaft. Gebete, Tänze und Weihrauchdarreichungen spielen in ihnen eine nur untergeordnete Rolle. Ganz im Mittelpunkt steht dagegen das *sankīrtana*, das gemeinsame »Chanten«, wie die Gesellschaft sagt, der gesprochene, gesungene oder auch gemurmelte Anruf Gottes: *»Hare Krishna, Hare Krishna!«*

Tana Bhagat

Zu Eingang dieses Abschnittes über Indien war verwiesen worden auf die bis jetzt wenig beachtete Erscheinung religiöser Neustiftungen unter primitiven Volksstämmen Indiens. Die *Tana-Bhagat*-Bewegung, die ihren Höhepunkt während des Ersten Weltkrieges erreichte, ist ein typisches Beispiel hierfür sowohl hinsichtlich ihres Vorstellungsgehaltes als auch in bezug auf das Ausmaß, das sie vorübergehend annahm, nachdem sich in ihr zahlreiche lokale Neustiftungen zusammengeschlossen hatten. Ihren Namen erhielt sie einerseits von den sie leitenden Propheten (*bhagats*), andererseits von dem in ihren Gesängen häufig wiederholten Wort *tana*, das »durchhalten« bedeutet.

Ihre Anhänger, dravidischsprachige Eingeborene Bihars, lebten in der Erwartung einer zukünftigen Ära eigenen Überflusses. Dieses für sie Goldene Zeitalter sollte eingeleitet werden mit der Ankunft eines Gottes oder eines göttlichen Boten. Als letzterer wurde häufig Kaiser *Wilhelm II.* erwartet, der in Gebete und Gesänge der Bewegung als »deutscher Baba« Aufnahme gefunden hatte und als »Geist aus der Höhe« erhofft wurde.

Auf eine sieben Tage und sieben Nächte andauernde Periode völliger Dunkelheit sollte eine ebensolange Zeit strahlender Helle folgen. In ihr werde der göttliche Bote ein himmlisches Reich auf Erden errichten. In ihm werde den Anhängern der Bewegung mühelos ein Überfluß an Lebensmitteln zufließen, und sie würden imstande sein, sich an nur einem Tag alle Kenntnisse höherer Bildung anzueignen. Die baldige Erwartung dieses paradiesischen Zustandes führte natürlich zur Vernachlässigung der gewohnten und lebensnotwendigen Arbeiten.

Es wurden aber auch andere Vorbereitungen für die Ankunft Gottes oder seines Boten getroffen. In einigen Dörfern tötete man alle Hunde, weil deren Gebell den Besuch der Gottheiten verhindern könne. Die *bhagats* sprachen ein Meidungsgebot der roten Farbe – als Farbe des Blutes – aus, und sie verboten ihren Anhängern den beliebten Genuß des roten Pfeffers und der Tomaten.

Nächtelange Gebete und Gesänge galten der Vertreibung böser Geister und versetzten ihre Teilnehmer in ekstatische Zustände. Exorzistische Riten griffen um sich. Angeblich von bösen Geistern besessene Personen wurden erbarmungslos geschlagen, was in einigen Fällen deren Tod zur Folge gehabt haben soll.
Schließlich drohte eine offene Revolte der Anhänger der Bewegung, die mit großem Selbstbewußtsein auftraten und sich unverletzlich wähnten. Das Eingreifen der britischen Behörden, die die nächtlichen Versammlungen verboten und einige *bhagats* ins Gefängnis warfen, war unvermeidlich und führte bald zu einem erheblichen Rückgang der Tana-Bhagat-Bewegung.

Iran

Mazdaznan

Dem *Iran* zuzuordnen ist eine Religion, die zwar nicht dort, sondern in Nordamerika und Europa, hier vornehmlich in der Schweiz und Deutschland, ihre Anhängerschaft besitzt, aber mit ihren Ideen intentionell und in dezidierter Weise auf die vorislamische, *zarathustrische Religion* des Iran zurückgreift, wenn sie auch deren Begriffe und Inhalte in einer recht eigentümlichen, wissenschaftlich unhaltbaren Weise interpretiert.
Auch der Stifter dieser neuen Religion, *Otto Hanisch,* der sich später *Dr. Otoman Zar-Adusht Ha'nish* nannte, war zunächst im Iran beheimatet. Er wurde am 19. Dezember 1844 in Teheran als Sohn des damaligen russischen Botschafters geboren; seine Mutter war deutscher Abstammung.
Die Jugendgeschichte dieses Otto Hanisch, die im Rückblick nur den Sinn einer Vorbereitung seiner späteren Verkündigung hat, ist geeignet, Zweifel an ihrem Wahrheitsgehalt zu wekken. Wegen eines unheilbaren Herzleidens von Ärzten aufgegeben, soll er von seinen Eltern in ein tibetisches Kloster geschickt worden sein, das – natürlich – einem »zarathustrischen Orden« gehörte, gemeinhin aber unbekannt geblieben ist. Dort wurde er bald vollständig geheilt und in die Lehren der Ordensgemeinschaft eingeweiht. Nach einem Aufenthalt von 25 Jahren bestimmt ihn das Los zur weltweiten Verkündigung dieser Lehren.
Hanisch unternimmt nunmehr weite Reisen, die 1900 in Chicago einen vorläufigen Abschluß finden. Später übersiedelt er nach Los Angeles, wo er im Jahre 1917 die *Reorganized Mazdaznan Temple Association of Associates of God* gründet, die »Reorganisierte Mazdaznan Tempel-Vereinigung der Gottesgefährten«.
Das Wort *Mazdaznan* soll persisch sein und als »guter Gedanke« verstanden werden. Vermutlich ist es zu erklären als eine völlig unreflektierte Zusammensetzung aus *mazdā,* »weise«, dem zweiten Bestandteil des Gottesnamens *Ahura Mazdā,* »der weise Herr«, des Namens jenes Gottes, der im Mittelpunkt des Bekenntnisses Zarathustras stand, und aus dem avestischen Worte *yasna,* das »Opfer« bedeutet und zugleich Titel eines der heiligen Bücher der Anhänger Zarathustras, der späteren Parsen, ist.
Mazdaznan will die von Hanisch, dem *neuen Zarathustra,*

abermals verkündete *Uroffenbarung* sein, die allen anderen, durchweg jedoch später entstellten Religionsstiftungen zugrunde lag. Nichts anderes als diese iranische Uroffenbarung griffen *Jesus, Muhammed* und *Buddha* auf; *Moses* empfing sie von dem angeblich »medischen« – also dem Iran entstammenden – Priester *Jethro*.

Die *Traditionsgeschichte* dieser einen, universalen Menschheitsreligion läßt Hanisch vor 9000 Jahren beginnen, als die Königstochter *Ainyata* lebte. Ihr Name dürfte als entstellte Wiedergabe von *Anāhitā*, »die Unbefleckte«, zu verstehen sein, der Bezeichnung einer altiranischen Göttin. Diese Ainyata erfüllte zwei Funktionen, die für die Mazdaznan-Lehre von zentraler Bedeutung sind. Einmal wurde sie zur Stammutter der *arischen Rasse*. Zum anderen wurden ihr Erkenntnisse über Gott zuteil, die in das *Avesta*, die heiligen Texte der Parsen, Aufnahme fanden.

Um das Jahr 6870 erhält dann ein iranischer Oberpriester, *ein Zarathustra*, den Auftrag, das monotheistische Gottesverständnis der Ainyata der Menschheit zu verkünden. Deutlich ist bei dieser Angabe das Mißverständnis über Zarathustra. Dieses Wort wird als Priestertitel, nicht als Eigenname des iranischen Propheten ausgegeben. Eine Diskussion über das Datum seines Auftretens ist damit im Grunde gegenstandslos; die zeitlichen Ansetzungen des historischen Zarathustra schwanken zwischen 1000 und 600 v. Chr.

Gemäß ihrer Konzeption als alleinige, umfassende und ursprüngliche Menschheitsreligion ist es die Bestimmung von Mazdaznan, in der Zukunft die eine *Weltreligion* zu werden. Sie soll dies in einem weltweiten Friedensreich werden, dessen Anbruch Hanisch für das Jahr 1960 erwartete.

Dieses Weltfriedensreich kann nur unter Führung der *arischen Rasse* verwirklicht werden, die die vollkommenste Rasse der Menschheit ist. Zum gerechten Verständnis der Mazdaznan-Rassenlehre ist zu betonen, daß ihr jede ideologische Aggressivität gegenüber anderen Rassen fehlt. Sie will betont pazifistisch sein. Außerdem legte auch hier Hanisch einem Begriff eine Deutung bei, die von seinem üblichen Verständnis abweicht. Denn er zählte auch die Semiten zu den Ariern.

Neben seinem universalen verkündete Hanisch auch ein *individuelles Heilsziel:* Der Mensch soll zur Behausung Gottes werden. Der Gedanke einer Höherentwicklung des Menschen, in geistiger wie in körperlicher Hinsicht, ist damit verbunden. Selbsterkenntnis und umfassende Körperpflege sind dafür Voraussetzung.

Besonderer Wert wird auf eine kontrollierte, rhythmische *Atmung* gelegt, die auch beim Sprechen von Gebeten zu beachten ist. Hanisch entwickelte sieben verschiedene Atemübungen, die unterschiedliche Wirkungen auf den Geist, das psychische Wohlbefinden oder die Heilung von Krankheiten ausüben sollen.

Zur Höherentwicklung durch den Atem tritt diejenige durch den Stoff, d. h. die *Ernährung*. Hierauf beruht die wohl eigenartigste Aktivität der Mazdaznan-Bewegung, nämlich ihre Produktion von *Kochbüchern*. Ein rigoroser Vegetarismus gilt als unabdingbare Forderung. Der Genuß irgendwelcher Rauschmittel ist streng untersagt.

Im Dienste der Weiterentwicklung der Menschheit soll schließlich die *vorgeburtliche Erziehung* stehen. Hierbei wird der werdenden Mutter die Fähigkeit zugesprochen, durch ihre Gedanken, gute oder schlechte, die Entwicklung des Kindes positiv oder negativ zu beeinflussen.

Auf Hanisch geht auch die *Organisation* seiner Anhängerschaft zurück. Ihr mit weitgehenden Vollmachten ausgestatteter Leiter heißt *Elektor*. Diese Stellung hatte zunächst Hanisch inne. Nachdem er am 29. Februar 1936 in Los Angeles gestorben war, wurde *Emanuel Bach* Elektor, auf den 1950 *Henry L. Sorge* folgte. Die Zentrale der Bewegung ist in Los Angeles.

Die Untergruppen heißen *Mazdaznan-Logen*. In ihnen werden die *kultischen Akte* der Gemeinschaft gefeiert, der sogenannte zarathustrische Ehesegen, die Einsegnungen der Kinder, ein Gemeinschaftsmahl, das mit Brot und Wein begangen wird.

In Deutschland gibt es seit 1907 Logen der Bewegung. Mazdaznan übte hier vor allem nach dem Ersten Weltkrieg eine Anziehungskraft aus, die heute stark zurückgegangen ist. Da von den Anhängern kein Kirchenaustritt gefordert wird, fehlen offizielle Statistiken über die Mitgliederzahlen. Erwähnenswert ist, daß die Gesellschaft seit dem Jahre 1962 in Neubringhausen am Edersee eine »Neuzeitliche Diät- und Lebensschule« unterhält.

Vorderasien

Bahā'ī-Religion

Vorderasien ist die Heimat einer neuen Religion, die früh auf andere Gebiete übergriff und gerade in jüngster Zeit sehr steile Aufstiegschancen hatte. Die auch unter den Bezeichnungen *Bahaismus* und *Behaismus* bekannt gewordene Bahā'ī-Religion besitzt heute über 28 000 Zentren in allen Erdteilen, und sie publiziert ihre Literatur in etwa 400 Sprachen. Die genaue Zahl ihrer Anhänger ist unbekannt; Schätzungen reichen bis zur Höhe von 2 Millionen. Ihre Zentrale gab für das Jahr 1972 bekannt, daß Bahā'ī in 56 645 Orten der Erde wohnen. In den Vereinigten Staaten bekennen sich ungefähr 40 000 Menschen zur Bahā'ī-Religion; in Deutschland, das die stärkste europäische Gruppe stellt, sind es nur etwa 1200.

Für den asiatischen Bereich ist bemerkenswert, daß die Bahā'ī-Religion offensichtlich eine starke Anziehungskraft auf die *Parsen* ausübt, die letzten Anhänger der Religion des iranischen Priesterpropheten *Zarathustra*. *Mary Boyce*, eine hervorragende Kennerin iranischer Sprachen und Religionen, mißt den Konversionen von Parsen zur Bahā'ī-Religion eine derart große Bedeutung bei, daß sie diese als einen der Gründe ihrer sehr düsteren Zukunftsprognose für den nach ihrer Ansicht im Erlöschen begriffenen *Parsismus* nennt[1].

Die Bahā'ī-Religion entstand in Persien und ging hervor aus der Schīʿa, der von der Orthodoxie des Islam abgespaltenen Richtung, die selbst in zahlreiche Sekten zerfällt. Mit ihrem universalen Anspruch versteht sich die Bahā'ī-Religion als letztgültige Offenbarung. Unmittelbar knüpft sie an eine ihr vorausgegangene, ebenfalls im Iran entstandene Neustiftung an, die den Namen *Babismus* trägt.

Der Begründer dieses Babismus war der junge Kaufmann *Mīrzā ʿAlī Muhammed* aus Schirās. Er wurde am 26. März 1821 geboren. Früh verwaist, wuchs er auf unter der Vormundschaft eines Onkels mütterlicherseits und führte später unter dessen Aufsicht das Geschäft seines Vaters fort.

Seine seit früher Jugend stark ausgeprägte Religiosität führte ihn in die Kreise der Schaichī, einer von Ahmad Ahsā'ī (1752 bis 1826) begründeten Sekte des schiitischen Islam, die einen enthusiastischen Kult der *Imāme* pflegt, der Nachkommen

[1] *Mary Boyce*, Der spätere Zoroastrismus. In: Handbuch der Religionsgeschichte. Hrsg. von *Jes Peter Asmussen* und *Jørgen Laessøe* in Verb. mit *Carsten Colpe*. Bd. 2, Göttingen 1972, S. 371.

ʿAlīs, des Schwiegersohnes des Propheten *Muhammed,* in denen sie mit gnostischer Sinngebung schöpferische Potenzen zu erkennen glaubt.

Das entscheidende Datum für das religiöse Leben des Mīrzā ʿAlī Muhammed und seiner späteren Anhänger fiel in sein 24. Lebensjahr und war der 23. März 1844, der Tag seiner Erklärung zum *Bāb.* Mit diesem Tage beginnen Babismus und Bahā'ī-Religion ihre Zeitrechnung. Unser Jahr 1973 ist mithin nach Bahā'ī-Zählung das Jahr 129.

Die Erklärung zum Bāb war entscheidend für die Begründung einer neuen religiösen Bewegung, weil diesem Begriff von Mīrzā ʿAlī Muhammed sehr bald eine das islamische Dogma überschreitende Bedeutung beigemessen wurde.

An sich war dieser Begriff nicht neu innerhalb der religiösen Terminologie des Islam. Wörtlich bedeutet Bāb: »Pforte, Türe«; und dies ist in der hagiologischen Literatur der Schiiten ein gebräuchlicher Ausdruck für Personen, denen Heiligkeit zugesprochen wird[2]. Die islamische Mystik, der Sufismus, versteht Bāb als »Türe, durch die man eintritt«, als Mittel, das den Verkehr mit dem Innern, dem Bereich der Seele, ermöglicht. Die Schaichī-Sekte schließlich, mit deren Anhängern Mīrzā ʿAlī Muhammed enge Beziehungen pflegte, faßte Bāb auf als Pforte, durch die sich der Wille des verborgenen Imām der Welt kundtut, als Werkzeug und Sprachrohr dieses Imām.

War Mīrzā ʿAlī Muhammed zunächst in diesem Sinne als Bāb verstanden worden, so zeigte sich bald, daß er selbst seiner neuen Würde weitaus größere Bedeutung beimaß. Er bezeichnete sich als einen Spiegel, in dem sich Gott zeige, nannte sich »Spiegel des Hauches Gottes«, sah sich als eigenständigen Offenbarer an und beanspruchte für seine von ihm in der Schrift *Bayān* – »Erklärung« – festgehaltene Verkündigung die Anerkennung als göttliche Offenbarung.

Das zeigt deutlich, daß er damit den Gedanken einer fortschreitenden Offenbarung verfolgte, mit dem er sich in Widerspruch setzte zur islamischen Lehre von Muhammed als dem »Siegel der Propheten« und vom *Koran* als letztgültiger, abschließender Offenbarungsurkunde.

Hinzu kam, daß er sich auch mit seiner spirituellen Deutung des Dogmas vom Islam absonderte, ebenso mit seiner eigenartigen kabbalistischen Zahlenspekulation, in deren Mittelpunkt die von ihm als heilig verkündete Zahl 19 stand.

Diese Heiligkeit der 19 resultierte für ihn einmal aus den Einleitungsworten jeder Sure des Koran, die in deutsch lauten:

»Im Namen Allahs, des Erbarmers, des Barmherzigen.«

Dem liegt zugrunde die arabische Formulierung *bi'smi 'llāhi 'l-rahmāni 'l-rahīmi,* ein Text, der den abkürzenden Namen

[2] *Ignaz Goldziher,* Vorlesungen über den Islam. 2. Aufl. Heidelberg 1925, S. 381.

Basmala trägt. Der eben zitierte vollständige Text dieser Basmala aber besteht aus 19 arabischen Buchstaben.
Für die Heiligkeit der Zahl 19 kam ein Zweites hinzu. 19 nämlich ergibt sich auch aus dem Zahlenwert der Schriftzeichen der Gottesprädikation *wāhid*, die »einer, der Einzige« bedeutet.
Aus dieser Zahlenspekulation zog der Bāb weitgehende Folgerungen. Er gebot jedem Gläubigen, täglich 19 Verse aus dem heiligen Buch Bayān zu lesen. Auch solle man alle 19 Tage 19 Personen als Gäste bewirten. Vor allem aber teilte der Bāb das Jahr in 19 Monate ein, womit er sich vom islamischen Kalender trennte. Trotz der vorrangigen Stellung, die später die Bahā'ī-Religion der Zahl 9 verlieh, hat sie doch das kalendarische 19er Schema des Bāb übernommen. Der letzte, 19. Monat jeden Jahres, der einen Teil unseres März einnimmt, gilt als Fastenmonat; der Beginn des neuen Jahres mit dem Neujahrsfest ist auf unseren 21. März gelegt.
Erwähnung verdient eine Reihe weiterer Anordnungen, die der Bāb für die Gläubigen erließ. Er gebot ihnen unbedingte Höflichkeit. Untersagt wurde der Genuß von Wein, Tabak und Morphium. Die Ehe wurde zur unabdingbaren Pflicht gemacht, und zwar auch für Verwitwete beiderlei Geschlechts, die bei Androhung von Geldstrafen zur Wiederverheiratung veranlaßt werden sollen. Die Frau wurde insofern emanzipiert, als sie sich in der Öffentlichkeit ohne Schleier sehen lassen darf.
Recht bemerkenswert ist noch das Verbot von Seereisen, die allenfalls Pilgern und Kaufleuten gestattet werden können. Möglicherweise liegt hier eine indische Beeinflussung vor, da das Verbot von Reisen zur See auch für den orthodoxen Hindu gilt.
Gnostische Spekulationen verrät demgegenüber die Lehre des Bāb in ihren Ausführungen über das Prophetentum. Die Propheten, zu denen er nach islamischer Tradition Adam, Noah, Abraham, Moses, Jesus und Muhammed zählt, werden als *Manifestationen* des absoluten Geistes aufgefaßt, der sich in diesen Propheten in einer Weise offenbart habe, die den jeweiligen Entwicklungsstufen der Menschheit hinsichtlich ihrer religiösen Fassungskraft angepaßt gewesen sei.
Dieser Gedanke einer sukzessiven Offenbarung, die die Verkündigung des Propheten Muhammed einbezieht, aber entgegen islamischer Tradition nicht als abschließend wertet, sondern relativiert, findet sich in entsprechender Weise auch in einigen anderen Religionsstiftungen der Neuzeit. Und wenn hier die verschiedenen Stufen der Offenbarung als *Manifestationen* bezeichnet werden, so ist damit sachlich das gleiche gemeint wie mit den *Amnestien* des *Caodaismus* oder den *Dispensationen* der *Tong-Il*.

Der Bāb und die Glieder seiner jungen Gemeinde zogen bald die Feindschaft der offiziellen Vertreter des Islam auf sich, besonders nachdem sie 1848 ihre vollständige Lösung vom Islam verkündet hatten. Von der persischen Regierung wurden sie revolutionärer Umtriebe beschuldigt und äußerst grausam verfolgt. Der Bāb selbst wurde am 9. Juli 1850 in Täbris öffentlich hingerichtet.

Bald wurde über diese Hinrichtung in den Kreisen seiner Anhänger Wunderbares berichtet. 750 Mann eines armenischen Regimentes hätten zunächst erfolglos auf den Bāb und einen seiner Jünger geschossen. Als der Pulverdampf sich verzog, habe der Jünger unverletzt an der Kasernenmauer gestanden, und den Bāb habe man ebenfalls unversehrt aufgefunden, und zwar in seiner Gefängniszelle. Man habe die Soldaten durch ein anderes Regiment ersetzt, dem es gelang, die Hinrichtung zu vollziehen, bei der ein starker Sandsturm die Sonne verdunkelte. Das Hinrichtungskommando fand bald darauf den Tod. Von den an der Erschießung beteiligten Soldaten kamen im gleichen Jahr 250 Mann bei einem Erdbeben ums Leben, während der Rest drei Jahre später als Meuterer erschossen wurde[3].

Den Leichnam des Bāb, den man in einen Straßengraben geworfen hatte, bargen treue Anhänger und hielten ihn jahrelang verborgen. Erst 1909 konnte er endgültig bestattet werden, und zwar bei Haifa in den Persischen Gärten am Fuße des Berges Karmel, wo sich seit 1868 das religiöse Zentrum der Bahā'ī-Religion befindet.

Der Babismus war eine Vorstufe des *Bahaismus*. Die Weiterentwicklung vollzog sich über eine anfängliche Spaltung der Gemeinde nach dem Tode des Bāb. Die Führer beider Lager waren Halbbrüder, die einer adligen Familie Persiens entstammten, die dem Lande hohe Staatsbeamte gestellt hatte und aus Nūr in Māzanderān stammte, einem kleinen Orte in den Niederungen am Südrand des Kaspischen Meeres, der ein beliebter Aufenthaltsort des Hofes und der persischen Aristokratie war.

Der jüngere der beiden Halbbrüder wurde im Jahre 1830 geboren, hieß *Mīrzā Jahyā* und trug den Beinamen *Subh-i Azal*, was »Morgenröte der Ewigkeit« bedeutet. Er verlegte das Zentrum des Babismus nach Famagusta auf Cypern, wo er am 29. April 1912 als 82jähriger gestorben ist. Sicher blieb er der erfolglosere der beiden Brüder, dem es nur gelungen war, eine Minderheit der Babisten unter seiner Leitung zu vereinigen.

Doch war er es wahrscheinlich gewesen, den der Bāb selbst als seinen Nachfolger gewünscht hatte. Gegen Ende seines Lebens hatte sich der Bāb wieder in stärkerem Maße genuin schiiti-

[3] *Kurt Hutten*, Seher, Grübler, Enthusiasten. 11. Aufl. Stuttgart 1968, S. 291.

schen Lehren zugewandt, und diese Haltung glaubte er zu Recht mit Mīrzā Jahyā Subh-i Azal fortgesetzt zu sehen. Denn dieser vertrat entgegen seinem Halbbruder eine vergleichsweise konservative Richtung, die offensichtlich einen endgültigen Bruch mit dem Islam zu vermeiden suchte.

Weitaus erfolgreicher aber war sein am 12. November 1817 geborener Halbbruder *Mīrzā Hussein ʿAlī*, der sich am 21. April 1863 zum *Bahā'ullāh*, dem »Glanz Gottes«, erklärte. Unter ihm löste sich die Bewegung vollständig vom Islam und erhob nunmehr den Anspruch, die »Krone aller übrigen Religionen« darzustellen.

Dem Babismus wurde die Rolle eines Provisoriums zugewiesen. An die Stelle des Buches Bayān traten die Sendschreiben und Bücher des Bahā'ullāh, von denen das *Kitāb akdas*, das »heilige Buch« schlechthin, das bedeutendste ist.

Der Erfolg der neuen Bahā'ī-Religion geht sicher zu einem guten Teil auf die imponierende Gestalt ihres Stifters zurück. *Edward Granville Browne* (1862–1926), damals Professor für Arabistik an der englischen Universität zu Cambridge, schilderte den Eindruck, den er im Frühjahr 1890 anläßlich einer Audienz bei Bahā'ullāh gewann:

> »Es wurde ein Vorhang zurückgezogen und in der Ecke eines Diwans sah ich ihn plötzlich sitzen, eine wunderbare, ehrwürdige Gestalt mit einer Kopfbedeckung nach Art des tādsch der Derwischorden, nur von ungewöhnlicher Höhe und Machart, nach unten mit einem schmalen weißen Turban abschließend.«[4]
> Browne schildert dann bewundernd »die imposante Erscheinung, den durchdringenden Blick, die majestätische Stirne, die schwarzen Haare und den tiefherabwallenden Bart, nur in den Falten im Gesicht eine Spur des hohen Alters«[5].

Diesem äußeren Eindruck seiner Person korrespondierte ein bemerkenswert stark ausgeprägtes Sendungsbewußtsein. Er bezeichnete sich nicht allein als »Glanz Gottes«, als Bahā'ullāh, als der er bekannt geworden ist, sondern nannte sich außerdem *mazhar*, die »Offenbarwerdung« Gottes, und *dschemāl*, die »Schönheit« Allahs.

Die religiöse Autorität, die er sich beimaß, kommt vor allem zum Ausdruck in *Sendschreiben*, die er von Adrianopel und Akka aus an den Papst und die bedeutendsten Herrscher seiner Zeit versandte. In einer Botschaft an Papst *Pius IX.* schrieb er unter anderem:

> »O Papst! Zerreiße den Schleier! Er, der Herr der Herren, ist gekommen, von Wolken überschattet, und der Ratschluß ist erfüllt worden durch Gott, den Allmächtigen, Unendlichen ... Verkaufe

[4] *Hermann Roemer*, Die Bābī-Behā'ī. Potsdam 1911, S. 136.
[5] Ebd., S 136.

den reich verzierten Kirchenschmuck, den du besitzest, und opfere ihn auf dem Pfade Gottes, der die Nacht auf den Tag und den Tag auf die Nacht folgen läßt. Übergib dein Königreich den Königen und tritt hervor aus deiner Wohnung, dein Angesicht zum Reich Gottes erhoben, dann verkünde, losgelöst von der Welt, das Lob deines Herrn zwischen Himmel und Erde. Dies gebot dir Er, der Besitzer aller Namen, von seiten deines Herrn, des Allmächtigen, des Allwissenden.«[6]

Und an Zar *Alexander II.* schrieb er:

»O Zar von Rußland! Neige dein Ohr der Stimme Gottes, des Königs, des Heiligen, und wende dich dem Paradiese zu, der Stätte, wo Er wohnt, der unter den himmlischen Scharen die erhabensten Titel trägt und dem im Reiche der Schöpfung der Name Gott, der Strahlende, der Glorreiche, beigelegt wird. Hüte dich, daß dich deine Begierde nicht hindere, dich dem Angesichte deines Herrn, des Mitleidigen, des Barmherzigen, zuzuwenden. Wir haben wahrlich die Sache vernommen, um die du deinen Herrn in heimlicher Zwiesprache angefleht hast. Darum wehten die Winde Meiner liebevollen Güte und wogte das Meer Meiner Barmherzigkeit, und Wir antworteten dir in Wahrheit. Dein Herr ist der Allwissende, der Allweise. Als Ich gefesselt und angekettet im Kerker lag, bot Mir einer deiner Gesandten seine Hilfe an. Deshalb hat Gott einen Rang für dich verordnet, welchen keine Erkenntnis begreifen kann, ausgenommen Seine Erkenntnis. Hüte dich, daß du diesen erhabenen Rang nicht verscherzest ...«[7]

Es ist unbestreitbar, daß Bahā'ullāh in einem Schreiben des Jahres 1868 dem französischen Kaiser *Napoleon III.* die Niederlage seines Reiches und den Verlust der Kaiserkrone vorausgesagt hat. Daß dieses Ereignis zwei Jahre später eintrat, wird bis heute von den Bahā'ī als Beweis für prophetische Gaben ihres Stifters angeführt. Die hierfür maßgebenden Stellen seiner Botschaft lauteten:

»Wärest du aufrichtig in deinen Worten gewesen, so hättest du das Buch Gottes nicht beiseite geworfen, als es dir von Ihm, dem Allmächtigen, dem Allweisen, zugesandt wurde. Wir haben dich damit geprüft und fanden dich anders, als du vorgibst. Erhebe dich und suche nachzuholen, was du versäumt hast. Binnen kurzem werden die Welt und all dein Besitz untergehen, und das Reich wird Gottes bleiben, deines Herrn und des Herrn deiner Väter. Es geziemt dir nicht, deine Geschäfte nach den Befehlen deiner Leidenschaften zu führen. Fürchte die Seufzer dieses Unterdrückten und schirme Ihn vor den Speeren derer, die Unrecht tun.
Für das, was du getan hast, soll dein Reich in Verwirrung gestürzt werden; deine Herrschaft soll deinen Händen zur Strafe für das, was du verübtest, entgleiten. Dann wirst du erkennen, wie

[6] Die Verkündigung Baha'ullahs an die Könige und Herrscher der Welt. Frankfurt am Main 1967, S. 95–97.
[7] Ebd., S. 39.

sehr du dich geirrt hast. Aufruhr wird das ganze Volk des Landes ergreifen, es sei denn, du hilfst dieser Sache und folgst Ihm, dem Geist Gottes, auf diesem, dem Geraden Pfad. Hat dich dein Pomp stolz gemacht? Bei meinem Leben! Er soll nicht von Dauer sein, nein, er soll bald dahinschwinden, es sei denn, du hältst dich standhaft an dieses feste Seil. Wir sehen Erniedrigung dich verfolgen, während du zu den Achtlosen gehörst.«[8]

Auch an Königin *Victoria* sandte Bahā'ullāh eine Botschaft, mit der er ihr eingangs seine eigene Erscheinung als Wiederkehr Christi in Syrien deutete:

»O Königin in London! Neige dein Ohr der Stimme deines Herrn, des Herrn des ganzen Menschengeschlechts, die vom göttlichen Lotosbaum ruft: Wahrlich es gibt keinen Gott außer Mir, dem Allmächtigen, dem Allweisen! Wirf alles hinweg, was auf Erden ist, und schmücke das Haupt deines Königreichs mit der Krone des Gedenkens deines Herrn, des Glorreichsten. Er, wahrlich, ist in die Welt in Seiner größten Herrlichkeit gekommen, und alles, was im Evangelium verkündet ist, hat sich erfüllt. Das Land Syrien ist geehrt worden durch die Fußspuren seines Herrn, des Herrn aller Menschen, und Nord und Süd sind beide trunken vom Wein Seiner Gegenwart. Gesegnet ist der Mensch, der den Duft des Barmherzigsten einatmete und sich dem Aufgangsort Seiner Schönheit in dieser strahlenden Morgendämmerung zuwandte.«[9]

Andere Abschnitte dieses Sendschreibens lassen eine deutliche Sympathie Bahā'ullāhs für Großbritannien erkennen:

»Wir haben auch gehört, daß du die Zügel der Beratung den Händen der Volksvertreter anvertraut hast. Du hast fürwahr gut daran getan, denn dadurch werden der Grund des Gebäudes deiner Angelegenheiten gestärkt und die Herzen aller, die unter deinem Schutze stehen, ob hoch oder niedrig, beruhigt werden.«[10]

Weit weniger konziliant ist das Schreiben an Kaiser *Wilhelm I.*, das – mit einer Anspielung auf den deutsch-französischen Krieg von 1870/71 – in einer düsteren Prognose ausklingt:

»O Ufer des Rheins! Wir haben euch mit Blut bedeckt gesehen, denn die Schwerter der Vergeltung wurden gegen euch gezückt; und es soll noch einmal geschehen! Und Wir hören das Wehklagen Berlins, obgleich es heute in sichtbarem Ruhme strahlt.«[11]

Die Berufung auf den allmächtigen, unendlichen und allweisen Gott, wie sie die Botschaften Bahā'ullāhs enthalten, sind Ausdruck eines streng monotheistischen Bekenntnisses, das

[8] Ebd., S. 33 f.
[9] Ebd., S. 45.
[10] Ebd., S. 46.
[11] Ebd., S. 51.

die *Theologie* der Bahā'ī-Religion beherrscht. Verbunden mit dem Anspruch, selbst die letztgültige Wahrheit zu vertreten, kommt dieser Monotheismus auch zum Ausdruck in einem jener Aufrufe, die Bahā'ullāh »an die religiösen Führer der Welt in ihrer Gesamtheit« erließ:

> »O Schar der Geistlichen! Ihr werdet euch künftighin nicht mehr im Besitze irgendeiner Macht sehen, denn Wir haben sie von euch genommen und für solche bestimmt, die an Gott geglaubt haben, den Einen, den Allgewaltigen, den Allmächtigen, den Unbeschränkten.«[12]

Die *ethischen* Forderungen des Bahaismus, die die Gleichheit aller Menschen, allgemeine Menschenliebe, den Weltfrieden und die aktive Förderung von Wohlfahrtseinrichtungen erstreben, sind zusammengefaßt in den »zwölf Grundsätzen der Bahā'ī-Religion«, die *Abdul Bahā*, der älteste Sohn und Nachfolger Bahā'ullāhs, mit »Erläuterungen« kommentierte. Im einzelnen handelt es sich um die folgenden Prinzipien[13]:

> »1. Die ganze Menschheit ist als Einheit zu betrachten.«

In den Erläuterungen wird diese Forderung als eine Konsequenz der Botschaft Bahā'ullāhs herausgestellt. Denn:

> ». . . Bahā'ullāh verkündete die Einheit der ganzen Menschheit. Er versenkte alle ins Meer der göttlichen Gnade.«
> »2. Alle Menschen müssen die Wahrheit selbständig erforschen.«
> »3. Alle Religionen haben eine gemeinsame Grundlage.«

Im Kommentar zu diesem Punkt klingt bereits das für die Bahā'ī charakteristische Bestreben an, Religion und Vernunft zu harmonisieren, eine Intention, die dann später der 5. Grundsatz direkt aufgreift. Zum 3. Grundsatz wird erläutert:

> »Alle göttlichen Verordnungen beruhen auf ein und derselben Wirklichkeit. Diese Grundlage muß notwendigerweise die Wahrheit sein, und sie kann nur eine Einheit, nicht eine Vielheit bilden. Deshalb beruhen alle Religionen auf ein und derselben Grundlage. Im Laufe der Zeit sind gewisse Formen und Zeremonien in der Welt entstanden. Dieses vom Menschen geschaffene äußerliche Beiwerk ist unwesentlich und verursacht die Uneinigkeit und Streitigkeiten unter den Religionen. Wenn wir aber diese äußere Form beiseite legen und die Wirklichkeit suchen, so zeigt sich, daß wir einig sind; denn es gibt nur *eine* göttliche Religion.«

[12] Ebd., S. 91.
[13] Die Bahā'ī-Religion. Eine Einführung. Frankfurt am Main: Bahā'ī-Verlag 1964 (Bahā'ī-Jahr 120), S. 11 ff.

Hiermit wird eine *Religionstheologie* vorgetragen, die den religiösen Pluralismus begreift als eine von Menschen bewirkte Entartungserscheinung der einen, unteilbaren Wahrheit. Es ist zu bemerken, daß diese Deutung nicht völlig im Einklang steht mit der Lehre des ursprünglichen Babismus, der eine sukzessive Offenbarung gemäß dem jeweiligen menschlichen Erkenntnisvermögen zum Inhalt hatte.
Die folgenden Grundsätze lauten:

»4. Die Religion muß die Ursache der Einigkeit und Eintracht unter den Menschen sein.«
»5. Die Religion muß mit Wissenschaft und Vernunft übereinstimmen.«
»6. Mann und Frau haben gleiche Rechte.«

Dieser Grundsatz sowie seine Erläuterung, die Nachdruck legt auf »gleichwertige Erziehung und Bildung«, müssen gesehen werden auf dem Hintergrund der zur Zeit ihrer Verkündigung noch ganz patriarchalischen Gesellschaft der islamischen Welt.

»7. Vorurteile jeglicher Art müssen abgelegt werden.«

In den Erläuterungen werden im einzelnen rassische, völkische, politische und religiöse Vorurteile genannt.

»8. Der Weltfriede muß verwirklicht werden.«
»9. Beide Geschlechter müssen die beste geistige und sittliche Bildung und Erziehung erfahren.«

Kommentiert wird hierzu unter anderem:

»Eine Forderung der Religion ist, daß jedermann erzogen werde und daß er die Möglichkeit habe, Wissen und Kenntnisse zu erwerben. Die Erziehung jedes Kindes ist unerläßliche Pflicht.«
»10. Die sozialen Fragen müssen gelöst werden.«

Die Erläuterung begründet diese Forderung mit der Gleichheit aller Menschen vor Gott, und sie hebt die Bedeutung der Bahā'ī für die Verwirklichung dieses Zieles hervor, wenn sie sagt:

»Keiner der früheren Religionsstifter hat die soziale Frage in so umfassender, vergeistigter Weise gelöst wie Bahā'ullāh. Er hat Anordnungen zur Sicherung der Wohlfahrt und des Glücks der ganzen Menschheit getroffen.«
»11. Es muß eine Welthilfssprache und eine Einheitsschrift eingeführt werden.«

Der vollständige Text der Erklärungen lautet:

»Bahā'ullāh fordert die Einführung einer Welthilfssprache. Ein Ausschuß aus allen Ländern soll zusammentreten, der zur Erleichterung des internationalen Verkehrs entweder eine schon bestehende Sprache zur Welthilfssprache erklären oder eine neue

Sprache als Welthilfssprache schaffen soll; diese Sprache soll dann in allen Schulen und Hochschulen der Welt gelehrt werden, so daß es später niemand mehr nötig hat, außer dieser Sprache und seiner Muttersprache noch eine weitere zu erlernen.«

Bemerkenswert an diesen Ausführungen ist zunächst, daß die Welthilfssprache zusätzlich zur Muttersprache hinzutreten, letztere mithin nicht aufgegeben werden soll. Vielleicht sah man hierin ein – freilich unzulängliches – Mittel, einer allzu schnellen Aufspaltung der Universalsprache in regional gebundene Dialekte Einhalt zu gebieten.
Als Universalsprache werden eine bestehende Sprache und eine neu zu schaffende Welthilfssprache zur Wahl gestellt. Offenbar tendiert die Bahā'ī mehr zu der zweiten Möglichkeit. Hierfür spricht die Verehrung, die die Gemeinschaft *Dr. Ludwig Zamenhof* entgegenbringt, dem polnischen Augenarzt, der im Jahre 1887 seine Sprachkonstruktion des *Esperanto* veröffentlichte.
Der abschließende Grundsatz endlich, der gleiche Intentionen deutlicher werden läßt, heißt:

»12. Es muß ein Weltschiedsgerichtshof eingesetzt werden.«

Gegenüber dem Ziel der Verwirklichung dieser Grundsätze treten *kultische* Verpflichtungen sehr stark zurück. Bemerkenswert ist jedoch die Feier eines Jahresfestes, das als das »Größte Fest«, der »König der Feste« und das »Fest Gottes« bezeichnet wird und den Namen *Ridvān* trägt. Er leitet sich her von einem Garten gleichen Namens in Bagdad, in dem sich Bahā'ullāh in der Zeit zwischen dem 21. April und dem 3. Mai 1863 aufhielt und dabei, wie es seine Gemeinde ausdrückt, »Seinen Gefährten Seine hohe Sendung offenbarte«[14]. Das Ridvān-Fest wird jedes Jahr zur gleichen Zeit gefeiert, man unterstreicht damit, daß es sich um eine Erinnerungsfeier an ein Datum und Ereignis handelt, das Bahā'ullāh selbst mit folgenden Worten gepriesen hatte:

»Dies ist der König der Tage, der Tag, welcher die Ankunft des Heißgeliebten schaute, dessen, nach dem die Sehnsucht der Welt seit aller Ewigkeit gegangen . . .«[15]

Das an Wechselfällen reiche Leben Bahā'ullāhs wurde durch jahrzehntelange Gefängnishaft geprägt. Seit dem Jahre 1868 befand er sich bei Haifa in türkischem Gewahrsam. Dort ist er am 29. Mai 1892 verstorben.
Ihm folgte als geistiger Erbe und Leiter der Religionsgemeinschaft sein ältester Sohn *Abbas Effendi*. Er war in Teheran am

[14] *H. Schubert*, Ridvān – der »König der Feste«. In: Bahā'ī-Briefe. Blätter für Weltreligion und Weltbewußtsein. April 1961, S. 82 ff.
[15] Ebd., S. 81.

23. März 1844 geboren, dem Tag der Erleuchtung des Bāb. Bekannt geworden ist er unter seinem geistlichen Namen *ʿAbdul-Bahā*, der »Diener der Herrlichkeit« Gottes bedeutet.
ʿAbdul-Bahā hatte zusammen mit seinem Vater Verbannung und Kerkerhaft erlitten und blieb auch über den Tod des Vaters hinaus noch Gefangener. Erst im Jahre 1908 wurde er im Gefolge der jungtürkischen Revolution auf freien Fuß gesetzt. Trotz seiner geschwächten Gesundheit unternahm er in den Jahren 1911 bis 1913 ausgedehnte Reisen nach Ägypten, Europa und Nordamerika, die im Dienste der Verbreitung seiner Religion standen. Die Katastrophe des Ersten Weltkrieges soll er, mit prophetischem Geist begabt, vorausgesehen und in letzter Stunde abzuwenden versucht haben, indem er zur Umkehr und Besinnung aufrief.
Seinen Wohnsitz und mit ihm das Zentrum der Bahāʾī-Religion verlegte er nach Haifa. Er starb am 28. November 1921. Sein Nachfolger wurde sein 1896 geborener ältester Enkel *Shogi Effendi*. Dieser leitete die Religionsgemeinschaft bis zu seinem Tod; er starb am 4. November 1957 in London.
Nach dem Tode dieses »Hüters und autorisierten Auslegers der heiligen Schriften des Bahāʾī-Glaubens« wurde ein neunköpfiger Ausschuß zur Leitung der Gemeinde eingesetzt, der in Haifa seinen Zentralsitz hat. Seine zahlenmäßige Zusammensetzung resultiert aus der Wertschätzung, die im Bahaismus die Zahl 9 genießt; sie ist die Quersumme der Zahlenwerte der Buchstaben des Wortes Bahā.
Regionale Zentren der sehr intensiven missionarischen Aktivität der Bahāʾī sind Muttertempel, die jeweils als »Haus der Andacht« bezeichnet werden. Ihre Bauformen sind ganz von der Symbolzahl 9 bestimmt. Alle Tempel besitzen 9 Eingänge, die für die Anhänger der verschiedenen großen Religionen gedacht sind. Die intentionelle Zusammenfassung und Vollendung aller Religionen kommt auch darin zum Ausdruck, daß die Andachten in diesen Tempeln von Lesungen aus den verschiedensten heiligen Schriften begleitet werden.
Das amerikanische »Haus der Andacht«, das 1931 eingeweiht wurde, steht in Wilmette am Michigan-See. In Australien existiert seit 1961 ein Muttertempel, der in Sydney errichtet wurde. Der afrikanische Muttertempel wurde am 14. Januar 1961 eröffnet. Er steht auf einer die Umgegend beherrschenden Anhöhe in der Nähe von Kampala, der Hauptstadt Ugandas.
Über den Bau des »Europäischen Hauses der Andacht«, dessen Errichtung in Deutschland geplant war, wurden seit 1952 Verhandlungen geführt, die von öffentlichen Auseinandersetzungen begleitet waren. Erst 1960 wurde die Genehmigung zum Bau eines Tempels in Langenhain (Main-Taunus-Kreis), etwa

20 Kilometer vom Frankfurter Stadtzentrum entfernt, von den Behörden erteilt. Der dortige Muttertempel, ein 28 m hoher Kuppelbau, der annähernd 500 Personen Platz bietet, ist am 4. Juli 1964 eingeweiht worden. Ende 1970 zog auch die deutsche Zentrale der Bahā'ī von Frankfurt am Main nach Langenhain.

Afrika

Sieht man vom islamisch geprägten Nordafrika ebenso ab wie vom christlichen Äthiopien mit seiner koptischen Kirche, so gehört das übrige Afrika, also das *Afrika südlich der Sahara*, heute sicher zu den religiös bewegtesten, am wenigsten konsolidierten und, soweit Prognosen überhaupt am Platze sind, zu den in seiner weiteren Entwicklung am wenigsten durchschaubaren Bereichen der Erde. In ihnen hat sich als sicherster Faktor bisher das rapide Vordringen des *Islam* in West- und Ostafrika abgezeichnet.

Demgegenüber bieten jene Gebiete, in denen aus dem Missionschristentum die *Afrikanischen Unabhängigen Kirchen* (*AUK*) hervorgegangen sind, ein äußerst vielgestaltiges, verwirrendes Bild. Ihm liegen im wesentlichen zwei unterschiedliche Intentionen zugrunde, die sich in mannigfachen Schattierungen ausdrücken.

Das ist einmal das Ziel »Afrika den Afrikanern«, die Verfolgung einer auch in religiöser und kirchlicher Hinsicht erstrebten Unabhängigkeit vom Abendland. Seit 1892 fand sie in der Bildung sogenannter *äthiopischer Kirchen* ihren Ausdruck; die Bezeichnung »äthiopisch« steht hier für »afrikanisch« und hat nichts zu tun mit der Kirche Abessiniens.

Die Auseinandersetzung des afrikanischen Erbes mit dem Christentum ist der zweite wesentliche Faktor der heutigen religiösen Situation. Er spielt eine bedeutsame Rolle in einer Vielzahl einheimischer Kirchen, die, ohne Bezug auf jüdischen Zionismus, unter der Bezeichnung *»zionistisch«* zusammengefaßt werden.

Man würde diesen Kirchen nicht gerecht, wollte man in ihnen lediglich einen graduell unterschiedlich vertretenen Synkretismus sehen. Das Wesentliche ist vielmehr, daß sie rein synkretistische Bildungen überschreiten und zu ganz neuen religiösen Erscheinungen geführt haben. In den Kirchen des Zulu-Landes ist mit dem »Heiler« ein neuer »Typ religiöser Autorität« – um die Formulierung *Joachim Wachs* zu gebrauchen – hervorgetreten, eine charismatische Figur, die vom Arzt ebensoweit entfernt ist wie vom heidnischen Medizinmann[1].

[1] *Hans-Jürgen Becken,* Theologie der Heilung. Das Heilen in den Afrikanischen Unabhängigen Kirchen in Südafrika. Hermannsburg 1972.

Vor allem sind prophetische Gestalten aufgetreten, die von ihren Anhängern als Heilige verehrt oder gar vergöttlicht wurden. Ihre Zahl ist groß. Ein Vorläufer späterer Propheten war *William Wadé Harris*, der zunächst an der Elfenbeinküste als Prediger hervortrat. Die Behörden Liberias mißverstanden ihn als politischen Aufwiegler und warfen ihn ins Gefängnis. Dort empfing er, wie er später verkündete, den »Besuch« des Erzengels *Gabriel*, der ihn zu seiner prophetischen Mission aufrief. Er erfüllte diese in den Jahren 1913 bis 1915 auf langen Wanderungen im westafrikanischen Küstengebiet und begründete damit die nach ihm benannte *Harris-Bewegung*, in deren Kreisen er als Heiliger verehrt wurde. In den Dörfern, die er besuchte, hatte er »Apostel« eingesetzt und zum Bau von Gotteshäusern aufgerufen. Seine Predigt stützte sich auf das Alte Testament und entbehrte einer christologischen Verkündigung. Die Polygamie duldete er ausdrücklich, erhob aber im übrigen strenge moralische Forderungen.

Kimbangismus oder Ngunzismus

Der große Prophet des Kongo war *Simon Kimbangu* (1889 bis 1951). Die von ihm ins Leben gerufene Bewegung wird entweder nach seinem Familiennamen oder nach seiner Bezeichnung als *Ngunza*, als »Prophet, Verkünder«, benannt.
Seine Eltern gehörten zur Baptistenkirche, von der er wahrscheinlich zum Katecheten ausgebildet worden war. Im Jahre 1921 erhielt er in wiederholten Visionen und Träumen den Befehl, Krankenheilungen zu vollziehen. Er gehorchte widerwillig und erst nach zahlreichen Aufforderungen. Dann aber mußte er erleben, daß ihm die Gabe der Heilung verliehen war.
Der Zustrom der Massen gab ihm die Möglichkeit, auch als Prediger zu wirken. Seine Verkündigung konzentrierte sich auf wenige, für ihn entscheidende Anliegen:

> »Man soll allen Fetischen abschwören und sie vernichten, die Einehe halten und dem einen, wahren Gott dienen.«[2]

Diese auf Monotheismus, moralische Strenge und gegen einheimischen Fetischglauben ausgerichtete Botschaft verließ, wenn sie auch wesentliche Elemente des Christentums, wie vor allem die Christologie, unberücksichtigt ließ, doch nicht den Boden christlicher Verkündigung. Dies aber tat Simon Kimbangu mit seiner religiösen Selbsteinschätzung, aufgrund derer er sich in der Funktion eines Erlösers sah und damit – ob

[2] *E. Andersson*, Messianic Popular Movements in the Lower Congo. Uppsala 1958, S. 56.

beabsichtigt oder nicht – seine posthume Vergöttlichung im Glauben seiner Anhänger einleitete. Wie *Moses, Jesus, Muhammed* und *Buddha* andere Rassen erlöst hätten, so sei er der *Erlöser der schwarzen Rasse.*

Vielleicht hatte Simon Kimbangu selbst damit keine weißenfeindlichen Tendenzen verbunden. Unter seinen Anhängern aber gewannen sie zunehmend stärkere Bedeutung und weckten die Aufmerksamkeit der Behörden. Dies führte dazu, daß es Simon Kimbangu nur vergönnt war, in der kurzen Zeit vom März bis November 1921 öffentlich zu wirken. Vor seiner Verhaftung hielt er sich in seinem Heimatdorf auf und widersprach seinen Anhängern nicht, als sie sein kommendes Geschick mit der Passion Jesu verglichen.

Simon Kimbangu wurde zunächst deportiert. Das Todesurteil, das ihm verkündet wurde, konnte durch eine Eingabe an den König der Belgier, die auch von weißen Kolonisten unterschrieben wurde, in lebenslängliche Gefängnishaft umgewandelt werden. Im Gefängnis von Elisabethville ist Kimbangu am 10. Oktober 1951 gestorben.

Galt er seinen Anhängern bereits nach seiner Deportierung als »Märtyrer« und als »Messias«, so verehrten sie ihn nach seinem Tode als den »Gott der Schwarzen«, und sie erwarteten seine Rückkehr, die im Flug durch die Lüfte erfolgen sollte. Diese Parusie-Erwartung spielte besonders in der letzten Zeit vor der Entkolonisierung des Kongo eine beachtliche Rolle.

Heute sind die Anhänger Kimbangus organisatorisch in der Kimbangisten-Kirche zusammengefaßt, in der *Église du Christ sur la terre par le prophète Simon Kimbangu.*

Amicalismus

Der Amicalismus ist die wohl eigenartigste Heilserwartungsbewegung, weil die Gestalt, deren messianische Wiederkunft von ihm erwartet wird, zeit ihres Lebens keinerlei religiöse Wirksamkeit ausübte. Der als zukünftiger Heilbringer ersehnte *Matswa André* wurde im Jahre 1899 in der Nähe von Brazzaville im damals französischen Teil des Kongo geboren. Er genoß eine katholische Erziehung und wurde vielleicht zum Katecheten ausgebildet, was jedoch weder für sein öffentliches Wirken noch für seine Berufswahl Bedeutung gewann.

Er wurde Soldat und kämpfte im Ersten Weltkrieg in Frankreich. An der Niederwerfung des marokkanischen Rifkabylenaufstandes der Jahre 1925 bis 1926 nahm er ebenfalls teil. Danach ging er als einfacher Arbeiter nach Paris. Dort besuchte er Vereinigungen von Schwarzen und gründete selbst eine Hilfsorganisation für in Not geratene afrikanische Arbei-

ter, die *Société amicale des originaires de l'Afrique Équatoriale,* von der sich die spätere Bezeichnung seiner Bewegung als Amicalismus ableitet. Die Gründung wurde von der französischen Regierung anerkannt und vom Kolonialministerium unterstützt.
Im Kongo, wo die Vereinigung bald bekannt wurde, erhielt sie ein neues Gesicht. Hatte es sich in Frankreich im wesentlichen um einen Hilfsverein gehandelt, der schwarzen Arbeitern in Notsituationen half und für sie Geld sammelte, so wurde in Äquatorialafrika hieraus eine politische Bewegung, die zur passiven Resistenz aufrief, um die völlige Gleichstellung der Schwarzen mit den Weißen zu erreichen.
Matswa André stand plötzlich im Mittelpunkt öffentlichen Interesses. Er wurde mehrfach verhaftet, verurteilt und deportiert. Im Jahre 1942 ist er auf der nördlich von Brazzaville gelegenen Regierungsstation Mayama gestorben.
Und nun erlebte seine Gründung zum zweitenmal eine innere Wandlung. Nicht allein die politischen Ziele traten zurück, sondern auch die ursprünglichen sozialen Anliegen. Dafür wurden nunmehr religiöse Aspekte vorherrschend. Der Ahnenkult gewann erneut Bedeutung, und ein heiliges Holz – *le bois sacré* – wurde rituell verehrt.
Ganz in den Mittelpunkt aber rückte die Person von Matswa André. An ihn wurden Gebete gerichtet, und Amulette, die sein Bild trugen, kamen in Umlauf. Das Volk nannte ihn *Jesus Matswa,* und Mayama, die Station, auf der er gestorben war, wurde als sein »Golgatha« bezeichnet.
Die Verehrung dieses Mannes, der zu seinen Lebzeiten keinerlei religiöse Bedeutung gehabt hatte, gipfelte in der Erwartung seiner Rückkehr, die verbunden war mit der Hoffnung, er werde als König ein Reich der Schwarzen errichten.
Diese Erwartung beruhte auf zwei unterschiedlichen Annahmen. Die eine bestand darin, daß man glaubte, Matswa André sei auferstanden; die zweite aber hielt seinen Tod überhaupt für unmöglich und meinte, er lebe im Verborgenen weiter und werde eines Tages wieder zu seinem Volke kommen.

Nkrumahismus

Um *Kwame Nkrumah,* den früheren Staatspräsidenten von Ghana, ist es still geworden seit seinem Sturz am 24. Februar 1966 und erst recht nach seinem Tod am 27. April 1972. Welche Bedeutung seine Bewegung, auch außerhalb des eigenen Staates, hätte gewinnen können, wäre der Putsch seiner Generale, der ihn in Peking überraschte, gescheitert, deutete sich zu den Zeiten seiner Machtfülle an. Der Jubel, mit dem

sein Sturz gefeiert wurde, glich demjenigen, der ihn als amtierenden Präsidenten begleitete und ist dementsprechend zu bewerten. Sicher ist, daß sich in der Verehrung, die ihm entgegengebracht wurde, zumindest zeitweise eine Sehnsucht nach dem charismatischen Politiker äußerte – mag dieser echt oder vorzüglich gespielt sein. Ein Faktum der neuesten Geschichte Afrikas bleibt der Nkrumahismus auf jeden Fall und, in seiner eigenartigen Verbindung christlichen Gutes mit afrikanischen Zielen, auch gerade eines seiner Religionsgeschichte.
Nkrumah, der studierte Theologe, ließ sich *Osagyefo*, den »Erlöser«, nennen, und er widersprach nicht, wenn seine Minister vor ihm niederknieten und ausriefen:

> »Osagyefo, du bist mein Gott.«[3]

Er selbst erklärte:

> »Ich bin der Messias Afrikas, betet mich an!«[4]

Die Jugendverbände seines Landes versicherten in Sprechchören:

> »Ich verspreche, daß ich den Idealen des Messias Kwame Nkrumah, des Gründers des Staates Ghana, des Schöpfers der afrikanischen Persönlichkeit, folgen werde.«[5]

Ein Mythos von seiner Unsterblichkeit begann sich zu bilden, sicher mit seinem Willen und von ihm gefördert. Der »Stern von Afrika«, eine staatlich geförderte Schrift, prophezeite:

> »Der allmächtige Gott und die Elemente werden diesen großen Sohn Afrikas immer schützen.«[6]

Und die Jugend Ghanas sang:

> »Nkrumah wird nie sterben, ewig wird er leben!«[7]

Nkrumah selbst benutzte christliche Vorstellungen, um seiner Person eine höhere Weihe zu geben. Er sagte:

> »Ich gleiche dem Mann, der vor 2000 Jahren nach Jerusalem ging und das Volk dafür gewann, ihm zu folgen.«[8]

Neben derartigen Bezugnahmen auf die christliche Heilsgeschichte aber stand unvermittelt die Pflege des religiösen Erbes Afrikas. Sie trat höchst augenfällig in Erscheinung bei den großen Staatsakten, die von einem einheimischen Priester eingeleitet wurden. Er trat in hellblauer Seidentoga auf, beschwor mit seltsam schwingenden Tönen die Geister der Ah-

[3] »Time« vom 8. Dezember 1961, S. 28.
[4] »Bunte Illustrierte« vom 16. März 1966.
[5] »Der Spiegel« vom 25. April 1962.
[6] »Der Spiegel«, Nr. 10, 1966.
[7] Ebd., Nr. 10.
[8] »Time«, a.a.O., S 28

nen, verneigte sich zur See und zur Sonne, hob die Arme zum Himmel und vollzog ein Libationsopfer – angeblich soll es aus Gin bestanden haben[9].

Mau-Mau

Mit *Mau-Mau*, einem Begriff, dessen Bedeutung umstritten ist, verband sich für weite Kreise Europas erstmals die Erkenntnis einer engen Verbindung von Religion und Politik in Afrika. Der Mau-Mau-Aufstand der Jahre 1952 bis 1956, der Freiheitskampf der *Kikuyus*, des bedeutendsten Stammes ihres Landes und der staatstragenden Schicht des heutigen Kenia, lenkte die Aufmerksamkeit auf die Zeremonien, die der teils freiwilligen, teils aber auch zwangsweisen Aufnahme in den Mau-Mau-Geheimbund dienten. Es waren Initiationsriten, durch die sich der einzelne Kikuyu auch gegen seinen Willen gebunden fühlte. Denn er erwartete die Bestrafung durch übernatürliche Mächte, wenn er sich gegen die während des Ritus übernommene Verpflichtung verging.
Im Mittelpunkt kultähnlicher Handlungen, zu denen blutige Tieropfer gehörten, stand der *Mau-Mau-Eid*, der mit neuer Zielsetzung auf alte Initiationsverpflichtungen zurückgriff. Er lautete:

> »Möge ich durch diesen meinen Eid getötet werden, wenn ich irgend etwas tue, um diese Organisation dem Feinde zu verraten.«[10]

Ein Zweites trat bei den nächtlichen Eideszeremonien in Erscheinung: die Sakralisierung des erhofften Erlösers. *Yomo Kenyatta*, der Mann, der später zum Staatspräsidenten des unabhängigen Kenia aufstieg, wurde während der Mau-Mau-Feiern als göttliche Erscheinung angerufen[11].
Er selbst, der Christ ist und der in England studierte, hat dem ebensowenig widersprochen wie der Beschwörung des religiösen Erbes Afrikas. Bereits im Jahre 1938 hatte er erklärt:

> »Mein Großvater war ein Seher und ein Medizinmann, und während ich mit ihm herumreiste und seine Ausrüstung trug, absolvierte ich eine Art Lehrzeit in den Grundlagen dieser Kunst.«[12]

[9] *Marion Gräfin Dönhoff*, Welt in Bewegung. Düsseldorf–Köln 1965, S. 108.
[10] *L. S. B. Leakey*, Mau-Mau und die Kikuyus. München 1953, S. 122.
[11] »stern« vom 22. März 1964, S. 161.
[12] »Newsweek« vom 16. Dezember 1963, S. 26.

Nazaretha Church

> »Jesus kam zuerst als weißer Mann. Jetzt aber ist er als schwarzer Mann gekommen, im Fleisch durch Shembe.«
> »Jesus! Ihn haben wir nur auf Photos gesehen. Aber ich kenne Shembe, und ich glaube an ihn. Er ist es, der Himmel und Erde schuf; er ist Gott für uns Schwarze!«[13]

Das sind Äußerungen aus Kreisen der südafrikanischen Nazaretha Church, und sie beziehen sich auf deren Begründer, der offensichtlich eine in hohem Grade charismatisch begabte Persönlichkeit war.
Dieser »Christus der Zulu« hieß *Isaiah Mayekise Shembe*. Er wurde 1870 geboren und empfing seit frühester Jugend Visionen, die sich jeweils während Gewittern ereigneten. Als junger Mann erhielt er während einer solchen Vision den Befehl, aller Unmoral zu entsagen. Dadurch wurde er in schwere Gewissenskonflikte gestürzt und fast zum Selbstmord getrieben. Denn er war Familienvater und der Gatte von vier Frauen. Doch rang er sich dazu durch, dem göttlichen Gebot Folge zu leisten. Er verließ seine Frauen und lebte hinfort asketisch.
Als er sich 1906 taufen ließ, war er bereits als Heiler berühmt. Im Jahre 1911 trennte er sich nach Lehrauseinandersetzungen von der Afrikanischen Baptisten Kirche und begründete eine eigene Gemeinschaft, die Nazaretha Church.
Zum Zentrum seiner rasch anwachsenden Gemeinde wählte er einen Ort in der Nähe von Durban, den er *Ekuphakameni*, »hoher Ort«, nannte. Hier feiert seine Kirche alljährlich im Juli ein religiöses Fest. Im Januar findet eine Pilgerreise zu dem in Natal gelegenen Berge *Nhlangakasi* statt, der aufgrund einer Vision Shembes als heiliger Berg gilt.
Shembe starb am 2. Mai 1935 und wurde von seinen Anhängern spontan für heilig erklärt. Das Mausoleum, das über seinem Grabe in Ekuphakameni errichtet wurde, gilt als heiliger Ort.
Shembes testamentarischer Verfügung zufolge übernahm sein jüngster Sohn die Leitung der Gemeinschaft, der im Jahre 1904 geborene *Johannes Galilee Shembe*. Dieser hat eine gründliche schulische Ausbildung genossen und den Bachelor of Arts erworben, besitzt aber offensichtlich nicht die charismatische Begabung und die Ausstrahlungskraft der großen religiösen Persönlichkeit, die seinem Vater eigen waren.
Die Gemeinschaft zählt heute etwa 10 000 Mitglieder, fast ausschließlich Afrikaner, aber auch einige Inder[14]. Sie hat Gemeinden im Zululand, Natal, Swaziland, Transvaal, Johannesburg und in Pretoria, außerdem auch in Moçambique.

[13] *Bengt G. M. Sundker*, Bantu Prophets in South Africa. 2. Aufl. London 1961, S. 285; S. 281.
[14] *H.-J. Becken*, a.a.O., S. 214.

Europa

Auf europäischem Boden sind nur wenige Bewegungen entstanden, die man heute, im Vollsinn des Wortes, als »neue Religionen« bezeichnen könnte. An Ansätzen hierzu hat es zwar in neuerer Zeit nicht völlig gefehlt – man denke an den von *Auguste Comte* seit 1845 verfolgten Versuch, eine positivistische Religion zu schaffen. Derartige Bemühungen blieben im allgemeinen ohne nennenswerte Resonanz. Religiöse Anliegen, die vom traditionellen Verständnis des Christentums abwichen, haben meist andere Formen ihres Ausdrucks gefunden.

Das sind einmal *Sektenbildungen*, die intentionell den Boden der biblischen Botschaft nicht verlassen, wenn sie diese auch, mit bestimmten Akzentsetzungen, einer Neuinterpretation unterziehen. Sie sind nicht Gegenstand der Religionsgeschichte, sondern der Sektenkunde[1], wobei freilich eingeräumt werden muß, daß Grenzfälle auftreten, die Meinungsverschiedenheiten hinsichtlich ihrer Einordnung hervorrufen können.

Ein zweiter europäischer Weg religiöser Heilssuche verläßt das christliche Erbe bewußt. Er besteht in der *Hinwendung zu asiatischen Religionen*, zu Neustiftungen wie auch zu überkommenen Religionen, und in letzterem Fall in bemerkenswerter Weise vor allem zu buddhistischen Schulrichtungen.

Drittens darf nicht übersehen werden, daß gerade in Europa religiöser Enthusiasmus in die sogenannten »Weltanschauungen« hineingetragen wurde, in *Quasi-Religionen*, wie *Paul Tillich*[2] sie nannte; in »verkappte Religionen«, die säkularen Anliegen religiöse Weihe zu geben versuchen[3].

Schließlich muß auf die in jüngster Zeit offenbar zunehmende Hinwendung zum Spiritismus verwiesen werden[4]. Aus seinen Kreisen könnten am ehesten neue religiöse Bewegungen hervorgehen.

[1] Vgl. die umfassende Darstellung von *Kurt Hutten*, Seher, Grübler, Enthusiasten. 11. Aufl. Stuttgart 1968 (1. Aufl. 1950).

[2] *Paul Tillich*, Das Christentum und die Begegnung der Weltreligionen. Stuttgart 1964, S. 9 ff.

[3] *Carl Christian Bry*, Verkappte Religionen. 3. Aufl. Lochham–München 1964.

[4] *Friedrich-W. Haack*, Rendezvous mit dem Jenseits. Hamburg 1973.

Lorber-Gesellschaft

Jakob Lorber, am 22. Juli 1800 in Kanischa beim steiermärkischen Marburg als Sohn eines Weinbauern geboren, war zunächst als Musiklehrer und Geigenspieler in Graz tätig. Privat beschäftigte er sich mit religiösen und kosmologischen Fragen, versuchte mittels nächtlicher Beobachtungen den Sternenhimmel zu ergründen und vertiefte sich in die Lektüre der Werke von *Jakob Böhme* (1575–1624), *Emanuel Swedenborg* (1688 bis 1772) und *Justinus Kerner* (1786–1862), des Dichters und Arztes, mit dem ihn eine persönliche Bekanntschaft verband.
Das Datum des 15. März 1840 wurde entscheidend für sein Leben, das von da an ganz im Dienste der Verkündigung religiöser Offenbarungen stand. Lorber war damals 40 Jahre alt und bereitete seine Übersiedlung nach Triest vor, an dessen Theater ihm die Stelle des zweiten Kapellmeisters angeboten worden war. Da vernahm er am Morgen jenes Tages eine Stimme, die ihn aufforderte:

> »Stehe auf, nimm deinen Griffel und schreibe!«[5]

Lorber hat diese Aufforderung bis zu seinem Tode befolgt. Er blieb in Graz, das er, abgesehen von zwei Reisen innerhalb Österreichs, nicht mehr verließ. Mit der Niederschrift der Offenbarungen, die er fortan laufend empfing, füllte er 25 Bände. Er starb am 23. August 1864.
Die *Lehre*, die Lorber hinterließ, ist durch gnostisch-kosmologische Ideen gekennzeichnet. Gott ist unendlicher Geist, der durch Liebe, Weisheit und Wille ausgezeichnet ist. Er schuf eine Welt freier Urgeister, deren einer, Luzifer, sich gegen die göttliche Ordnung auflehnte, wodurch der »Urnebel der Materie« entstand.
Der Weltprozeß dient der Rückführung Luzifers zum göttlichen Lichte, was durch Befreiung der göttlichen Urfunken geschieht, die in die von Luzifer bewirkte Materie gebannt sind. Hierbei kommt dem Menschen eine zentrale Stellung zu. Er muß das von Christus verkündete »Reichsgrundgesetz« erfüllen, Gott über alles und den Nächsten wie sich selbst zu lieben.
Dieses Gebot hat Lorber durch eine Fülle von Einzelanweisungen ergänzt. Sie betreffen nicht allein Feindesliebe und karitative Tätigkeit. Sie fordern auch treue Erfüllung beruflicher Pflichten, und sie enthalten detaillierte Speisegebote, die das Essen von Hülsenfrüchten, Brot und Honig bevorzugt empfehlen. Fastenzeiten gelten als segensreich. Absolute Askese wird nicht gefordert, die »Geistes- oder Herzensehe« ist erlaubt.

[5] *K. Hutten*, a.a.O., S. 367.

Im Jenseits gelangt die Seele über verschiedene Entwicklungsstufen, deren Beginn sich nach dem auf Erden erreichten Grad der Vervollkommnung richtet, zur endgültigen Erlösung. Es gibt keine ewige Verdammnis, sondern nur eine Verzögerung der Erlösung ungeläuterter Seelen. Ein universaleschatologisches Gericht findet nicht statt. Jede Seele erlebt vielmehr für sich den »Jüngsten Tag« im jeweiligen Moment ihrer endgültigen Erlösung.

Lorber hatte seiner Anhängerschaft keinen organisatorischen Zusammenschluß gegeben. Dieser erfolgte vielmehr allmählich und zunächst in recht loser Form. Es bildeten sich örtliche »Geschwisterkreise«, die seit 1924 in der »Neu-Salems Gesellschaft« zusammengefaßt wurden. Nach dem Zweiten Weltkrieg wurde der Name in »Lorber-Gesellschaft« umgeändert. Ihr ist eine »Lorber-Tatgemeinschaft« angegliedert, die das Ziel tätiger Nächstenliebe verfolgt.

Die »Lorber-Gesellschaft« ist in Österreich, Deutschland, der Schweiz, Frankreich und Brasilien vertreten. Sie widmet sich in bevorzugter Weise der Verbreitung der Schriften Lorbers. Hierfür wurde bereits 1851 in Bietigheim in Württemberg ein eigener Verlag gegründet, der sich seit 1937 »Lorber-Verlag« nennt. Die portugiesische Übersetzung von Lorbers Werken erschien in Rio de Janeiro.

Gemeinschaft in Christo Jesu (Lorenzianer)

Die *Gemeinschaft in Christo Jesu* ist aus Gruppen hervorgegangen, die die von ihr später als »Boten« bezeichneten sächsischen Bußprediger *Gottlieb Heinrich Reichelt* (1837 bis 1878) und *Oswald Ferdinand Schneider* (1835–1908) zuerst um sich geschart hatten. Der Stifter der neuen Gemeinschaft, die die Anhänger dieser Bußprediger in sich aufnahm, wurde *Emil Hermann Lorenz* (1864–1929), der Besitzer einer kleinen Tintenlöscherfabrik im erzgebirgischen Marterbüschel.

Er erlebte seine Berufung, durch die er im Kreis seiner Anhänger zum *Propheten* wurde, bereits im Jahre 1884, trat aber erst 1914 mit seiner Verkündigung an die Öffentlichkeit. Seine Offenbarungen, deren Niederschriften »Pergamente« genannt werden, besitzen in seiner Gemeinschaft eine der Bibel gleichrangige Verbindlichkeit.

Ihr Inhalt ist eine völlig *dualistische Erlösungslehre.* Gott, die »Allmacht«, und Satan, die »Vielmacht«, sind uranfänglich einander entgegenstehende Mächte des Guten und des Bösen. Im Menschen sind beide wirksam, der Geist Gottes in seinem Gewissen, in seinem Fleisch aber der Satan, dessen »direkter Sitz« im Menschen die Galle ist.

Die Erlösung wurde durch Jesus eingeleitet. Dessen Worte:

»Es ist Elias, der da kommen soll«[6],

werden auf *Lorenz* bezogen. In ihm ist der Geist des Propheten Elias, und er ist der endzeitliche Vollender der Erlösung, der die letzten 5000 jener 144 000 Auserwählten sammelt, von denen die Offenbarung Johannes (14,1) spricht. Sie werden den mit dem Ersten Weltkrieg eingeleiteten Schreckenszeiten entgehen. An einem entrückten Ort werden sie mit himmlischer Speise ernährt und dadurch zum wahren Ebenbild Gottes werden.
Die Zurückgebliebenen werden sich als Heere Christi und des Antichrists gegenüberstehen. Der Sieg über den Antichrist leitet ein tausendjähriges Friedensreich ein, auf das das Jüngste Gericht folgt. Die in ihm Verurteilten erleiden den »zweiten Tod«; er besteht darin, daß sie hinfort als Ebenbild des Teufels existieren, gepeinigt von ihren unbefriedigten Leidenschaften. –
Die fast ausschließlich auf den sächsischen Raum beschränkte Anhängerschaft von Lorenz schloß sich seit dem Jahre 1920 organisatorisch zusammen und nannte sich von 1922 an »Gemeinschaft in Christo Jesu«. Gleichzeitig gab sie die Abendmahlsgemeinschaft mit der sächsischen Landeskirche auf.
Noch zu Lebzeiten des Propheten, im Jahre 1928, wurde in Marterbüschel die »Eliasburg« fertiggestellt, das Zentralheiligtum der Gemeinschaft. Die anderen gottesdienstlichen Versammlungsstätten heißen »Bethanien«. »Wächter« halten in ihnen Predigten, denen biblische Texte und solche aus den »Pergamenten« von Lorenz zugrunde liegen.

Gralsbewegung

Oskar Ernst Bernhardt, der sich später *Abd-ru-shin* und *Imanuel* nannte, sich aber auch mit einer vom christlichen Verständnis abweichenden Sinngebung als *Menschensohn* verstand, wurde am 18. April 1875 in dem östlich von Dresden gelegenen Bischofswerda als Sohn des Besitzers einer Gaststätte und einer Gerberei geboren. Er erlernte den Beruf eines Kaufmannes, den er auch zunächst ausübte, betätigte sich jedoch gleichzeitig als schöngeistiger Schriftsteller. Mehrere Reisen in außereuropäische Länder erweiterten seine Bildung. Über die Frage, welche Beobachtungen nichtchristlicher Religionen später für seine eigene Verkündigung Anregungen gaben, ist nichts Sicheres zu ermitteln, es könnten höchstens

[6] Matth. 11, 14

Vermutungen angestellt werden. Das gleiche gilt für seine Studien auf religiösem und philosophischem Gebiet, die er während des Ersten Weltkrieges als Internierter auf der Isle of Man betrieb.
Denn die »Gralsbotschaft«[7], sein religiöses Hauptwerk, mit dem er erstmals im Jahre 1926 seine Ideen zu verbreiten suchte, enthält keinerlei Hinweise dieser Art, will vielmehr als eine – in fordernder, prätentiös »hehrer« Diktion gegebene – Mitteilung völlig eigenständiger Schauungen ihres sendungsbewußten Verfassers verstanden werden.
Deshalb erfahren wir nur in pathetischen Andeutungen, daß dem Auftreten Bernhardts als religiösem Verkünder offensichtlich eine Periode des Weltschmerzes vorausgegangen war:

> »Erschüttert sah er plötzlich vor sich die Menschheit in ihrer unsagbaren Minderwertigkeit, Verworfenheit. Sie wurde ihm zum Ekel.«[8]

Ein Berufungserlebnis soll dann den Anstoß zum öffentlichen Auftreten gegeben haben:

> »Da rief der Herr nach seinem Diener, der als Fremdling auf der Erde schritt, damit er rede, Botschaft gebe allen darnach Dürstenden!«[9]

Bernhardt konnte Anhänger um sich sammeln. Zum Zentrum seiner Gemeinde erwählte er den nördlich des Ortes Schwaz über dem Inntal liegenden *Vomperberg* im österreichischen Bundesland Tirol. Dort war er 1928 zunächst in ein ehemaliges Jagdhaus gezogen, zusammen mit seiner zweiten Frau Maria, die drei Kinder aus ihrer ersten Ehe mitbrachte.
Die Siedlung auf dem Vomperberg vergrößerte sich rasch. Anhänger, die es sich finanziell ermöglichen konnten, wollten dauernd in der Nähe ihres Meisters leben, der unter ihnen mit allen Zeichen sakraler Würde auftrat, bekleidet mit einer weißen Soutane, auf der er das Gralskreuz trug, und einem violettfarbigen Übermantel.
Die nationalsozialistische Herrschaft unterbrach das Leben der religiösen Gemeinschaft. Die Gralsbewegung wurde verboten. Obwohl Anklagen gegen Bernhardt den Erweis seiner persönlichen Integrität erbrachten, wurde er, der zunächst am 12. März 1938 verhaftet und sechs Monate in Innsbruck gefangengehalten worden war, vom Vomperberg verbannt und mit seiner Familie in das erzgebirgische Kipsdorf gebracht. Dort starb er am 6. Dezember 1941.

[7] *Abd-ru-shin*, Im Lichte der Wahrheit – Gralsbotschaft. Die folgenden Zitate entstammen der Ausgabe: Vomperberg (Tirol) 1949.
[8] Ebd., S. 156.
[9] Ebd., S. 157.

Nach dem Zweiten Weltkrieg konnte sich die Gralsbewegung neu konsolidieren. Ihr Zentrum auf dem Vomperberg wurde ihr zurückgegeben. Dorthin wurde auch der Leichnam Bernhardts überführt und in einem pyramidenförmigen Grabbau bestattet. Das Zentrum stand zunächst unter der Leitung von Maria Bernhardt. Nach deren Tod am 19. Dezember 1957 übernahmen ihre Kinder Alexander, Irmingard und Elisabeth sowie deren Ehemann Herbert Vollmann die Verwaltung und geistige Leitung.

Wie manche ihrer Ideen, so ist auch die Stellung, die sich die Gralsbewegung zuweist, widersprüchlich. Sie verlangt von ihren Anhängern keinen Kirchenaustritt, und sie ist nach der Erklärung ihres Stifters, die er in der »Zum Geleite!« überschriebenen Einführung in die »Gralsbotschaft« abgibt, keine eigenständige Religion:

> »Das nachstehende Wort bringt nicht eine neue Religion, sondern es soll die Fackel sein für alle ernsten Hörer oder Leser, um damit den rechten Weg zu finden, der sie zur ersehnten Höhe führt.«[10]

Gleichwohl war sich jedoch Bernhardt des inneren Abstandes seiner Botschaft vom Christentum sehr wohl bewußt, und er bringt diese Einsicht in dem mit »Weihnachten« überschriebenen Kapitel seiner »Gralsbotschaft« in Form eines Vorwurfes zum Ausdruck:

> »Ein sogenannter guter Christ würde *den* Menschen ohne weiteres mit Gotteslästerer bezeichnen und einen großen Sünder in ihm sehen, der es wagen wollte, zu behaupten, die Verkündigung der Geburt des Gottessohnes Jesus an die Hirten sei ein Märchen. Doch der gleiche gute Christ weist die Verkündigungen jetziger Zeit zurück mit eifernder Entrüstung, trotzdem diese auf *gleiche Weise* durch dazu Begnadete gegeben sind, und nennt die Überbringer ohne weiteres *auch* Gotteslästerer, in den günstigsten Fällen vielleicht nur Phantasten oder Angekränkelte, vielfach Irregeleitete.«[11]

Tatsächlich entfernt sich die Gralsbewegung in ganz erheblichem Maße vom Christentum. Sie tut es mit der überirdischen Stellung, die sich ihr Stifter zuwies, und sie hat in ihrem Ideengut wenig gemein mit der christlichen Verkündigung.

In einer mit biblischem Verständnis unvereinbaren Sinngebung bezeichnete sich Bernhardt als *Menschensohn* und *Imanuel*. Seine Briefe, die er zunächst mit »Abd-ru-shin« unterzeichnete, hat er später mit »Imanuel« unterschrieben. In seiner Gralsbotschaft hat er nur andeutend, dies allerdings mit einem Hinweis, der unmißverständlich sein sollte, die

[10] Ebd., S. 7.
[11] Ebd., S. 716.

Stellung bezeichnet, die er sich anmaß. Er spielte dabei an auf seine Geburt im Tierkreiszeichen des Widder, in das der 18. April fällt:

»Es sind vier geflügelte, wissende Tiere, die den Thron Gottes bewachen: Ein Adler, ein Löwe, ein Stier und ein Widder. Der Widder aber trägt ein Menschenangesicht; denn der Widder trägt das *Menschengeistige* in sich! ... Nicht ohne Sinn fällt die Geburt des Menschensohnes auf die Erde gesetzmäßig in das Zeichen Widder!«[12]

Über den Menschensohn wird dann, diesen näher charakterisierend, ausgeführt:

»Damit wurde er zu dem *ausgeborenen* Sohne Gottes, in dessen Ausstrahlung die urgeistige Welt zum Sichbewußtwerden erstehen konnte. Also der Sohn, in dessen Strahlung die Menschheit sich entwickelte, woraus der Beiname »Der Menschensohn« den Ursprung hat. *Der* Sohn, der unmittelbar über den Menschengeistern steht, da diese erst durch ihn sich zum Bewußtwerden entwickeln konnten.«[13]

Das Verhältnis des derart gekennzeichneten Menschensohnes zu Christus wird nicht ganz widerspruchsfrei dargelegt. Manche Ausführungen deuten auf eine gleiche Stellung sowohl im Verhältnis beider zu Gott als auch in ihrem Wirken als Erlöser, als »Licht- und Wahrheitsbringer«[14]. Aber andererseits wird doch dem Menschensohn größere Bedeutung und damit letztlich ein religiös höherer Rang zugesprochen.
Denn Christus, so behauptet die »Gralsbotschaft«, sei am Versagen der Menschen seiner Zeit gescheitert, sein Kreuzestod habe nichts mit stellvertretendem Leiden zu tun, und die Verfälschung seiner wahren Worte habe bereits im engsten Jüngerkreis und bei den Evangelisten begonnen. Christus selbst habe die Erfolglosigkeit seiner Mission erkannt und deshalb auf den kommenden Menschensohn hingewiesen:

»So wurde schon vor der Zeit der Menschwerdung des Gottessohnes in dem ewigen Reiche des Vaters eine nochmalige Wahrheitsverkündigung vorbereitet, für den Fall, daß die Menschheit trotz des großen Liebesopfers des Vaters versagen könnte. Wenn der Gottessohn mit seiner rein göttlichen Einstellung nicht so gehört werden würde, daß die Menschheit auf seine Warnung hin die Weiche ihrer Bahnen nach der Richtung hin einstellte, die er ihr wies, sondern auf ihren bisherigen zum Verderben führenden Bahnen in der Verblendung blieb, so sollte dann noch ein Sendling ausgehen, der der Menschheit in deren innerstem Wesen näher stehen konnte als der Gottessohn, um ihr nochmals in der letzten Stunde als Warner und Führer zu dienen, wenn sie auf seinen Ruf der Wahrheit hören wollte. *Das ist der Menschensohn.*

12 Ebd., S. 830 f.
13 Ebd., S. 711.
14 Ebd., S. 194.

> Christus als Gottessohn wußte davon. Als er den überwucherten und verdorrten Boden der Menschheitsseelen bei seinem Wirken erkannte, wurde ihm klar, daß sein Erdenwallen nicht die Früchte tragen würde, die bei gutem Wollen der Menschheit hätten reifen müssen ...
> Und da begann er von dem Menschensohne zu reden, von dessen durch die entstehenden Geschehnisse notwendig werdenden Kommen.«[15]

Dieser Menschensohn, der Bernhardt zu sein behauptete, wird von ihm als eine seit Ewigkeiten vorgesehene Gestalt des göttlichen Heilsplanes begriffen:

> »Mit ernstem Staunen sah ein Jüngling von der Gralsburg aus das ungeheure Geschehen ... der zukünftige Menschensohn. Er war zu dieser Zeit bereits in seiner Ausbildung begriffen, die Jahrtausende in Anspruch nahm; denn wohlgerüstet sollte er hinab in jene Niederungen, wo das Dunkel durch der Menschen Wollen herrschte.«[16]

Doch nicht allein als prädestinierter Erlöser wird dieser Menschensohn verkündet, sondern auch als endzeitlicher Richter:

> »Und wenn der Menschensohn dann in der großen Not unter sie tritt, da werden sich wohl alle Hände nach ihm strecken, wimmernd, flehend, doch wiederum nur in der Hoffnung, daß er ihnen *hilft nach ihren Wünschen*, also ihre Qual beendet, sie zu neuem Leben führt!
> *Er aber wird diese Verlangenden zum größten Teile von sich stoßen wie giftiges Gewürm!*«[17]

Dieser endzeitliche Richter sieht sich aber auch in der Position des großen Ermahners, der zum letztenmal vor dem Gerichtstag zur Umkehr aufruft:

> »Erwachet und zittert, die ihr in Beschränktheit und verengtem Blick das goldene Kalb der irdischen Vergänglichkeit umschwärmt, den Motten gleich vom falschen Glanze angezogen ...
> Nun aber kommt das Ende in der letzten Rückwirkung, den Folgen, der Vergeltung!
> Da hilft kein Klagen mehr, kein Bitten; denn Jahrtausende wurde euch Zeit gegeben zur Besinnung. Ihr aber hattet niemals Zeit dazu!«[18]

Die Frage, welcher Art diese Umkehr sein solle, was der Mensch praktisch in der Not der herannahenden Endzeit zu tun habe, muß beantwortet werden auf dem Hintergrund der *zentralen Ideen* der »Gralsbotschaft«. Es sind dies im wesentlichen drei Gedanken.

15 Ebd., S. 322.
16 Ebd., S. 151.
17 Ebd., S. 147.
18 Ebd., S. 144.

Einmal wird der gesamte *Kosmos als Emanation des Göttlichen* begriffen, als ein von Stufe zu Stufe bis hinab zur »grobstofflichen Erde« sich verdichtendes Netz von Strahlungen. Die in sich wiederum aufgegliederten Hauptstufen dieser »Schöpfungsentwicklung« sind das Göttliche, oft als »Göttlich-Wesenlos« bezeichnet, das Geistig-Wesenhafte, das Wesenhafte und das Stoffliche.

In diesem System kommt der *Gralsburg* eine vorrangige Bedeutung zu, wobei kaum betont zu werden braucht, daß sie von der der Gralssage des Mittelalters erheblich unterschieden ist. Denn nach den Aussagen der »Gralsbotschaft« liegt die Gralsburg auf einer Ebene, die die göttliche Strahlung noch unmittelbar und ungebrochen erreicht; erst unterhalb dieser Ebene beginnt der Bereich der Schöpfung. Deren Bestand aber hängt von der Lebenszufuhr ab, die ihr die Hüter des Grals vermitteln. Sie selbst empfangen von Zeit zu Zeit in einer »Stunde der Verbindung, die Krafterneuerung bringt« durch die Erscheinung der Taube über dem Gral ein »erneutes Zeichen der unwandelbaren göttlichen Liebe des Vaters«[19].

Gralsburg und heiliger Gral werden in folgender Weise beschrieben:

> »Am höchsten Ausgangspunkte des ewigen Geistig-Wesenhaften nun steht die Gralsburg, geistig sichtbar, greifbar, weil noch von der gleichen geistig-wesenhaften Art. Diese Gralsburg birgt einen Raum, der wiederum an der äußersten Grenze nach dem Göttlichen zu liegt, also noch ätherisierter ist als alles andere Geistig-Wesenhafte. In diesem Raume befindet sich als Unterpfand der ewigen Güte Gottvaters und als Symbol seiner reinsten göttlichen Liebe, sowie als Ausgangspunkt göttlicher Kraft: *der Heilige Gral.*
>
> Er ist eine Schale, in der es ununterbrochen wallt und wogt wie rotes Blut, ohne je überzufließen. Vom lichtesten Lichte umstrahlt, ist es nur den Reinsten aller Geistig-Wesenhaften vergönnt, in dieses Licht schauen zu können. Das sind die Hüter des Heiligen Grals! . . .
>
> Kein Menschengeist kann diesen geheiligten Raum betreten!«[20]

Die dritte zentrale Konzeption betrifft ein Verständnis der *Erbsünde*, das mit deren christlicher Auffassung nichts zu tun hat. Die »Gralsbotschaft« erklärt:

> »Die Sünde, also die falsche Handlung, war das Zugroßziehen des Verstandes, die damit verbundene freiwillige Kettung an Raum und Zeit und die dann eintretenden Nebenwirkungen der strikten Verstandesarbeit, wie Gewinnsucht, Übervorteilung, Unterdrükkung usw., die viele andere, im Grunde eigentlich alle Übel in Gefolgschaft haben.

[19] Ebd., S. 303.
[20] Ebd., S. 302.

> Dieser Vorgang hatte natürlich bei den sich entwickelnden reinen Verstandesmenschen nach und nach immer stärkeren Einfluß auf die Bildung des grobstofflichen Körpers. Das den Verstand erzeugende vordere Gehirn wurde durch die andauernden Bemühungen einseitig größer und größer ...
> Das Mitbringen dieses freiwillig großgezüchteten Vordergehirns, in dem die Gefahr der reinen Verstandesherrschaft liegt, mit den dann unvermeidlichen üblen Nebenerscheinungen, *ist die Erbsünde*!«[21]

Diese Erbsündenlehre der »Gralsbotschaft« beruht auf einem *Dualismus*, der zwei allerdings in enger Verbindung zueinanderstehende Antithesen zum Inhalt hat. Im menschlichen Bereich ist es der Gegensatz zwischen Verstand einerseits, dem Geist und seiner Empfindungskraft andererseits – man denkt unwillkürlich an das Werk von *Ludwig Klages* »Der Geist als Widersacher der Seele«, dessen einzelne Bände allerdings erst seit 1929 erschienen, während die erste Ausgabe der »Gralsbotschaft« aus dem Jahre 1926 datiert; die Terminologie ist freilich eine andere: Was Klages »Seele« nennt, ist bei Bernhardt der »Geist«, und der Begriff des »Verstandes« in der »Gralsbotschaft« wurde von Klages mit »Geist« bezeichnet.
Das Widerspiel zwischen menschlichem Verstand und empfindendem Geist beruht nach Bernhardt auf einem umgreifenden Dualismus zwischen dem Grobstofflichen und dem Göttlichen: der Verstand ist grobstofflich, während der Geist der göttlichen Sphäre angehört:

> »Der Verstand ist an den irdischen Raum- und Zeitbegriff gebunden, wie alles Irdische, als Produkt des Gehirns, das zum grobstofflichen Körper gehört. Der Verstand wird sich niemals raum- und zeitlos betätigen können ...
> Indem der Mensch sich ganz nun dem Verstande unterwarf, kettete er sich selbst an das Grobstoffliche.«[22]

Hieraus resultiert die *ethische Forderung* der »Gralsbotschaft«. Anknüpfend an das Wort Jesu: »Wachet und betet, daß ihr nicht in Anfechtung fallet«[23], wird ausgeführt:

> »Faßt diese Worte nur erst richtig auf, dann lernt ihr schon die strenge Forderung darin erkennen. *Wachet*, ruft die Regsamkeit eurer *Empfindungen* auf und fordert damit die Beweglichkeit des Geistes! Darin allein ruht wahre Wachsamkeit.«[24]

Mit großer Eindringlichkeit wird betont, daß die Menschen unfähig seien, diese Forderung von sich aus zu erfüllen, wenn nicht – als ein »Geschenk von Gott« – *das Wort* zu ihnen ge-

[21] Ebd., S. 182 f.
[22] Ebd., S. 180.
[23] Matth. 26, 41.
[24] *Abd-ru-shin*, a.a.O., S. 724.

kommen wäre. Es ist selbstverständlich, daß mit diesem Wort die Verkündigung Bernhardts gemeint ist, der damit seine heilsgeschichtliche Bedeutung unterstrich und seine Gemeinde ganz an seine Person band.

Seinen Anhängern verhieß er als zukünftiges Heil einen Aufstieg im *Jenseits*, der sich in verschiedenen Stufen über die feinstoffliche und die wesenhafte Sphäre bis in das Reich des Geistes vollziehen werde.

Ein Teil der *kultischen Handlungen*, die Bernhardt einführte, war wiederum ganz auf seine Person bezogen. Dies gilt für die »Versiegelung«, den Bundesschluß, den die Anhänger mit dem Stifter ihrer Religion schlossen, der hierbei den vor ihm Niederknieenden mit Wasser ein Kreuz auf die Stirn zeichnete. Der Ritus wurde auch nach dem Tode Bernhardts beibehalten und von seiner Stieftochter Irmingard zelebriert.

Ebenso steht die Person des Stifters im Mittelpunkt eines der drei Jahresfeste. Es ist dies das »Fest des strahlenden Sterns«, das am 29. Dezember gefeiert wird. Man gedenkt an diesem Tag des wiederkehrenden Sterns von Bethlehem, der das Kommen Imanuels anzeigt.

Ein zweites Jahresfest wird am 30. Mai begangen, an dem der Gral überfließt; es ist das »Fest der heiligen Taube«. Jeweils am 7. September findet das »Fest der reinen Lilie« statt, das an die menschliche Aufgabe, der Vergeistigung nachzustreben, erinnern soll.

Über die heutige Größe der Anhängerschaft der Gralsbewegung können keine sicheren Angaben gemacht werden, da kein fester organisatorischer Zusammenschluß besteht. Ein innerer Kreis aktiv für die Bewegung Tätiger dürfte etwa 4–5000 »Versiegelte« umfassen.

Nordamerika

Mormonentum

Spätestens seit dem Jahre 1912 hätte die Einsicht Platz greifen sollen, daß das Mormonentum *keine christliche Sekte* und damit kein Gegenstand der Konfessionskunde ist. Damals nämlich veröffentlichte der Universalhistoriker *Eduard Meyer*, vor allem bekannt geworden durch seine fünfbändige »Geschichte des Altertums«, eine Arbeit über das Mormonentum, in der er dieses als *eigenständige Religion* und zugleich als »eine der lehrreichsten Erscheinungen auf dem Gebiete der Religionsgeschichte« herausstellte[1].
Diese religionswissenschaftliche Bedeutung des Mormonentums ergab sich für Eduard Meyer vornehmlich aus der Einsicht in Entwicklungszüge, die denen des *Islam* verwandt sind. Obwohl für ihn *Muhammed*, der Prophet der Araber, denjenigen der Mormonen an geistiger und charakterlicher Größe überragte[2], stellte er doch fest:

> »... ohne irgendwelche Übertreibung kann man die Mormonen nach ihrem Auftreten wie nach ihrer Gedankenwelt als die Mohammedaner Amerikas bezeichnen. So gibt es kaum eine historische Parallele, die so instruktiv ist wie diese.«[3]

Diese Erkenntnis bezieht sich in erster Linie auf die Entstehung beider Religionen. An ihrem Beginn stand jeweils ein *prophetischer Stifter*, der mit dem Anspruch der Verkündigung einer neuen Offenbarung auftrat, die dann in einer heiligen Schrift festgehalten wurde. Wie der Islam so ist auch das Mormonentum in ausgeprägter Weise als *Buchreligion* charakterisiert.
Nicht allein durch den Besitz eines heiligen Buches, das die Grundlage der mormonischen Lehrgehalte ist, weicht das Mormonentum entscheidend vom *Christentum* ab. Es unterscheidet sich von ihm auch durch ein eigenes Geschichtsbild, das mit der biblischen Überlieferung wenig zu tun hat, durch eine selbständige kirchliche Organisation und durch die Verfolgung weltreligiöser Intentionen.
Daß sich trotzdem die Meinung, es handle sich um eine christliche Sekte, recht hartnäckig hält, liegt natürlich in erster Linie an der Selbstbezeichnung des Mormonentums, das sich *Kirche*

[1] *Eduard Meyer*, Ursprung und Geschichte der Mormonen. Halle a. S. 1912, S. 1.
[2] Ebd., S. 83.
[3] Ebd., S. 67.

Jesu Christi der Heiligen der letzten Tage – Church of Jesus Christ of Latter-Day Saints – nennt.
Hinzu kommt, daß die Mormonen selbst, vor allem dann, wenn sie missionierend in Erscheinung treten, ungern eine scharfe Trennungslinie zum Christentum ziehen, sich vielmehr als Christen bezeichnen. So antwortete ein führendes Mitglied der Mormonenkirche auf die Frage, ob Mormonen Christen seien:

> »Unbestreitbar ja – sowohl in der Bezeichnung ihrer Kirche als auch in der uneingeschränkten Anerkennung und Verehrung Jesu Christi.«[4]

Der *Stifter* des Mormonentums, der sich »Prophet, Seher, Offenbarer, Übersetzer, Apostel Jesu Christi, Ältester der Kirche« nannte, ihr erster »Präsident«, aber auch General und amerikanischer Präsidentschaftskandidat war, hieß *Joseph (Joe) Smith junior*. Er wurde am 23. Dezember 1805 als viertes von zehn Kindern einer ärmlichen und unsteten Farmerfamilie im Dorfe *Sharon* im Staate Vermont (USA) geboren. Durch eigene Veranlagung und religiöse, insbesondere auf Lektüre und Auslegung des Alten Testamentes gerichtete Neigungen seines Elternhauses sowie durch die sektiererische Unruhe seiner Zeit erwachte in ihm früh ein Sinn für visionäre Erlebnisse und Offenbarungen. Bereits im Jahre 1820 fühlte er sich durch eine erste Vision zum Propheten berufen.
Das übernatürliche Erlebnis wiederholte sich in der Nacht des 21. September 1823. Im Zimmer erschien ihm ein Engel, der als seinen Namen *Moroni* nannte, und offenbarte ihm, daß sich auf dem Berge *Cumorah* beim Dorfe Manchester im Staate New York eine vergrabene Truhe befinde, die Goldplatten enthielte, auf denen in »reformägyptischer« Schrift Nachrichten über die früheren Einwohner des amerikanischen Kontinents, ihre Herkunft sowie über die Erscheinung und Predigt des auferstandenen Christus in Amerika aufgezeichnet seien.
Seit jenem Erlebnis begab sich Smith jeweils am Jahrestage dieser Offenbarung zu der bezeichneten Stelle. Bei seinen ersten Besuchen erfährt er jedesmal durch eine Audition, daß die Zeit zur Hebung der Platten noch nicht gekommen sei. Schließlich erlebt er am 22. September 1827 jene entscheidende Vision, die mit der Übergabe der Platten durch den Engel verbunden ist. Später hat er selbst darüber berichtet:

> »Schließlich nahte die Zeit für die Erlangung der Platten ... heran. Am 22. Tage des Monats September im Jahre 1827, nach-

[4] *Leo Rosten* (Hrsg.), Zu Gott führen viele Wege. Ein kurzer Führer zu Religionen in Amerika. Bad Nauheim 1956, S. 108.

dem ich mich wie gewöhnlich an den Ort begeben hatte, übergab sie mir der Engel mit der Ermahnung: Ich sei für dieselben verantwortlich, bis er, der Engel, sie wieder verlangen werde.«[5]

Bei den Platten lagen, wie der Engel Moroni es Joe Smith zuvor verkündet hatte, zwei Kristalle, mit deren Hilfe – als einer Art numinoser Brille – die geheimnisvolle »reformägyptische« Schrift lesbar und damit der Übersetzung zugänglich wurde.
Mit der Übersetzung, die er in Englisch diktierte, begann Smith kurz nach diesem Erlebnis. Seine Schreiber, von denen er beim Diktat durch einen Vorhang getrennt war, waren zunächst der Farmer *Martin Harris,* dann der Lehrer *Oliver Cowdery* und schließlich der junge Bauer *David Whitmer.* Das Ergebnis ihrer Niederschrift war das *Buch Mormon.* Es erschien mit finanzieller Unterstützung von Martin Harris erstmals zu Anfang des Jahres 1830 im Druck, und zwar in einer Auflage von 5000 Exemplaren.
Der Name des heiligen Buches ist einer Persönlichkeit der in ihm berichteten Heilsgeschichte entlehnt. Smith erklärte ihn als Zusammensetzung aus einem zu *mor* verkürzten englischen *more,* »mehr«, und einem angeblich ägyptischen *mon,* das »gut« bedeute. In dieser Bedeutung existiert ein solches Wort im Ägyptischen nicht.
Man kann Überlegungen darüber anstellen, was den Propheten zu der Gleichsetzung des angeblich ägyptischen Wortes *mon* mit »gut« geführt haben könnte. Denkbar, wenn auch nicht zu beweisen, ist, daß Smith von dem ägyptischen Gotte *Amon* gehört haben könnte, der ja nicht erst durch ägyptische Texte, sondern bereits durch antike Traditionen bekannt geworden war. Man hätte dann anzunehmen, daß er dieses von ihm auf *mon* reduzierte Wort *Amon* nicht als Eigennamen eines polytheistischen Gottes, sondern als ägyptisches Appellativ für »Gott« auffaßte und außerdem dem Irrtum unterlag, daß in allen Sprachen der Begriff »Gott« mit dem Worte »gut« verwandt sei.
Im ganzen gehören die Behauptungen des Propheten über ägyptische Dinge in das Reich der Phantasie. *Reformed Egyptian,* »reformägyptisch«, das er als Sprache und Schrift der Texte angab, gibt es nicht. In der ersten Zeit seiner »Übersetzung« hatte Smith einige Zeichen dieser angeblichen Schrift nachgemalt. Martin Harris ging damit im Februar 1828 zu dem Orientalisten der Columbia-Universität, *Charles Anthon,* der die Sache für Schwindel erklärte. Tatsächlich weisen die von Smith niedergeschriebenen Zeichen – »Caractors«, wie er buchstabierte – keinerlei Ähnlichkeit mit ägyptischen auf,

[5] *Joseph Smith,* Die köstliche Perle. 4. Aufl. Basel 1924, S. 63.

weder mit den hieroglyphischen noch den hieratischen oder demotischen Kursiven.

Das *Buch Mormon* ist in 15 Einzelschriften aufgegliedert. Es sind dies:

Das erste Buch Nephi
Das zweite Buch Nephi
Das Buch Jakob
Das Buch Enos
Das Buch Jarom
Das Buch Omni
Die Worte Mormons
Das Buch Mosiah
Das Buch Alma
Das Buch Heleman
Das dritte Buch Nephi
Das vierte Buch Nephi
Das Buch Mormon
Das Buch Ether
Das Buch Moroni.

Das Buch Mormon ist, wenn sich auch später weitere Offenbarungsurkunden seines Propheten, vor allem *»Die köstliche Perle«, The Pearl of Great Price«*, zu ihm gesellten, dennoch die vorrangige heilige Schrift der Mormonen geblieben. Ihr hauptsächliches Anliegen ist es, *eine Bibel für Amerika* zu bieten, die zugleich den Anspruch einer abschließenden Offenbarung erhebt. Diese Intention tritt im 29. Kapitel des 2. Buches Nephi deutlich zutage, es heißt dort:

»6. Du Narr, der du sagen wirst: Eine Bibel, wir haben eine Bibel, und wir brauchen keine Bibel mehr. Habt ihr die Bibel denn nicht von den Juden empfangen?
7. Wißt ihr nicht, daß es mehr als ein Volk gibt? Wißt ihr nicht, daß ich, der Herr, euer Gott, alle Menschen erschaffen habe, und daß ich mich derer erinnere, die auf den Inseln des Meeres sind; und daß ich oben im Himmel und unten auf der Erde regiere und mein Wort unter den Menschenkindern hervorbringen werde, ja unter allen Völkern der Erde?
9. ... Und ihr braucht nicht zu denken, weil ich ein Wort gesprochen habe, daß ich nicht noch eines reden könne; denn mein Werk ist noch nicht beendet ...
10. Daher braucht ihr nicht zu denken, weil ihr eine Bibel habt, daß sie alle meine Worte enthalte; auch braucht ihr nicht anzunehmen, daß ich nicht noch mehr habe schreiben lassen.«

Die Abgrenzung vom christlichen Verständnis der Bibel tritt auch im Inhalt des Buches Mormon wie dem anderer Offenbarungen des Propheten Smith deutlich in Erscheinung. Verworfen wird die Lehre von der Erbsünde. Die Kindertaufe wird mit der Begründung abgelehnt, daß Kinder unter 8 Jahren völlig sündlos seien. Dem Wesen Gottes widerspreche die Prädestinationslehre. In seiner Gottesanschauung bekannte sich Joe Smith zunächst zum Monotheismus und zum christlichen Trinitätsdogma. Später neigte er zu polytheistischen Anschauungen. Dieser Wandel war dadurch angeregt, daß Smith, der etwas Hebräisch gelernt hatte, erfuhr, daß das Wort für »Gott«, *elohim,* im Hebräischen pluralistisch ist – was allerdings nur grammatische Bedeutung hat.

Viel Kritik ist an der *Sexualethik* des Mormonentums geübt worden. Der Prophet bekannte sich anfangs entschieden zur Monogamie, und das Buch Mormon bezeichnet Polygamie ausdrücklich als schwere Sünde. Später soll Smith selbst polygame Beziehungen eingegangen sein. Eine neue Offenbarung rechtfertigte nun die Polygamie oder, wie der mormonische Ausdruck lautet, *plural marriage.* Konflikte waren unvermeidbar, nachdem der Kongreß der Vereinigten Staaten im Jahre 1862 Gesetze gegen die Polygamie erlassen hatte. Der dritte Präsident der Mormonenkirche, *Wilford Woodruff,* erließ dann am 24. September 1890 ein offizielles Manifest gegen die Polygamie.

Wie es das vornehmste Anliegen des Buches Mormon ist, eine Bibel für Amerika zu sein, so ist auch das eigenartige *Geschichtsbild,* das es enthält, ganz auf *Amerika* ausgerichtet. An den Bericht vom Turm zu Babel wird die erste Einwanderung nach Amerika angeschlossen. Die sogenannten »Jarediten« besiedeln damals den Kontinent. Sie werden später verdrängt, als Israeliten ins Land kommen, die die Westküste Amerikas um 590 v. Chr. auf dem Weg über den Pazifischen Ozean erreicht haben sollen. Sie spalten sich in zwei Gruppen, in die gottesfürchtigen »Nephiten« und die widersetzlichen Indianer, die im Buche Mormon »Lamaniten« genannt werden. In vielen Kämpfen gelingt es diesen Lamaniten, die Nephiten gänzlich aufzureiben. Unter den wenigen, die sich retten können, sind Mormon, der letzte Prophet des Alten Bundes, und sein Sohn Moroni. Beide zeichnen die Platten auf, das nachmalige Buch Mormon, die verpflichtende Urkunde für die später die Stelle der Nephiten einnehmenden neuen Kolonisten Amerikas.

Für die religiöse Wertschätzung Amerikas ist besonders aufschlußreich der Bericht von der Erscheinung des *auferstandenen Christus* unter dem amerikanischen Volke Nephi. Von der Ankunft des Auferstandenen berichtet das 11. Kapitel des 3. Buches Nephi:

»8. ... und sehet, sie sahen einen Mann vom Himmel herniedersteigen, der war mit einem weißen Kleide angetan. Er kam herab und stand mitten unter ihnen; und die Augen des ganzen Volkes waren auf ihn gerichtet, und sie wagten nicht, ihren Mund aufzutun und miteinander zu reden und verstanden nicht, was es bedeutete, denn sie dachten, daß ihnen ein Engel erscheine.

9. Und er streckte seine Hand aus und sagte zum Volk:

10. Sehet, ich bin Jesus Christus, von dem die Propheten bezeugten, daß er in die Welt kommen werde.

11. Und sehet, ich bin das Licht und das Leben der Welt, und ich habe aus dem bittren Kelch getrunken, den mir der Vater gegeben hat, und ich habe den Vater verherrlicht, indem ich die Sünden der Welt auf mich nahm, worin ich mich dem Willen des Vaters von Anbeginn in allen Dingen unterwarf.

12. Nachdem Jesus diese Worte gesprochen, fiel alles Volk zur Erde nieder; denn sie erinnerten sich, daß ihnen prophezeit worden war, Christus werde sich ihnen nach seiner Himmelfahrt zeigen.«

Einen unmittelbaren, von den Überlieferungen abendländischer Theologie unabhängigen Bezug Amerikas zu den neutestamentlichen Ereignissen stellt dann das Buch Mormon dadurch her, daß es den auferstandenen Christus seine irdische Wirksamkeit unter dem amerikanischen Volke Nephi wiederholen läßt. Bergpredigt und Segnungen, Krankenheilungen und die Einsetzung des Abendmahles ereignen sich noch einmal auf amerikanischem Boden.

Das historische Verständnis des Mormonentums haben in neuerer Zeit zwei wichtige Aufsätze entscheidend gefördert. Der Kirchenhistoriker *Peter Meinhold* verglich die kühne Geschichtsfälschung, die das Buch Mormon enthalte, mit der Tendenz geschichtlicher Fälschungen des Mittelalters. Auch das Buch Mormon habe ein Anliegen seiner Entstehungszeit verfolgt. Es habe bestimmten damaligen Idealen ein rechtliches Gewand und einen historischen Hintergrund verleihen wollen, der dem Gedanken einer religiösen Unabhängigkeit Amerikas vom Abendland stützende Autorität geben sollte.[6]

Es erhebt sich jedoch die Frage der Herkunft des seltsamen Geschichtsbildes der Mormonen. Ihr ist der schwedische Religionshistoriker *Åke V. Ström* nachgegangen.[7] Er kam dabei zu dem Ergebnis, daß Überlieferungen des indianischen *Algonkin*-Stammes der Lenape oder Delawaren hierzu wesentliche Anregungen gegeben haben.

Für die Mormonen selbst und ihre missionarischen Bemühungen hängt natürlich alles davon ab, die Glaubwürdigkeit ihrer heiligen Schrift herauszustellen. Sie tun dies einmal, indem sie jeder Ausgabe des Buches Mormon das Zeugnis seiner drei Schreiber voransetzen, die, obwohl sie sich später von Smith

[6] *Peter Meinhold*, Die Anfänge des amerikanischen Geschichtsbewußtseins. In: Saeculum 5, 1954, S. 65–86.

[7] *Åke V. Ström*, Red Indian Elements in Early Mormonism. In: Temenos 5, 1969, S. 120–168.

getrennt haben, bis zu ihrem Tode unerschütterlich an der Echtheit der Platten, ihrer Gravierungen und an ihrem Glauben festhielten, »daß dieses Werk die Wahrheit ist«.
In indirekter Weise versuchen es die Mormonen-Missionare neuerdings, indem sie zu einem Test auffordern: Man solle, ohne ein Spezialwissen hierüber zu besitzen, in 60 Tagen auf 520 Druckseiten eine Geschichte Tibets darstellen. Damit soll gezeigt werden, daß so etwas ganz unmöglich ist. Die Folgerung ist dann, daß Smith übernatürliche Vorlagen besessen haben müsse, als er entsprechende Ausführungen über Amerika verfaßte.[8]
Sicher ist, daß das Buch Mormon einen erstaunlichen Bekenntniseifer hervorgerufen hat. Bald nach seiner Drucklegung erfolgte die Gründung der ersten Mormonengemeinde. Dies geschah am 6. April 1830 in *Fayette* im Staate New York. Joseph Smith konnte seine Gemeinde noch jahrelang führen. Dann wurde er wegen mehrerer Delikte angeklagt und in das Gefängnis von *Carthage* gebracht. Empörte Volksmassen stürmten dieses am 27. Juni 1844. Smith wurde von ihnen herausgeholt und erschossen.
Brigham Young, ein Mann unbeugsamen Willens und eiserner Energie, wurde sein Nachfolger in der Leitung der Kirche. Unter seiner Präsidentschaft brach am 1. März 1846 eine Anhängerschaft von 12 000 Gefolgsleuten zu dem kühnen Zug nach *Utah* auf. Am 24. Juli 1847 erreichte die erste Abteilung des riesigen Trecks die Gegend des Großen Salzsees. Dieser 24. Juli wird als »Pioniertag« heilig gehalten und alljährlich gefeiert.
Utah wurde das Zentrum des Mormonentums. Gerüchte, denen zufolge die Mormonen nach *Alaska* weiterziehen wollten, bestätigten sich nicht, trugen aber zur Bereitwilligkeit Rußlands bei, dieses Territorium 1867 an die Vereinigten Staaten zu verkaufen.[9]
Im Jahre 1896 wurde Utah als selbständiger Teilstaat der USA anerkannt. In diesem Staat errichteten die Mormonen ihr theokratisch verfaßtes Gemeinwesen mit Hohenpriestern, Aposteln, Patriarchen und Bischöfen als geistlichen Würdenträgern.
Mittelpunkt des Staates und Wallfahrtsort aller Mormonen wurde die heilige Stadt *Salt Lake City*. Dort steht der in den Jahren 1853 bis 1893 erbaute sechstürmige Tempel aus weißem Granit. Er bezeichnet nach mormonischem Glauben jene Stätte, an der Christus das Jüngste Gericht halten wird.
Die Mormonen sind sehr früh außerhalb Amerikas missionarisch aktiv geworden. In England begannen sie damit bereits

[8] »Materialdienst« Jg. 36, 1973, S. 62.
[9] *Juri Semjonow*, Sibirien. Berlin 1954, S. 324.

1837. Im Jahre 1851 kamen sie in die Schweiz, 1854 nach Italien, 1855 nach Deutschland, 1866 nach Frankreich und 1879 nach Belgien.
Nach einer Zählung des Jahres 1967 bekannten sich zur Mormonenkirche 2 614 340 Gläubige. Etwa ein Fünftel von ihnen lebt außerhalb der Vereinigten Staaten.

Ghost-Dance-Religion

Während eine größere Anzahl indianischer Bewegungen des vorigen Jahrhunderts nur regionale Bedeutung erlangte, überschritt die »Geistertanzreligion«, die größte und bedeutendste dieser Neustiftungen, landschaftliche und stammesmäßige Grenzen bei weitem und ergriff – freilich nur für sehr kurze Zeit – weite Gebiete des Mittleren Westens bis nach Kalifornien.
Die Ghost-Dance-Religion wurde im Jahre 1889 von einem 1856 geborenen Indianer ins Leben gerufen, der dem im westlichen Nordamerika beheimateten Stamm der *Paiute* angehörte. Dieser Indianer war von dem Farmer *David Wilson* adoptiert worden und hatte damit dessen Familiennamen erhalten; die Angaben über seinen »weißen« Vornamen schwanken zwischen *John* und *Jack*. Bekannt geworden ist er jedoch unter seinem indianischen Namen *Wovoka*, der »Schneider« bedeutet.
Wovoka stand bereits im Ruf, über besondere, übernatürliche Kräfte der Krankenheilung zu verfügen, als er im Jahre 1886 den Auftrag erhielt, als religiöser Verkünder aufzutreten. Hierzu führte ein visionäres Erlebnis, das ihm während einer Sonnenfinsternis zuteil wurde. Er sah Gott und alle verstorbenen Indianer, die im Jenseits glücklich und in ewiger Jugend lebten. Wovoka hat später darüber berichtet:

> »Als die Sonne starb, d. h. eine Sonnenfinsternis eintrat, kam ich in den Himmel und sah Gott und alle verstorbenen Indianer. Gott trug mir auf, mit einer Heilsbotschaft zu meinem Volke zurückzukehren. So lautet die Botschaft: Alle meine Mitbrüder müssen gut sein, dürfen nicht mehr kämpfen, nicht stehlen, nicht lügen. Und Gott hat mir einen besonderen Tanz gegeben, damit ich ihn meinem Volke lehre.«[10]

Hieraus geht hervor, daß die Botschaft Wovokas einen betont friedfertigen Charakter trug und keineswegs fremdenfeindliche Züge aufwies. Im Gegenteil, der Prophet rief sogar ausdrücklich zum guten Einvernehmen mit den Weißen auf.

[10] *James Mooney*, The Ghost Dance Religion and the Sioux Outbreak of 1890. Washington 1896, S. 764.

Lediglich die Tänze, zu denen Wovoka aufrief, waren eine rein indianische Angelegenheit, die die Möglichkeit eines engeren Zusammenschlusses der einheimischen Stämme in sich trug. Über diese Tänze führte Wovoka aus:

> »Wenn ihr nach Hause gekommen seid, müßt ihr einen Tanz von fünf Tagen tanzen. Tanzt vier aufeinanderfolgende Nächte und in der letzten Nacht tanzt bis zum Morgen des folgenden Tages. Dann müßt ihr alle im Fluß baden und euch danach in eure Wohnungen zerstreuen. Ihr müßt das alle in der gleichen Weise tun.«[11]

Die Tänze, die Wovoka forderte, trugen ekstatischen Charakter. Ein möglichst schnelles Absingen von Liedern gehörte zu ihnen. Geleitet wurden sie von einem Zeremonienmeister, der, in der Mitte des Kreises der Tanzenden stehend, eine Adlerfeder oder ein Tuch in der Hand hielt. Die Tänzer trugen besondere Gewänder, die sogenannten »Geisterhemden«, eine sakrale Schutzkleidung, die aus weißem Tuch bestand, auf das Abbildungen von Federn, Knochen, Pfeilen, Vögeln, der Sonne und der Sterne aufgetragen waren.
Die Tänze wurden bis zur völligen Erschöpfung einzelner Teilnehmer durchgeführt, die bewußtlos wurden und zu Boden fielen. Dort ließ man sie ungestört liegen, weil man glaubte, daß ihre Seelen nun in Verbindung mit der Welt der Geister ständen.
Aber dieses ekstatische Erlebnis war nicht der einzige, ja nicht einmal der eigentliche Zweck des Tanzes. Die Zielsetzung, die Wovoka mit seiner kultischen Forderung verband, die Verheißung, die er an sie knüpfte, war *eschatologisch*. Seine Prophetie, deren baldige Erfüllung er in Abhängigkeit von der Ausübung des gebotenen Rituals sah, hatte die Rückkehr aller verstorbenen Indianer und den Anbruch eines für die Eingeborenen Goldenen Zeitalters zum Inhalt.
Der Prophet ermahnte seine indianischen Anhänger, den Weißen nichts über die kommenden Ereignisse zu sagen. In Kürze werde die Erde erschüttert; aber den Indianern würde kein Schaden zugefügt. Bis dahin sollten sie sich nicht weigern, weiterhin für den weißen Mann zu arbeiten.
Die Bewegung hielt sich dementsprechend von politischen Aktionen fern. Diese Situation änderte sich völlig nach dem Beitritt des Stammes der *Sioux*. Unter ihnen verbreitete sich die Ansicht, der Stifter der Ghost-Dance-Religion sei als Sohn Gottes auf die Erde gekommen, um die Weißen zu bestrafen und die Herrschaft des roten Mannes erneut in Amerika zu errichten.

[11] Ebd., S. 780.

Anscheinend hatte auch Wovokas religiöse Selbsteinschätzung eine Steigerung erfahren, die diesen Ansichten entgegenkam. Er scheint an seine *messianische Sendung* geglaubt und sich zumindest zeitweise als wiedergekehrten *Jesus Christus* verstanden zu haben.
Der Glaube, Wovoka sei Gottes Sohn, veranlaßte die Sioux, das inzwischen von der Regierung erlassene Verbot des Geistertanzes zu mißachten. Daraufhin erfolgte ein Einschreiten der Regierungstruppen. Hierbei wurde *Sitting Bull,* einer der großen indianischen Gestalten, ein bedeutender Häuptling der Sioux und zugleich ein Führer der neuen Geistertanz-Bewegung, beim Versuch seiner Festnahme getötet.
Der Tod dieses Mannes wurde zum Fanal des Aufstandes, stand aber zugleich am Beginn des raschen Niederganges der Geistertanz-Religion. Denn die schlecht ausgerüsteten Indianer wurden am 28. Dezember 1890 von dem amerikanischen General *Miles* in der Schlacht von *Wounded Knee* vollständig geschlagen. Die letzten aufständischen Sioux ergaben sich am 16. Januar 1891.
Es erfolgte ein Abflauen der Bewegung auch bei anderen Stämmen. Das deutliche Scheitern der eschatologischen Hoffnungen und der mit ihnen verbundenen Erwartung einer Herrschaftsübernahme durch die Indianer mußte die Auflösung des religiösen und kultischen Zusammenhaltes der Geistertanz-Bewegung einleiten.

Peyotismus

Peyotl ist der aztekische Name eines meskalinhaltigen Kaktus, dessen Heimat die Hochsteppen des mexikanischen Binnenlandes südlich des Rio Grande sind und der die botanischen Bezeichnungen *Anhalonium Lewinii* und *Lophophora Williamsii* trägt. In die europäischen Sprachen ist als allgemein gebräuchliche Benennung das aztekische Wort in der Form *Peyote* eingegangen.
Die Bedeutung dieser Pflanze bestand im alten Mexiko darin, daß eine rangmäßig weit unter den aztekischen Priestern stehende Klasse von Zauberern, die sogenannten *Nahualli,* einen aus dem zerstampften Fleisch der Peyote gewonnenen und mit Wasser vermischten Trank als Narkotikum benutzten, um sich in Trance zu versetzen. Der Genuß des Peyote-Fleisches bewirkt Visionen, die sich vornehmlich durch die Schau äußerst farbenprächtiger Bilder auszeichnen sollen.
Diese Wirkungen blieben in der Kolonialzeit unvergessen, und der Peyote-Genuß, der offensichtlich weitere Kreise erfaßte, erhielt sich kontinuierlich. Darauf läßt ein Verbot

schließen, das die spanischen Behörden im Jahre 1784 erließen.[12]
Eine spezifisch religiöse Sinngebung scheint von den Chichimeken ausgegangen zu sein und dann auf andere indianische Völkerschaften übergegriffen zu haben. *Eduard Seler*, der Begründer der neuzeitlichen Amerikanistik, und *Konrad Theodor Preuss* konnten zu Beginn dieses Jahrhunderts bei den *Huichol*-Indianern in Wertung und Behandlung der Peyote eine Theologisierung und Ritualisierung feststellen.[13]
Einmal nämlich wurde der Peyote von diesen Stämmen göttlicher Ursprung zugesprochen. Sie entstehe aus den Fußspuren einer Gottheit in Hirschgestalt, die *Tatosi,* »Unser Ahne« heiße.
Zum anderen war das Aufsuchen und Sammeln dieser Pflanzen zu einer kultischen Handlung entwickelt worden. Die Peyote kommt in den Gebieten der Huichol selbst nicht vor. Um in ihren Besitz zu gelangen, mußten daher Expeditionen unternommen werden, die durchaus kultischen Charakter hatten. Die Teilnehmer an diesen Reisen trugen Gewänder bestimmter Götter, ihr Anführer diejenigen des Tatosi. Reden und Gegenreden religiösen Inhaltes wurden bei Aufbruch und Heimkehr, aber auch im Verlauf der Reise geführt. Man auferlegte sich unterwegs strenge Fastenübungen. Rituellen Charakter trug auch das Einbringen der Peyote. Die mit Pfeil und Bogen ausgerüsteten Expeditionsteilnehmer schossen am Fundort der Kakteen zunächst nach diesen, ehe sie sie sammelten.
Gegenüber der aztekischen Zeit, in der die Drogenwirkung der Peyote nur von einzelnen Individuen, Angehörigen einer bestimmten Klasse der Zauberer, in Anspruch genommen wurde, war der Peyote-Genuß bei den Huichol gemeinschaftliche Angelegenheit geworden. An die Stelle des Trinkens eines aus zermalmtem Peyote-Fleisch und Wasser bestehenden Getränkes war das Zerkauen frischer oder luftgetrockneter Peyote-Stücke getreten, ein Brauch, der auch weiterhin erhalten blieb. Im Prinzip aber hatte sich das Wissen um die Wirkung der Peyote und deren Anwendung von der eigenständigen indianischen Periode Mexikos bis in die Neuzeit erhalten.
Wenn trotzdem der *Peyotismus* als »neue Religion« angesprochen wird, so einmal deshalb, weil er, verbreitet von visionären Gestalten, im letzten Jahrzehnt des vorigen Jahrhunderts die Grenzen seines einstigen Verbreitungsgebietes

[12] *Daniel G. Brinton*, Nagualism. A Study in Native American Folk-lore and History. Philadelphia 1894, S. 7.
[13] *Eduard Seler*, Gesammelte Abhandlungen zur Amerikanischen Sprach- und Altertumskunde. Bd. 3, Berlin 1908. Neudruck: Graz 1960, S. 360 f.; *K. Th. Preuss*, Die religiösen Gesänge und Mythen einiger Stämme der mexikanischen Sierra Madre In: Archiv für Religionswissenschaft 11, 1908, S. 383 f.

weit überschritt, fast schlagartig auf die Prärien des Mittleren Westens übergriff, und nicht allein in die Indianerreservate der Vereinigten Staaten eindrang, sondern bis nach Kanada gelangte. Damit löste er als eine religiöse Bewegung, die die verschiedensten Stämme einigte, die gerade im Ausklingen begriffene *Ghost-Dance-Religion* unmittelbar ab.
Zum anderen trat aber auch eine innere Wandlung ein, die sich in der Auseinandersetzung mit dem *Christentum* vollzog und zu seiner teilweisen, in charakteristischer Weise durch die Wertschätzung der Peyote eingeschränkten Annahme führte.
Ein ehemals dezidierter Anhänger der Ghost-Dance-Religion war der Begründer dieses modernen Peyotismus. Er hieß *John Wilson*, nannte sich später »Großer Mond« – *Big Moon* – und hielt sich, obwohl nicht rein delawarischer Herkunft, zu diesem Volke. Ein visionäres Erlebnis ließ ihn zum Verkünder des Peyotismus werden.
Sitting Bull, der große Sioux-Häuptling, hatte 1890 den damals 40jährigen John Wilson zu einer großen Feier des Geistertanzes eingeladen, die bei Darlington im Staate Oklahoma am Ufer des South Canadian stattfand. Im Verlaufe dieser Feier nahm John Wilson eine Einladung zum Peyote-Essen an. Die visionären Erlebnisse, die ihm daraufhin zuteil wurden und ihn zum Begründer des neuen Peyotismus werden ließen, hat später sein Neffe *Anderson* beschrieben:

> »Peyote erbarmte sich seiner und führte ihn zum himmlischen Königreich, wo er in einer großen Vision Zeichen und Bilder sah, die Ereignisse aus dem Leben Christi darstellten, und es wurde ihm auch der Wohnort des Mondes, der Sonne, des Feuers und der Geistermächte gezeigt, die traditionell als Vorfahren und Älteste der Delawaren angesehen werden. Er sah auch den ›Weg‹, den Jesus genommen hatte bei Seinem Aufstieg vom Grabe zum Mond in den Himmel, und es wurde ihm gesagt, er solle für den Rest seines Lebens auf dieser Straße bleiben, auf daß er in die Gegenwart Christi und der Peyote gebracht werden möge. Er erhielt präzise Instruktionen zur Festlegung eines heiligen Bezirkes im Peyote-Zelt, wurde Lieder gelehrt, die während der Rituale zu singen seien, und ihm wurden alle Einzelheiten des Zeremoniells gezeigt, das in dem neuen Kult zu befolgen sei.«[14]

Wilsons weiteres Leben stand allein im Dienste der Verkündigung seiner Religion, die aufgrund der halbmondförmigen Altäre, die er in den für die kultischen Feiern errichteten Peyote-Zelten aufstellen ließ, bald unter dem Namen *Big-Moon-Religion* bekannt wurde. Wilson selbst, dessen Bild nach seinem Tode zeremonielle Verehrung genoß, stand zeitlebens im Rufe eines wundertätigen Heiligen. Es wird von Himmelsreisen seiner Seele zum Mond berichtet und von

[14] *W. La Barre*, The Peyote Cult. New Haven 1938, S. 156.

Krankenheilungen, die er vornahm. Um seinen Hals trug er als Fetisch ein mit roten Federn umkleidetes Stierhorn, durch welches er direkt mit Gott zu sprechen vorgab und somit als Hellseher wirkte.

Der von ihm gestiftete Peyotismus wurde zu einer panindianischen Bewegung, obwohl er in dogmatischer Hinsicht uneinheitlich ist und hieraus organisatorische Abweichungen resultieren. Gemeinsam ist allen Formen des Peyotismus die religiöse Hochschätzung der Peyote, die meist und anfangs ausschließlich als spezifisches Glaubensgut der Indianer angesehen wurde. Differenzen entstanden jedoch in der Auseinandersetzung mit dem *Christentum*. Sie betrafen einerseits dessen Abwehr, andererseits eine eingeschränkte Übernahme christlicher Vorstellungen. Aber auch in diesem zweiten Fall bewahrt der Peyotismus seine Unabhängigkeit vom offiziellen Christentum, indem er sich selbst als ein unmittelbarer, direkter Weg zur Heilsgewinnung versteht.

Die verschiedenen Formen des Peyotismus gingen jeweils auf visionäre Verkünder zurück und fanden in deren Stämmen ihre vornehmliche Verbreitung. Der Delaware »Elchhaar« – *Elkhair* –, der um das Jahr 1880 nach dem Tode seiner Frau von körperlicher und seelischer Erkrankung befallen wurde, lernte die Peyote als medizinisches Heilmittel kennen und verkündete, unterstützt von seinem Schüler *James Webber*, hinfort einen Peyotismus, der christliche Elemente ausschloß.

Andere Propheten des Peyotismus verbanden ihre Verkündigung mit einer Aufnahme christlicher Vorstellungen in relativierter Form. Der ehemalige Mormone *Jonathan Kishiway*, der Begründer der »Kirche der Erstgeborenen« – *Church of the First-Born* –, lehrte die schlechthinnige Identität indianischen Glaubens mit dem Christentum. Deshalb sah er in der Peyote ein Äquivalent des sakramentalen Brotes und Weines der christlichen Eucharistie.

Albert Hensley, ein Angehöriger des Sioux-Stammes der Winnebago, der um 1910 auftrat, bezog die im Johannes-Evangelium (Kap. 14, Vers 16 und 26) enthaltene Verheißung eines Parakleten auf die Peyote:

> »Wir lesen in der Bibel, daß Christus von einem Tröster sprach, der kommen solle . . . Aber er kam niemals zu den Indianern, bevor er von Gott in der Form dieser heiligen Medizin gesandt wurde. Sie wurde ausschließlich den Indianern gegeben, und Gott beabsichtigte niemals, daß die Weißen sie verstehen sollten.«[15]

Synkretismen mit der Tendenz, christliche Vorstellungen zugunsten einer religiösen Überwertigkeit der Peyote umdeutend zu relativieren, finden sich im Peyotismus häufig. So

[15] *J. S. Slotkin*, The Peyote Religion. Glencoe, Illinois 1956, S. 46, Anm. 3.

wird jede biblische Erwähnung einer Wurzel oder eines Krautes auf die Peyote bezogen. Und es findet sich sogar die Ansicht, daß ein Teil des Heiligen Geistes in die Peyote eingegangen sei.

Dieser sehr äußerlich als christlich etikettierte Peyotismus, der die Beschränkung seiner Anhängerschaft auf Indianer allmählich aufgegeben hatte, rang lange um seine Anerkennung. Die amerikanische Regierung erließ Verbote, weil sie Drogensucht befürchtete, die Peyotisten aber verwiesen auf das Gesetz der Religionsfreiheit. Hiermit hatten sie Erfolg. Sie wurden als »Einheimische Amerikanische Kirche« – *Native American Church* – offiziell anerkannt.

Im Mittelpunkt des Peyotismus, des bewußt indianischen wie des schwach und mühsam christianisierten, stand und steht die nächtliche Kultfeier, die heute meist in der Nacht vom Sonnabend zum Sonntag begangen wird. Bei ihr sitzen die Gläubigen in dem mit *tipi* bezeichneten Kultzelt im Kreis um den aus Lehm errichteten Altar, der halbmondförmig ist. Ein Holzfeuer, das die Sonne symbolisiert, erleuchtet den Raum. Die Feier, die bis zum beginnenden Morgen andauert und durch steigende Erregung ihrer Teilnehmer gekennzeichnet ist, beginnt mit Gebeten und Gesängen, die von einem Zeremonienmeister geleitet und von Trommelschlägen begleitet werden. Im Mittelpunkt steht das sakramentale Mahl, das Essen der Peyote, das Heilungen der Kranken bewirken soll und zu Visionen führt, die oft die Nacht über anhalten. Am kommenden Morgen wird die Feier mit einem gemeinsamen Essen beschlossen, das aus Früchten, geröstetem Mais und gesüßtem Wasser besteht.

In Deutschland ist der Peyotismus weiteren Kreisen durch einen Prozeß bekannt geworden, der 1970 in *Heidelberg* stattfand. Anklage wegen Rauschgifthandel wurde gegen einen Amerikaner erhoben, der wegen des Besitzes von Meskalin-Kapseln festgenommen worden war. Er berief sich auf seine Zugehörigkeit zur *Native American Church* und führte vor Gericht seine ekstatischen Kulterlebnisse aus:

> »Ich erreichte nach dem Genuß jedesmal einen Zustand von Bewußtheit und Gnade, den Heilige und Eremiten sonst nur durch lange Meditation erzielen können.«[16]

Peace Mission

Die »Friedensmission« ist durch drei Momente gekennzeichnet. Das ist einmal die vergöttlichte Stellung, die ihr Stifter, *Father Divine* – der »göttliche Vater« – im Glauben seiner Anhänger einnimmt.

[16] »Rhein-Neckar-Zeitung« vom 16. Juli 1970.

Zweitens vertritt die Peace Mission, obwohl von einem amerikanischen Neger begründet, *keinerlei rassistische Ziele.* Daher eignet ihrer Mitgliederschaft auch keine rassische Exklusivität. Zu ihren Anhängern in den Vereinigten Staaten, die, da konkrete statistische Erfassungen fehlen, nach Schätzungen mehrere Millionen umfassen sollen, zählen zwar vorzugsweise, aber keineswegs ausschließlich Farbige. In Europa – in England, der Schweiz, Deutschland und Österreich – ist der Anhang äußerst bescheiden, und er erreicht insgesamt kaum die Zahl von 2000.

Das dritte Charakteristikum der Peace Mission besteht in der *absoluten Diesseitigkeit* aller ihrer Bestrebungen. Auf den sozialen und wirtschaftlichen Aktivitäten, die aus dem Ziel der irdischen Verwirklichung des Königreiches Gottes resultieren, beruht sicher einerseits die Werbekraft dieser Neustiftung. Andererseits darf nicht übersehen werden, daß diese völlig immanente Botschaft viele spezifisch religiöse Anliegen einfach ausklammert und somit eine Verkürzung von Religion im Vollsinn des Wortes darstellt.

Über das Leben, das *Father Divine* vor seinem Auftreten als Verkünder einer neuen Botschaft führte, ist relativ wenig bekannt. Er soll in den 60er Jahren des vorigen Jahrhunderts in den Südstaaten geboren sein und trug wahrscheinlich ursprünglich den Namen *George Baker,* den er um das Jahr 1915 in Brooklyn in *Morgan J. Devine* änderte; es ist deutlich, daß der Name *Devine* einer späteren Abwandlung in *Divine,* »göttlich«, entgegenkam.

In Baltimore, wo er sich zuvor als Hilfsarbeiter ernährt hatte, gehörte er der Baptistengemeinde an. Seine dortige Bekanntschaft mit einem farbigen Prediger namens *Samuel Morris,* der sich seit dem Jahre 1907 als »Vater Jehova« bezeichnete, scheint Father Divine den entscheidenden Anstoß zur eigenen Verkündigung gegeben zu haben.

Seit 1912 war er als Wanderprediger in den Südstaaten tätig, anfangs ohne jeden nennenswerten Erfolg. Nur 12 Anhänger folgten ihm, als er 1915 nach New York übersiedelte. Erst seit dem Jahr 1919 wuchs seine Gemeinde rasch.

Die Vergöttlichung des Stifters wurde durch ein Ereignis des Jahres 1931 eingeleitet. Damals war Father Divine aufgrund der Anklage, er verleite seine Jünger zur Eigentumsübertragung an ihn, zu einem Jahr Gefängnis verurteilt worden. Drei Tage nach der Urteilsverkündung starb der Richter plötzlich an einem Herzschlag. Und Father Divine soll dazu in seiner Gefängniszelle erklärt haben: »Ich tat es ungern.«

Hinzu kamen später zahlreiche Krankenheilungen, die seine Anhänger derart von der Heiligkeit ihres religiösen Führers überzeugten, daß im Jahre 1936 ein Kongreß der Peace Mission einstimmig die Erklärung beschloß: »Father Divine ist Gott.«

Auf Father Divine selbst geht die recht eigenartige theologische Begründung dieser Behauptung zurück. Die erste Fleischwerdung Gottes, diejenige in *Christus* nämlich, so lehrte er, sei auf der der *Sohnesstufe*, die zweite aber, seine, des *Father Divine* göttliche Inkarnation, sei auf der *Vaterstufe* erfolgt.

Neben diesem in der Anhängerschaft fest verwurzelten Glauben an die Göttlichkeit ihres Stifters hatte die Peace Mission ihre dauernd ansteigenden Erfolge ihrer sozial-wirtschaftlichen Aktivität zuzuschreiben. Sie leistet für ihre Mitglieder, besonders für die ärmeren unter ihnen, beachtliche Hilfe, wenn sie die ihr eigenen Farmen, Geschäfte, Handwerksbetriebe und Gasthäuser ganz in deren Dienst stellt.

Dies geschieht auf dem Hintergrund einer absolut innerweltlichen Religiosität, einer »Weltfrömmigkeit«, mit deren bewußter Pflege sich die Peace Mission als Keimzelle eines von ihr erstrebten zukünftigen *Königreiches Gottes auf Erden* versteht.

Charakteristisch für diese säkularisierte Religiosität sind die Gottesdienste der Gemeinschaft, die die Verlesung von Botschaften des Father Divine mit religiösen Gesängen und äußerst opulenten Mahlzeiten verbinden.

Auch werden ganz bewußt religiöse Termini auf irdische Bereiche angewendet. Die von der Gemeinschaft unterhaltenen Rasthäuser und Hotels heißen »Himmel«, und ganz offiziell bezeichnete der göttliche Vater seine Sekretärinnen als »Engel«.

Es stellte eine konsequente Verfolgung seiner Ziele dar, daß Father Divine sich auch um politischen Einfluß bemühte. Im Jahre 1936 veröffentlichte er unter der Bezeichnung *International Righteous Government* das Muster einer Verfassung für die von ihm erstrebte Verwirklichung des Königreiches Gottes. Hierbei bestanden seine Ziele in absoluter religiöser und rassischer Toleranz, dem Verzicht auf Krieg, dem Verbot der Todesstrafe, der Untersagung zwangsweiser ärztlicher Behandlung, der Abschaffung von Pflichtversicherungen. Eine Weltregierung solle gebildet und das Englische zur Weltsprache erklärt werden.

Father Divine, von dem seine Anhänger geglaubt hatten, er sei unsterblich, verstarb am 10. September 1965 im Alter von etwa 100 Jahren auf seinem Schloß Woodmont in Pennsylvanien, dem Geschenk eines weißen Industriellen. Seine zweite Frau, die weiße Kanadierin *Edna Rose Ritchings*, die *Mother Divine*, wie sie seitdem genannt wurde, erklärte, mit Father Divine, der das Oberhaupt seiner Gemeinschaft bleibe, weiterhin in Verbindung zu stehen. Praktisch übernahm sie die Führung der Peace Mission, die damals anscheinend bereits ihren Höhepunkt überschritten hatte und deren Mitgliederzahl schon zu Lebzeiten von Father Divine rückläufig geworden war.

Black Muslims

Wie beim *Mormonentum* so täuscht auch hier der Name. Die »Kirche Jesu Christi der Heiligen der Letzten Tage« sondert sich durch den Besitz eigener Offenbarungen vom Christentum. Genau Entsprechendes gilt für die »Schwarzen Muslims«, die »Verlorene und wiedergefundene Nation des Islam in Nord-Amerika« – *Lost-Found Nation of Islam in North-America.* Auch diese Sondergruppe gründet sich auf eine neue Offenbarung, ein Faktum, das unvorstellbar ist für den traditionellen Islam, der im Koran die vom Propheten Muhammed vermittelte letztgültige Wahrheit erblickt.
Vordergründig treten die Black Muslims als ein Politikum in Erscheinung, das im Rassenkonflikt der Vereinigten Staaten mit dem erklärten Ziel »Amerika den Afrikanern« eine schwer einschätzbare Größe darstellt. In ihrer militanten Elitetruppe, der »Frucht des Islam« – *Fruit of Islam,* abgekürzt: *F. O. I.* – besitzen sie ein machtpolitisches Instrument, das dem Kommando von *Raymond Sharrieff,* dem Schwiegersohn des Begründers der Black Muslims, untersteht.[17] Die F. O. I. wacht während der Versammlungen in den etwa 70 Moscheen der Black Muslims insbesondere über die persönliche Sicherheit des Predigers; sie kontrolliert jeden Besucher vor dem Betreten der Moschee auf Waffenbesitz.
Schwer einschätzbar ist auch die Größe der Gefolgschaft dieser Bewegung. Den eigenen Behauptungen, eine halbe Million Anhänger zu vereinigen, stehen neutrale Schätzungen gegenüber, die sich zwischen 100 000 und 200 000 Black Muslims bewegen.
Außer Zweifel steht, daß diese radikale Organisation auf die Schwarzen Nordamerikas aus sozialen Gründen Anziehungskraft ausübt. Sie unterhält eigene Schulen, die beruflichen Aufstieg ermöglichen. Von ihrem Ziel, die Wirtschaft des Landes zu kontrollieren, ist sie noch sehr weit entfernt, besitzt aber bereits eigene landwirtschaftliche Betriebe in Michigan und bei Atlanta. In Chicago ist sie Eigentümerin eines Warenhauses, und sie besitzt, verstreut über das Land, eine beträchtliche Zahl kleinerer Geschäftsunternehmen.
Grundlage ihrer Aktivitäten, der militanten wie der ökonomischen, die beide im Dienste eines forcierten Rassismus stehen,

[17] Vgl. »Life International« vom 9. September 1963, S. 24 ff.

sind jedoch neue religiöse Überzeugungen, die von dieser Gemeinschaft vertreten werden.

Sie nahmen ihren Ausgang mit dem Erscheinen eines geheimnisvollen *Mr. W. D. Fard*, der 1931 plötzlich in Detroit auftauchte, angeblich aus Mekka kommend, und 1934 wieder spurlos verschwand – die Black Muslims lieben es, dieses Verschwinden Fards mit der Entrückung des Mose und der Himmelfahrt des Elia zu vergleichen.

Während seiner Detroiter Jahre hatte Fard den späteren Begründer der Black Muslims in seine Lehren eingeweiht, einen *Elijah Poole*, der 1897 in Sandersville, Georgia, als Sohn eines Geistlichen der Baptistengemeinde geboren worden war. Ihm gegenüber gab sich Fard als *messenger*, als »Sendbote Allahs«, ja als dessen Inkarnation aus – eine für den orthodoxen Islam unmögliche Vorstellung. Er behauptete, seine Mission sei die Erweckung des »toten Volkes im Westen«, und prophezeite, »in der Wildnis von Nordamerika« werde in Kürze die Schlacht von Harmagedon stattfinden, freilich nicht in einem apokalyptischen Sinne, sondern einem immanenten, der den Anbruch der Herrschaft des schwarzen Mannes zum Inhalt habe.

Vor seinem Verschwinden veranlaßte Fard seinen Jünger *Elijah* zum Ablegen seines »Sklavennamens« *Poole*, verlieh ihm statt dessen den Namen *Muhammed* und ernannte ihn zum höchsten Imām des Islam.

Als »Sendbote Allahs« übernahm Elijah Muhammed im Jahre 1934 die Nachfolge Fards, wobei er sich auf dessen Offenbarung berief:

> »Ich war mehr als drei Jahre in der Gegenwart Allahs, und was ich euch lehre, empfing ich unmittelbar aus seinem Mund. Ich glaube, ich bin der erste Mensch, der beauftragt wurde, persönlich vor Allahs Angesicht zu treten. Wenn ich lüge, will ich euch 10 000 Dollars geben.«[18]

Zwei Männer, die Elijah Muhammed zur Seite traten, haben für die Bewegung große Bedeutung erlangt. Der eine war *Malcolm Little*, auch er der Sohn eines Baptistenpfarrers. Nach der Ermordung seines Vaters kam Malcolm Little mit der Unterwelt in Berührung und wurde wegen krimineller Delikte verurteilt. Während seiner Gefängnishaft begann er, mit Elijah Muhammed zu korrespondieren. Später bekannte er:

> »Das Christentum brachte mich ins Gefängnis, der Islam holte mich heraus.«[19]

[18] *Ernst Benz*, Der »Schwarze Islam«. In: Zeitschrift für Religions- und Geistesgeschichte 19, 1967, S. 101.

[19] »Frankfurter Allgemeine Zeitung« vom 1. Juni 1963.

Wie alle Black Muslims legte *Malcolm Little* nach seinem Eintritt in ihre Gemeinschaft seinen weißen – und das heißt zugleich christlichen – Namen ab und nannte sich hinfort *Malcolm X,* das X steht für Ex-Sklave – *Exslave.* In einer Versammlung der Black Muslims begründete er diesen Namenswechsel mit rhetorischen Fragen:

> »Warum sollen wir Afrikaner die Namen unserer Sklavenhalter führen? Habt ihr jemals einen Weißen gesehen, der sich Kasawubu nennt?«[20]

Der rhetorisch hervorragend begabte und äußerst intelligente Malcolm X wurde bald zum erfolgreichsten Propagandisten seiner Bewegung. Er übernahm die Leitung der im New Yorker Stadtteil Harlem gelegenen »Moschee Nr. 7, New York City«.
Ende 1963 kam es zum Bruch mit Elijah Muhammed, der den ihm geistig überlegenen Malcolm X von seinem priesterlichen Amt suspendierte. Über die Ursachen des Zerwürfnisses existieren zwei Versionen. Nach der einen bildeten Auseinandersetzungen über den zukünftigen Führungsanspruch, mithin Rivalitäten, den Anlaß. Nach der anderen soll eine gehässige und abfällige Bemerkung, die Malcolm X über den Tod Präsident Kennedys gemacht habe, die Ursache gewesen sein.
Nach diesem Bruch unternahm Malcolm X eine Pilgerfahrt nach Mekka. Sie führte ihn zu neuen, von der Ideologie der Black Muslims abweichenden Ansichten, über die er folgendes äußerte:

> »Elijah Muhammed hatte uns immer gelehrt, daß die Weißen – als die Verkörperung alles Bösen – gar nicht nach Mekka, in die Stadt Gottes, gehen dürften. Aber als ich dort war, sah ich Menschen mit weißer Haut, blauen Augen und blonden Haaren. Und da schrieb ich nach Hause, daß es doch Weiße in Mekka gebe und daß die Weißen sich den Schwarzen, Braunen und Gelben gegenüber, die es auch dort gab, wie Brüder benahmen.«[21]

Nach seiner Rückkehr gründete Malcolm X eine neue Organisation, die »Black Nationalists«, mit der er das Ziel verfolgte, die Schwarzen Amerikas an allen amerikanischen Errungenschaften zu beteiligen. Es war klar, daß er damit in Widerspruch zum Kampf der Black Muslims gegen die »weißen Teufel« geriet. Seitdem fürchtete er um sein Leben. Während einer Ansprache vor einer Versammlung Schwarzer wurde er am 21. Februar 1965 ermordet. Er stand damals in seinem 39. Lebensjahr.

[20] *E. Benz,* a.a.O., S. 100.
[21] »Der Spiegel«, Nr. 10, 1965, S. 96.

Für die Werbekraft der Black Muslims ist heute ein anderer Schwarzer von beträchtlicher Bedeutung. Er ist weiten Kreisen in erster Linie als Boxer bekannt, und zwar unter seinem »Sklavennamen« *Cassius Clay*. Er selbst nennt sich *Muhamed Ali*, und er antwortet auf die Frage, wer diesen Namen für ihn ausgesucht habe:

»Der Ehrenwerte Elijah Muhammed, der Botschafter des Allmächtigen Gottes Allah.«[22]

Cassius Clay versteht sich selbst in erster Linie als Prediger seiner Gemeinschaft und viel weniger als Boxer:

»Zu 90 Prozent bin ich Geistlicher, zu 10 Prozent bin ich Boxer. 180 Stunden im Monat predige ich. Wenn ich einmal aus dem Ring steige, werde ich zu 100 Prozent Prediger sein.«[23]

Cassius Clay alias Muhammed Ali vollzog seinen Eintritt in die Organisation der Black Muslims im Jahre 1964. Da *Sonji Roi*, seine erste Frau, sich weigerte, diesen Schritt ebenfalls zu tun, ließ er sich von ihr scheiden und heiratete im August 1967 die 17jährige *Belinda Lloyd*, die den Black Muslims bereits angehörte[24].
Über sein religiöses Bekenntnis sagte Muhammed Ali:

»Ich habe in einer Moschee die Lehren des Islam vernommen, und ich habe dort die Geschichte des schwarzen Mannes kennengelernt. Ich habe gehört, was er tat, bevor er nach Amerika verschleppt und zum Sklaven gemacht wurde. Ich habe gelernt, daß mein Name Muhammed Ali war, bevor ich den Sklavennamen Cassius Clay erhielt. Ich habe den heiligen Koran studiert und die biblische Geschichte des schwarzen Volkes. Es war nicht schwer für mich, die Lehre des Islam zu verstehen.«[25]

Diese Ausführungen verweisen unter anderem auf den *Koran*, und seine Anerkennung als heilige Schrift stellt in der Tat, ebenso wie diejenige *Mekkas* als heilige Stadt, ein Bindeglied zwischen dem traditionellen Islam und den Black Muslims dar. Vom Islam haben diese auch das tägliche fünfmalige Gebet übernommen, dessen Ausrichtung nach Mekka allerdings nur für das bei Sonnenaufgang zu sprechende Morgengebet obligatorisch ist. Weiterhin verbieten die Black Muslims, wie die Religion Muhammeds, das Essen von Schweinefleisch, das Trinken von Alkohol, darüber hinaus aber auch das Tabakrauchen. Die eheliche Treue, die zu ihren Geboten gehört, beziehen sie auf eine strenge Einhaltung der Monogamie.

[22] »Der Spiegel«, Nr. 23, 1967, S. 111.
[23] Ebd., S. 112.
[24] »The Illustrated London News« vom 26. August 1967.
[25] »Der Spiegel«, Nr. 23, 1967, S. 111.

Offensichtlich ist den Black Muslims viel daran gelegen, als echte Anhänger des Islam anerkannt zu werden. Wie Malcolm X, so unternahm auch Elijah Muhammed eine Pilgerfahrt nach Mekka. Und er schickte 1961 seinen Sohn *Herbert Muhammed* zum Studium nach Kairo. Verehrung genießt neuerdings in den Kreisen der Black Muslims die Person *Nassers;* viele Mitglieder haben in ihren Wohnhäusern seinem Bild einen Ehrenplatz eingeräumt.
Trotzdem steht der Islam dieser amerikanischen Negerbewegung mit reservierter Skepsis gegenüber, und sie fand keine Aufnahme in die Reihen der amerikanischen *Islamic Federation.*
Denn tatsächlich können nur einige Übernahmen aus dem Islam für die Selbstbezeichnung als Muslims sprechen; aufs Ganze bezogen ist sie nicht gerechtfertigt. Unter den religiösen Anschauungen, die Einwände gegen eine Einstufung als legitime islamische Gemeinschaft bilden, wurden bereits der Offenbarungsbegriff und die diesseitige Heilserwartung angeführt, die so ganz im Gegensatz zu Muhammeds Verkündigung des endzeitlichen Weltgerichts steht. Unislamisch ist auch der Rassismus der Bewegung. Eigenständig vor allem aber ist der Hauptinhalt der neuen Offenbarung, ein durchaus originelles *Geschichtsbild,* das die entscheidende religiöse Legitimation ihrer Aktivitäten bildet und aus dem Elijah Muhammed folgert:

> »Gott hat uns Schwarze zu den ständigen Herrschern der Erde bestimmt.«[26]

Zu Beginn der Welt, so behauptet diese Geschichtstheologie, seien von Allah nur schwarze Menschen geschaffen worden. Vor 6000 Jahren aber beschloß ein gewisser *Yaqub,* der als *Hauptfeind Allahs* bezeichnet wird, aus Rebellion gegen Allah die Weißen zu schaffen, was ihm jedoch nur stufenweise über die Bildung brauner, roter und gelber Menschen gelang. Die »weißen Teufel«, die die Herrschaft über die Welt an sich rissen, sollen jedoch nur 6000 Jahre regieren und dann in Akten von Selbstzerstörung ihre Kultur vernichten. Das Ziel des Geschichtsablaufes, die Wiedereinsetzung des schwarzen Mannes in seine ursprünglichen Rechte, stehe damit nahe bevor.
Der Machtanspruch der Schwarzen ist nicht durchgängig mit exklusiver Einseitigkeit betont worden. Neben ihm stehen Aussagen, die auf eine Bruderschaft aller Farbigen hinauslaufen. So verkündete Malcolm X, und zwar zu einer Zeit, als er noch schwarzer Muslim war:

[26] »Der Spiegel«, Nr. 32, 1961, S. 46.

»In der Tat: die Roten, die Braunen, die Gelben, alle gehören zur schwarzen Nation. Was bedeutet: Schwarze, Braune, Rote, Gelbe – alle sind Brüder, alle eine Familie. Der Weiße allein ist ein Fremdling. *Er* ist der Außenseiter.«[27]

Der Aufruf gegen die Weißen geht Hand in Hand mit Angriffen gegen das *Christentum.* Zwei Stellen aus Reden von Malcolm X zeigen dies sehr deutlich:

»Selbst die Religion ist Zeuge weißer Vorherrschaft. Ein weißer Jesus! Eine weiße Jungfrau! Weiße Engel! Alles weiß! Aber: ein schwarzer Teufel!«

»Allah wird alle schwarzen Menschen wachrütteln, damit sie den weißen Mann als das erkennen, was er wirklich ist, und damit sehen, was das Christentum ihnen angetan hat. Die erwachenden schwarzen Massen glauben nicht mehr an das Christentum. Alles, was das Christentum für die schwarzen Menschen getan hat, ist: Es hat sie in Sklaverei gehalten.«[28]

Die Stärke der Schwarzen Muslims beruht auf ihrer Geschlossenheit, ihrem organisatorischen Zusammenhalt. Ihre Mitglieder, die »Brüder« und »Schwestern« genannt werden, gehören jeweils einer *Moschee* an. Jede Moschee steht unter der Leitung eines *Imām*, der »Führer« und geistliches Vorbild ist.

Jesus-Revolution

Es mag problematisch erscheinen, in Ausführungen über die neuen Religionen einen Hinweis auf die sogenannte Jesus-Revolution aufzunehmen. Denn der ungewöhnliche Stil dieser Bewegung, die in den letzten Jahren fast unbemerkt in Kalifornien entstand und aufgrund einer bemerkenswerten Faszination, die sie auf Jugendliche ausübt, bald auf Europa, auf die Niederlande vornehmlich, aber auch auf Deutschland übergriff, darf nicht darüber hinwegtäuschen, daß bislang keine Ziele deutlich geworden sind, die nicht als christliche Anliegen gewertet werden könnten.

Es würde sich dann um eine enthusiastisch und stark emotional geprägte Erweckungsbewegung handeln, die, in vielerlei Brechungen auftretend, eine »Herausforderung an Teenager« (*Teen Challenge*) darstellt, einen – anscheinend oft erfolgreichen – Kampf gegen Drogengenuß und für moralische Strenge führt und mit ihrem zur Plakat-Parole gemachten Ruf *Maranatha,* »unser Herr, komme«, dem 1. Brief des Apostels Paulus an die Korinther (16, 22) entnommen, betont endzeitliche Vorstellungen aktualisiert.

[27] »Der Spiegel«, Nr. 39, 1963, S. 80.
[28] Ebd., Nr. 39, S. 80.

Das alles braucht nicht den Rahmen überkommener christlicher Vorstellungen zu sprengen, und es ist auch teilweise von offiziellen Vertretern der Kirche nicht in dieser Weise eingeschätzt worden. Voraussetzungen für eine Sektenbildung sind allerdings in jedem Fall gegeben.

Natürlich ist es nicht möglich, über Entwicklungstendenzen einer Bewegung, die jung ist und in sich noch unausgereift sein muß, eine gültige Prognose zu stellen. Aber Anzeichen für Faktoren, die die Möglichkeit einer Entfernung vom Christentum in sich tragen, sind festzustellen. Sollten diese Momente vorherrschend werden, so ständen wir allerdings den *Anfängen einer Neustiftung* gegenüber.

Doch gilt das sicher nicht in gleicher Weise für die Gesamtbewegung, die ganz verschiedene Gruppierungen aufweist[29]. Am bekanntesten geworden sind die *Jesus-People*, die auch unter den Namen »Straßen-Christen« (*Street-Christians*) und »Jesus-Gammler« (*Jesus-Freaks*) hervorgetreten sind. Sie stellen aber keineswegs die extremste Gruppe der Jesus-Bewegung dar.

Das sind vielmehr die »Gotteskinder«, die *Children of God*, in deren Mittelpunkt, unterstützt von ihrem Vater *David Berg* und ihrem Mann *Arnold Dietrich*, *Faith Dietrich* steht, das »Gotteskind aus Hollywood«, wie sie sich selbst nennt, die missionierend umherreist als »lebende Fackel, bereit für Jesus zu brennen und zu sterben«.

Ihre Gemeinschaft ist bereits mit der koreanischen *Tong-Il* verglichen worden[30]. Die Übereinstimmungen in der Lebensgestaltung der dezidierten Anhänger sind in der Tat verblüffend. In beiden Fällen wird das Verlassen der eigenen Familie und das Leben in Kommunen gefordert, in denen sich in einer in ihren Einzelheiten für den Außenstehenden kaum durchsichtigen Weise zunehmend eine recht strenge hierarchische Ordnung durchzusetzen scheint. Bei Tong-Il wie bei den Children of God führte dieses Leben der jugendlichen Anhänger gleichermaßen zu heftigen Protesten ihrer Eltern.

Auch das Auftreten in der Öffentlichkeit zeigt erstaunliche Entsprechungen. Wie die Missionsgruppen der Tong-Il-Leute mit Autobussen von Stadt zu Stadt reisen, so fahren die Children of God in ihren »Prophetenbussen«.

Vorläufig kann nur die Frage aufgeworfen werden, ob diese Übereinstimmungen auch Inhalte und speziell die Stellung beider Bewegungen zum Christentum betreffen. Die Tong-Il nennt sich mit ihrem zweiten Namen »Gesellschaft zur Vereinigung des Weltchristentums«. Tatsächlich aber ist sie die Gefolgschaft eines religiösen Führers, der sich als zweiter Mes-

[29] Vgl. »Time«, Juni 1971.
[30] *Helmut Aichelin* in »Materialdienst« 35, 1972, S. 352.

sias versteht und mit der Verkündigung seiner abschließenden Offenbarungen zurückhält.

Auch die Children of God umgeben sich mit dem Nimbus des Undurchsichtigen. Das charismatische Führertum scheint im Mittelpunkt zu stehen, nicht eine bereits abschließend formulierte Lehre. Das aber gibt zu der Frage Anlaß, welche Bedeutung dem *Namen Jesus* eigentlich zukommt und ob er etwa einst gegen einen anderen Namen ausgetauscht werden könnte.

Mittel- und Südamerika

Es ist sinnvoll, Mittel- und Südamerika, also den lateinamerikanischen Bereich, als religiös einheitlichen Raum zu behandeln, nicht allein angesichts der offiziell vorherrschenden römisch-katholischen Kirche, sondern gerade auch im Hinblick auf die neuen Religionen jener Gebiete. Denn *Wodu*, der für Haiti charakteristische, in leicht abgewandelten Formen unter den Namen *Santería* und *Ñañiguismo* aber auch in anderen karibischen Inselstaaten verbreitete Kult, und die *Umbanda-* oder *Macumba*-Religion Brasiliens weisen hinsichtlich der afrikanischen Herkunft ihrer Gottheiten und deren synkretistischer Vermischung mit Gestalten vornehmlich der christlichen Heilsgeschichte sowie in ihren kultischen Praktiken derart verwandte Züge auf, daß vom Wodu-Kult gelegentlich gesagt wurde, er sei in Brasilien unter dem Namen Macumba verbreitet[1].
Die Wanderbewegungen der *Tupí-Guaraní* scheinen auf den ersten Blick aus dem Rahmen dieser Gemeinsamkeiten zu fallen, und dies gilt sicher zu Recht für deren eigentümliche und ganz eigenständige Motivation. Doch kann nicht verkannt werden, daß auch hier sachliche Bezüge zu den anderen neuen Religionen Lateinamerikas feststellbar sind. Sie bestehen in der überwertigen Bedeutung, die den Tänzen im Kult zukommt; sie stellen das vornehmste Mittel dar, die Menschen mit den Gottheiten in Verbindung zu bringen.

Wodu

Westafrikanischer Herkunft sind – wie seine schwarzen Anhänger – die wesentlichsten Elemente des Wodu-Kultes, der im religiösen Bereich den bedeutsamsten Einfluß Afrikas darstellt, der von Negersklaven nach Amerika übertragen wurde. Zu ihm bekennen sich daher auch die Neger der mittelamerikanischen Inselrepublik Haiti in überwiegendem Maße. Zwar bezeichnet die offizielle Religionsstatistik Haitis die 4,9 Millionen Einwohner zu 70 % als Angehörige der römisch-katholischen Kirche. Dennoch ist bekannt, daß der dominierende Teil

[1] *Carl H. Hillekamps*, Religion, Kirche und Staat in Lateinamerika. München 1966, S. 99.

der schwarzen Bevölkerung gleichzeitig dem Wodu anhängt, und dies häufig in einer synkretistischen Vermengung mit dem Christentum, die keinen Widerspruch der Bekenntnisse empfinden läßt; man müsse, so wird von diesen Leuten gelegentlich geäußert, Katholik sein, um den Wodu-Göttern richtig dienen zu können[2].

Wodu trägt jetzt nicht mehr in so ausgesprochenem Maße den Charakter des Geheimkultes, wie er ihm in früheren Zeiten anhaftete. Den dumpfen Trommelklang, der die Wodu-Zeremonien begleitet, kann man heute von Schallplatten abspielen, und der Besucher Haitis darf in Port-au-Prince gegen Eintrittsgebühr einem Wodu-Ritus beiwohnen – einem verdünnten, für den Touristen entschärften vermutlich[3].

Die strikte Geheimhaltung, zu der sich vordem die Kultteilnehmer eidlich verpflichten mußten, bewirkte, daß die wenigen Nachrichten, die in die Öffentlichkeit drangen und den Weißen bekannt wurden, Anlaß zu dämonisierenden Spekulationen gaben. Da im Wodu-Kult das Kreuzeszeichen eine Rolle spielt – eine völlig andere als im Christentum –, bezeichnete man die Feiern als »schwarze Messen«. Und der Rechtsanwalt *Moreau de Saint-Méry*, der neun Jahre auf *Saint-Domingue* lebte – wie Haiti zur französischen Kolonialzeit hieß, ehe das befreite Land auf den ursprünglichen Namen zurückgriff –, kennzeichnete in seiner in den Jahren 1797 bis 1798 in Philadelphia erschienenen »Description topographique, physique, civile, politique et historique de la partie française de l'isle Saint-Domingue« die Wodu-Zeremonien als »demoralisierende Szenen«. Es war dies – abgesehen von vagen Andeutungen – die erste literarische Äußerung, die über Wodu nach Europa gelangte.

Natürlich bemächtigte sich die Spekulation auch des Namens der einheimischen Religion, und dies wiederum in abwertender Weise. Da im Wodu Tänze eine zentrale Stellung einnehmen, assoziierte man ihn mit dem Tanz um das goldene Kalb aus der Moses-Geschichte des Alten Testaments und glaubte dann das Wort *Wodu* (Betonung auf der Endsilbe; graphische Varianten: *Vaudou, Vaudoux, Vodou, Vodoo*) vom französischen veau d'or, »goldenes Kalb«, ableiten zu können. Eine andere Deutung griff auf *vaudois*, die französische Bezeichnung der »Waldenser«, zurück; und auch dies sollte in herabsetzendem Sinne verstanden werden. Solche Vermutungen waren jedoch reine Phantasie. Denn tatsächlich ist das Wort westafrikanischen Ursprungs. Es lautet im Ewe *Wudu* und im Fon *Wodun* und bedeutet in beiden Fällen »Numen, Genius, Schutzgeist«.

[2] *Alfred Métraux*, Haïti, la terre, les hommes, les dieux, Neuchâtel 1957, S. 59.
[3] *Sabine Lietzmann* in »Frankfurter Allgemeine Zeitung« vom 2. März 1963.

Auch sachlich hat die Verketzerung des Wodu, die ihn der grausigsten und abscheulichsten Riten bezichtigte, einer gerechteren Wertung Platz gemacht, die den spezifisch religiösen Charakter des Kultes betont. In diesem Sinne schrieb der haitianische Gelehrte *Jean Price-Mars*:

»Wodu ist eine Religion, weil die Eingeweihten an die Existenz von Geistwesen glauben, die teils im Universum, teils in enger Berührung mit den Menschen leben, deren Tätigkeiten sie kontrollieren. Diese unsichtbaren Wesen bilden einen Olymp von Göttern, deren höchste den Titel Papa oder Großer Herr tragen und auf besondere Verehrung Anspruch haben. Wodu ist eine Religion, weil der für ihre Götter entwickelte Kult eine hierarchische priesterliche Körperschaft, eine Gemeinde von Gläubigen, Tempel, Altäre, Zeremonien und schließlich eine mündliche Überlieferung verlangt, die gewiß nicht unverändert auf uns gekommen ist, aber dankenswerterweise den wesentlichen Teil des Kultes bewahrte. Wodu ist eine Religion, weil man aus dem Gewirr von Legenden und entstellten Fabeln eine Theologie herauslösen kann, ein System von Vorstellungen, mit dessen Hilfe sich unsere afrikanischen Ahnen auf primitive Weise die Naturereignisse erklärten ... Wodu ist eine sehr primitive Religion, die teils auf dem Glauben an allmächtige Geistwesen – Götter, Dämonen, entleibte Seelen – beruht, teils auf dem Glauben an Zauberei und Magie. Angesichts dieses Doppelcharakters müssen wir berücksichtigen, daß diese Glaubensvorstellungen in ihrem Ursprungsland mehr oder weniger rein waren und daß sie in unserem Lande durch ein Jahrhundert der Berührungen mit der katholischen Religion modifiziert wurden.«[4]

Diese Modifikation mit synkretistischer Tendenz konnte sich vollziehen, weil die Einflüsse des Katholizismus nicht tiefgreifend waren. Ein Londoner Bericht des Jahres 1789 rechnet mit der Zahl von 6000 bis 8000 Sklaven, die jährlich ins Land gebracht wurden. Sie wurden gezwungen, sich innerhalb von 8 Tagen nach ihrer Ankunft taufen zu lassen. Das macht es verständlich, daß sie innerlich ihren afrikanischen Glaubensformen und Kulturpraktiken verhaftet blieben.

Sicherlich entspricht es zu einem guten Teil eigenen, der Praxis des Wodu als eines Kultes von Eingeweihten innewohnenden Intentionen, den Charakter eines Geheimkultes zu pflegen. Aber dieser Wesenszug wurde dem Wodu-Kult auch durch äußere, politische Bedingungen aufgedrängt. Denn während der Zeit der Kolonialherrschaft waren die von den schwarzen Sklaven aus Afrika mitgebrachten Glaubensformen und Riten das einzige, was ihnen von ihrer alten Heimat geblieben war und ein festes geistiges Band zu Afrika darstellte. Gerade deshalb war die Teilnahme an diesen religiösen Feiern von den weißen Herren in den scharfen Gesetzen des *Code*

[4] *Jean Price-Mars*, Ainsi parla l'oncle. Port-au-Prince 1929, S. 32; S. 37.

Noir vom Jahre 1685 strikte untersagt worden. Ihr Vollzug konnte daher nur im geheimen, vornehmlich an verborgenen Plätzen des Berglandes, stattfinden.
Dann trat in der Nacht des 14. August 1791 der Wodu-Kult plötzlich und schlagartig als machtpolitischer Faktor kriegerisch in Erscheinung. Ein schwarzer Sklave namens *Boukman*, der insgeheim Wodu-Priester war, gab in jener Nacht anläßlich einer Kultfeier das Signal zum Aufruhr, und der Glaube an die afrikanischen Götter und an die Macht ihrer Riten gab den aufständischen Haitianern die Kraft zum Kampf gegen die französischen Truppen der napoleonischen Zeit, der nach zwölf Jahren – 1804 – zur Befreiung und zur Proklamation eines eigenen Staates führte.
Aber bald nach dem Sieg wurde Wodu erneut in die Illegalität verwiesen. Denn jene einheimische Schicht, die die Regierung der Kolonialherren ablöste, war ganz dem europäischen, speziell dem französischen Lebensstil verhaftet und stand dem afrikanischen Erbe fremd und ablehnend gegenüber.
In jüngster Zeit trat eine Wende ein. *Dr. François Duvalier*, vom Jahre 1964 bis zu seinem Tode am 22. April 1971 als Staatspräsident auf Lebenszeit regierend, benutzte den Wodu-Kult als Stütze seiner Diktatur und versuchte, sich mit dessen Hilfe als »Papa Doc« eine sakrosankte Stellung zu sichern, in der er sich sogar anbeten ließ:

> »Unser Doc, der du dein Leben lang im Nationalpalast bist, geheiligt werde dein Name von den gegenwärtigen und künftigen Generationen . . .«[5]

Der *Götterglaube* des Wodu ist polytheistisch. Die einzelnen Gestalten des Pantheons werden appellativisch mit *loa* oder *orixa* bezeichnet, gelegentlich auch mit den französischen Wörtern für »Engel« – *anges* – und »Heilige« – *saints*. An der Spitze aller Gottheiten steht *Bon Dieu*, der »gute Gott«. Obwohl er einen französischen Namen trägt, haben starke afrikanische Einflüsse die mit ihm verbundenen Vorstellungen geprägt. Er ist ein typischer Hochgott, der in seiner Erhabenheit über die Welt keinen Anteil nimmt am irdischen Geschehen und unerreichbar bleibt für die Anliegen der Menschen. Man glaubt, daß er nicht durch Gebet oder Kult zum helfenden Eingriff in das menschliche Schicksal veranlaßt werden könne, und man sagt, wenn man sich in dieses Geschick fügt, im Hinblick auf Bon Dieu: »*Si dié vlé*«, was in der haitianischen Umgangssprache eines kreolischen Französisch bedeutet: »Wenn Gott will.«
Im praktischen religiösen Leben haben Gottheiten, die dem Bon Dieu rangmäßig untergeordnet sind, eine weitaus größere

[5] »Die Zeit« vom 25. Juni 1965.

Bedeutung. *Legba* oder *Papa Legba* ist hier in erster Linie zu nennen. In Afrika und auf Haiti hat er die Funktion eines Mittlers zwischen Göttern und Menschen, die er nach genuin afrikanischer Vorstellung erfüllt, indem er die Gebete der Menschen als Dolmetscher in die Sprache der Götter übersetzt. Im haitianischen Wodu-Glauben gilt er als Öffner der *barrière*, der »Schranke«, die die Welt der Götter von derjenigen der Menschen trennt.

Das *Legba-Kreuz* ist das Symbol für diese Funktion des Gottes. Der senkrechte Balken des Kreuzes versinnbildlicht die Verbindung der oberen zur irdischen Welt und stellt damit den Weg dar, auf dem die Gottheiten zur Erde hinabsteigen. Der Fuß dieser Weltachse steht nach Wodu-Ansicht in Afrika, womit die religiöse Überwertigkeit der alten Heimat der Wodu-Anhänger bekundet wird. Der waagerechte Balken des Legba-Kreuzes ist Symbol für die irdische Lebenswelt, den Bereich der Menschen. Nur im Schnittpunkt beider Balken kann eine Begegnung der menschlichen mit der göttlichen Sphäre stattfinden. Und dieser Ort ist es, über den Legba wacht. Dieses Gottes vorrangige Bedeutung resultiert mithin aus seiner Wächterfunktion über den für eine Kommunikation der Menschen mit den Göttern einzig möglichen Platz. Deshalb wird Legba angerufen:

> »Papa Legba, öffne die Schranke für mich, öffne die Schranke, auf daß ich eintreten kann. Wodu Legba, öffne die Schranke für mich. Wenn ich zurückkehre, werde ich den Göttern danken.«[6]

Agwe ist der göttliche Herr der Meere, der Patron der Seefahrer. Boot und Ruderstangen sind ihm geweiht. Sein Kultinstrument ist das Muschelhorn, mit dem der haitianische Seemann in rituell-magischer Weise den günstigen Wind für seine Fahrt über das Meer herbeiruft. Dieses Muschelhorn erlangte historische Bedeutung in der Zeit der Sklavenaufstände. Denn mit diesem Horn wurden die Neger aufgerufen zur Rebellion gegen die weißen Herren.

Das Phänomen einer synkretistischen Vermengung tritt bei dem Gotte *Dambala* in Erscheinung. Er wird mit dem *Hl. Patrick* identifiziert, der Irland christianisierte. Dieser Synkretismus kann auf zwei Übereinstimmungen beider Gestalten beruhen. Einmal wird Patrick – vor allem in Süddeutschland – als Beschützer des Viehs verehrt, und Dambala ist ein Gott der Fruchtbarkeit. Zum anderen berichtet die christliche Legende, daß Patrick alle Schlangen von der irischen Insel vertrieben habe, und die Schlange steht auch zu Dambala in einem engen, aber hier positiven Bezug: Sie ist seine tierische Erscheinung.

[6] *Janheinz Jahn*, Muntu. Umrisse der neoafrikanischen Kultur. Düsseldorf–Köln 1958, S. 45.

Wegen ihrer Verehrung eines in der tierischen Gestalt der Schlange manifestierten Numens sind die Wodu-Anhänger früher häufig als Schlangenanbeter angesehen worden. Die Schlange ist charakteristisch auch für Dambalas Gemahlin *Ayida-Weddo*. Sie ist die Herrin der Himmelsschlange, das heißt des Regenbogens.

Der *Donner-Azaka* oder *Azaka-Tonnerre* ist, wie sein Name erkennen läßt, ein donnernder und auch ein blitzeschleudernder Gott der Gewitter, dessen Fürsorge jedoch in erster Linie dem Bauerntum gilt. Korbgefäße, die als seine Symbole gelten, verweisen auf diese Hauptfunktion des Gottes.

Die Haitianer unterscheiden mit Hilfe von Beinamen verschiedene Erscheinungsformen des *Ogun*, der westafrikanischen Gottheit des Eisens und des Feuers. Der *Eisen-Ogun* oder *Ogun-Ferraille* ist das Numen der Schmiede. Als Gott des Krieges erscheint der *Ogun-Badagri*. Man stellt ihn sich in militärischer Aufmachung französischer Provenienz vor. Außerdem wird er *Jakobus dem Älteren* gleichgesetzt, der gelegentlich mit dem Schwert als Zeichen seiner Enthauptung dargestellt wird. Motivbestimmend für die Synthese des christlichen Heiligen mit dem Wodu-Numen könnte auch sein, daß die Legende Jakobus den Älteren als streitbaren Schutzherrn der Spanier im Kampf gegen die Mauren kennt.

Der *Jungfrau Maria* wird die *Herrin Ezili* gleichgesetzt, die Göttin der Liebe. In ihren ausschweifenden Wesenszügen weist sie jedoch keine Gemeinsamkeiten mit Maria auf. Sie gilt vielmehr als lasterhaft und kokett.

Die Todesgottheiten gelten als groteske Wesen. Sie werden in der Gruppe der *Ghede* zusammengefaßt. Ihr wichtigster Vertreter ist der *Baron Cimetière* oder *Maître-Cimetière-Boumba*. Er hat wie Legba, der Hüter und Öffner der Schranken zwischen Göttern und Menschen, das Kreuz zum Symbol.

Die *Opfer*, die den Göttern des Wodu-Kultes dargebracht werden, sind zumeist mit rituellen Tötungen von Tieren verbunden. Die wichtigsten dieser Opfertiere sind Hähne; aber auch Schweine und Stiere kommen in Betracht. Das Opfer eines Schafes ist üblich im Dienste des Meeresgottes Agwe. Es wird für ihn auf See rituell getötet und ins Wasser geworfen. Nach dem Vollzug der Zeremonie kehrt man mit dem Boot möglichst schnell aufs Land zurück, ohne noch einmal zurückzublicken; denn Agwe will nicht, daß man ihm beim Essen zusieht.

Eine für den Wodu-Kult charakteristische Eigenart besteht darin, daß das zum Opfer bestimmte Tier in indirekter Weise über sein Einverständnis befragt wird. Es werden nämlich den Opfertieren vor der sakralen Tötung Speisen gereicht. Und es herrscht die Meinung, daß das Tier sich durch deren Annahme mit seiner Opferung einverstanden erkläre. Verweigert aber ein Tier die Aufnahme der Nahrung, so wird es sofort vom Opfer ausgeschlossen und durch ein anderes Tier ersetzt.

Gegenüber den Opferhandlungen nehmen *kultische Tänze* eine ungleich bedeutendere Stellung ein. Sie waren es, die in früheren Zeiten häufig den Wodu-Kult als eine orgiastische Raserei erscheinen ließen. Doch handelt es sich bei ihnen nicht um spontane ekstatische Exzesse, sondern um festgelegte Riten, die nur dem Außenstehenden willkürlich und ungeordnet erscheinen können.

Ihr Sinn ist die Herstellung einer Verbindung zwischen der gläubigen Gemeinde und ihren Göttern. Diese Verbindung wird in ganz spezifischer Weise vorgestellt und erlebt. Es besteht die Ansicht, daß diejenigen Kultteilnehmer, die bei den rituellen Tänzen von einem Gott besessen werden, von diesem »geritten« würden. Als Terminus hierfür wird der französische Ausdruck *chevauché* gebraucht. Da die von einem Gott Ergriffenen, von ihm Gerittenen, dann diesen Gott selbst verkörpern, kulminieren die Wodu-Zeremonien in der kultischen Darstellung der Theophanie afrikanischer Numina im Raume Mittelamerikas.

Diese Rituale werden in speziellen *Kulträumen* gefeiert, die *Hunfort* heißen. Sie unterscheiden sich äußerlich wenig von größeren haitianischen Bauernhäusern. Durchweg tragen sie das Wappen der Republik Haiti und enthalten ein Bild ihres jeweiligen Präsidenten. Dies kennzeichnet deutlich eine Verbindung von religiösen mit nationalen Motiven, die vom Wodu gepflegt wird.

Ein *Priestertum* steht an der Spitze der Wodu-Gemeinde. *Hungan* ist die Bezeichnung des gewöhnlichen Priesters, diejenige der Priesterin *Mambo*. Etwa im Range eines Bischofs steht als höherer priesterlicher Würdenträger der »Gottesvater«, der *Papaloa*. Ihm entspricht im weiblichen Priestertum die *Mamaloa*. Derjenige Priester, der die rituellen Tänze leitet, wird auf Französisch mit *La Place* bezeichnet.

Feierliche, meist schwarze Gewänder zeichnen die Priester aus, zudem der Besitz einer Kürbisrassel, die sowohl Instrument zum Dirigieren der Kulthandlungen als auch Würdezeichen ist.

Mit dieser Kürbisrassel gibt ein Priester zu Beginn des Rituals das Zeichen für den Einsatz der Musikinstrumente, die in der Mehrzahl Trommeln sind. Dann betritt der Priester La Place den Kultraum. In tänzerischer Form werden nunmehr Begrüßungen der Priester und eingeweihter Laien vollzogen.

Stark mit Pfeffer gewürzten Zuckerschnaps nimmt daraufhin ein Priester in seinen Mund, ohne ihn zu trinken. Vielmehr versprüht er ihn nach allen Seiten im Raum. Der sich ausbreitende Geruch dieses Alkoholopfers steigert im Verein mit lauter werdenden Trommelschlägen und dem Einsatz von Gesängen die Spannung der Tanzenden. Sukzessive führt dies zum Höhepunkt und Ziel des Kultes, dem Ergriffen- oder Gerittenwerden von einer Gottheit.

Sichtbar tritt dies Ereignis damit in Erscheinung, daß der betreffende Tänzer sich nunmehr in der Rolle einer Gottheit zeigt, sich in einer Art und Weise gibt, die typisch ist für den ihn reitenden Gott. So kriecht der vom Gotte Dambala Ergriffene in Schlangenwindungen am Boden umher. Ruderbewegungen ahmt nach, wen Agwe, der Herr der Meere, reitet. Der vom Kriegsgott Besessene fuchtelt mit einem Säbel umher, flucht und verlangt nach Rum. Und derjenige, der von Ezili, der Herrin der Liebe ergriffen wurde, ist bemüht, mit schriller Stimme französisch zu sprechen.

Umbanda

Die synkretistischen Kulte Brasiliens wurden bislang im allgemeinen zusammengefaßt unter dem Begriff *Macumba*, der im afrikanischen Moçambique und auf Madagaskar einen Baum bezeichnet, unter dem die Eingeborenen religiöse Versammlungen abhalten. In letzter Zeit ist es üblich geworden, den Namen eines dieser Kulte, der *Umbanda*, als kennzeichnend herauszustellen. Das hat seinen Grund darin, daß die Umbanda die in Lehre, Kultpraxis und Organisation am meisten gefestigte Bewegung darstellt, die eine Vereinheitlichung der synkretistischen Rituale erstrebt und praktisch bereits als eine neu etablierte Religion angesehen wird. Zum Ausdruck kommt dies in den statistischen Erhebungen Brasiliens, die neben Katholizismus, Protestantismus und Spiritismus die Umbanda als »vierte Religion« aufführen.

Der Name Umbanda, von dem bereits ein Terminus *Umbandismus* gebildet wird, ist verschieden erklärt worden. Am wahrscheinlichsten ist eine Bantu-Etymologie, die das Wort aufgliedert in ein auf Heilkunst verweisendes Präfix *u* und das Substantiv *mbanda*, welches zu *ki-mbanda*, »Hoherpriester, Medizinmann«, zu stellen wäre, einem Begriff, der in der brasilianischen Schreibung *Quimbanda* im Lande selbst ebenfalls zur Kennzeichnung der neuen Religion verwendet wird. Eine andere – tendenziös wirkende – Deutung greift auf das brasilianische Portugiesisch zurück: Sie trennt das Wort Umbanda in *um*, »eins«, und *banda*, »Fahne«, d. h. »Religion«, setzt es gleich mit dem Begriff »katholisch« und will damit einen universalen Anspruch der neuen Religion betonen.

Der Aufstieg der Umbanda, einer Religion, die afrikanische

mit christlichen, zuweilen zusätzlich noch mit indianischen Elementen vereinigt, hat sich in den letzten Jahrzehnten vollzogen, zunächst im geheimen und von der Regierung verboten, dann aber toleriert und damit in aller Öffentlichkeit. Zugrunde lag eine jahrhundertelange Vorgeschichte. Die afrikanischen Neger, die bei der Kolonisierung des Landes von den Portugiesen nach Brasilien gebracht wurden, nahmen wohl die Sprache ihrer Herren und formell auch deren Religion, den römischen Katholizismus, an. Tatsächlich aber blieb das Erbe Afrikas in religiöser Hinsicht äußerst zählebig. Es führte im geheimen ein Eigendasein, wurde gepflegt und weiterentwickelt.

Daß es in jüngster Zeit machtvoll hervortrat, hatte mehrere Ursachen. Die eine bestand in den großen Binnenwanderungen, die Hunderttausende von Schwarzen von den Plantagen in die Städte führten. Hinzu kam eine – zunächst höchst überraschend wirkende – Aufnahmebereitschaft für die neuen Ideen, die in den Kreisen der weißen Bevölkerung des Landes um sich griff. Zurückzuführen ist sie teilweise auf eine unbefriedigte Haltung gegenüber der katholischen Kirche, deren Klerus sich lange den neuzeitlichen Problemen verschloß, aber auch auf eine Neigung zu fremdartigen, geheimnisvollen Lehren und Riten, wie sie sich in zunehmendem Maße als eine typische Reaktion auf die fortschreitende Technisierung erweist. Weiterhin ist nicht zu übersehen, daß die Faschingsfeier, der *Carnaval*, vornehmlich von Rio de Janeiro, zu ekstatischen Praktiken neigt. Außerdem tritt gelegentlich die Tendenz zutage, die Umbanda als eigenständige religiöse Grundlage des brasilianischen Staates zu benutzen. Militärische Einheiten haben in jüngster Zeit an ihren Feiern teilgenommen, und die neue Religion ist ihrerseits bestrebt, einen Faktor des öffentlichen Lebens darzustellen; als im November 1968 Königin Elizabeth II. und Prinz Philipp Brasilien besuchten, brachten Umbanda-Priester in Salvador da Bahia am Tage vor der Ankunft des britischen Herrscherpaares in dieser Stadt ein Glücksopfer dar[7].

Die Umbanda ist also eine Religion, die die rassischen Grenzen ihres Ursprungs längst überschritten hat. Sie wendet sich an alle Teile der Bevölkerung – und dies mit Erfolg; denn ihre Anhängerschaft spiegelt das rassisch bunte Bild Brasiliens wider. Zuverlässige Angaben über die Anzahl praktizierender Umbandisten sind kaum möglich. Denn viele Menschen, die an den Kulten teilnehmen, sind statistisch nicht zu erfassen, weil sie sich offiziell weiterhin als Katholiken eintragen. Schätzungsweise rechnet man heute mit vier bis fünf Millionen, die tatsächlich der Umbanda anhängen. Auch die

[7] »The Sunday Telegraph« vom 3. November 1968.

Anzahl der Kultstätten, die mit dem portugiesischen Wort *terreiro* bezeichnet werden, das im profanen Gebrauch »Gelände, freier Platz, Hof« bedeutet, vermittelt kein genaues Bild, weil viele *terreiros* bei den Behörden nicht registriert werden. Doch übertrifft ihre Zahl vielerorts sicher bereits diejenige der christlichen Kirchen.

Umbanda ist eine synkretistische Religion. *Götter und Geister* westafrikanischer Herkunft, die meist die im Volksstamm der *Yoruba* gebräuchlichen Namen tragen, werden identifiziert mit biblischen Gestalten und katholischen Heiligen, zuweilen zusätzlich noch mit alten indianischen Numina. Eingeteilt werden sie in die zwei Klassen der *Orixá*, gütiger, wohlwollender Wesen, und der *Exú*, an deren Spitze der *Exú-König – Exú-Rei* – steht, der mit *Satan* gleichgesetzt wird. Er begrüßt es, mit »Majestät« angeredet zu werden. In der Umbanda wird er gezwungen, seine bösen Taten rückgängig zu machen.

An der Spitze wohltätiger Numina steht der Himmelsherr und Schöpfergott *Oxalá*, der mit *Jesus Christus* identifiziert wird. *Yemanjá*, die Göttin des Meeres, zugleich die Herrin der Schiffbrüchigen wie auch der Opfer von Flugzeugkatastrophen, wird der Jungfrau *Maria* gleichgesetzt und oft nach Art der schwarzen Schutzpatronin Brasiliens, *Nossa Senhora de Aparecida*, abgebildet; außerdem wird sie synkretistisch mit der indianischen Göttin *Jára* verbunden, die als Flußnixe mit grünen Haaren vorgestellt wird. Das Hauptfest der Yemanjá wird am 2. Februar, Mariä Lichtmess, als Feier »Unserer lieben Frau von den Seefahrern« begangen, am gleichen Tage, an dem die katholische Kirche die Jungfrau Maria mit einer Schiffsprozession im Hafen von Porto Alegre ehrt.

Der afrikanische Gott *Ogún*, ein Herr des Eisens und der Schmiede, vor allem ein Gott des Krieges, wird dem Drachentöter *Georg* gleichgesetzt. Da dessen Namenstag der 23. April ist, feiert man an diesem Tag auch das Fest des heidnischen Gottes.

Xangó, der Herr des Blitzes und der Gewitter, aber auch der Berge und Gesteine, verschmolz mit dem Hl. *Hieronymus*; *Nha-San*, eine Göttin des Windes und der verheerenden Stürme, mit *Barbara* als einer Heiligen, die gegen Unwetter angerufen wird. Der Jagdgott *Oxocé* wird dem Hl. *Sebastian*, dem Patron der Schützenbruderschaften, angeglichen, und *Omulú*, der Krankheiten heilt und vornehmlich auf Friedhöfen verehrt wird, erscheint als Entsprechung zu *Lazarus*, aber auch zum Hl. *Rochus*, dem Fürbitter gegen Pest und andere Seuchen. *Yori* und *Ibeji*, die als Zwillinge gelten, werden zu den christlichen Zwillingsbrüdern Kosmas und Damian in Beziehung gesetzt.

Führende Umbandisten arbeiten an der Vereinheitlichung

ihres ursprünglich in den einzelnen Gruppen voneinander abweichenden Systems. Weit fortgeschritten ist eine einheitliche Systematisierung im Hinblick auf die sogenannten »Phalangen« oder »Linien«. Gemeint sind damit die jeweils einem göttlichen Führer unterstehenden Legionen von Geistern aller Verstorbenen, auch der Nicht-Umbandisten, deren Zuordnung zu einer bestimmten »Linie« aufgrund ihrer vormaligen irdischen Stellung erfolgt, für die Religion, Rasse und Wohnraum maßgebend sind.

Der *Spiritismus* der Umbanda tritt zutage in der medialen Verbindung mit Geistern sowie in der therapeutischen Praxis der Gemeinschaft. Sie beruht auf der Annahme, daß Krankheiten durch Geister verursacht würden, die unerlöst und böse sind.

Im Mittelpunkt des religiösen Lebens der Umbandisten aber steht der *Kult* mit reich entwickelten Zeremonien, die einerseits der Heiligung der großen Stadien des menschlichen Lebens – Geburt, Hochzeit, Tod – dienen und andererseits Naturriten sind, die in Bergen, Wäldern, Gärten, am Strand, an Wasserfällen und auf Friedhöfen vollzogen werden.

Die Kulthandlungen werden von Priestern geleitet, die mit *babalaó* bezeichnet werden, was mit »Gottesvater« oder auch »Vater der Heiligen« übersetzt werden kann. Gleichmäßiger Trommelklang und der Geruch einer betäubenden Art von Weihrauch führen zu ekstatischen Tänzen der Kultteilnehmer. Gebete sind ein Bestandteil der Riten. Sie lassen eine für die Umbanda charakteristische und von ihr intendierte Verbindung echter religiöser Anliegen mit spiritistischen Vorstellungen erkennen, etwa in folgendem Gebetstext:

> »Wir rufen zu Yemanjá und zu Nha-San um die Reinigung unserer Gefühle, indem sie alle Unreinheiten durch die heiligen Wellen der Meere, durch die sakrosankten Wasser der Flüsse und durch den göttlichen Hauch des Windes hinwegtragen.
>
> Wir rufen zu Xangó, daß er uns einen Lichtstrahl und einen Funken seiner unmeßbaren Kraft sende, damit wir die stürmische Furie unserer inneren Einstellungen dämpfen.
>
> Wir rufen zu Ogún, daß er mit seiner heiligen und unbesiegbaren Lanze unsere kleinlichen Leidenschaften zerstöre und die bösen Einflüsse, die uns besitzen, entferne.
>
> Wir rufen zu Oxocé . . ., daß er uns Kraft, Beherztheit und Macht gebe, die unserer geistigen Vervollkommnung im Wege stehenden Elemente auszuschalten . . .
>
> Wir rufen zu Omulú, daß die gesegneten Seelen unsere Schritte bewachen, unsere Schutzengel stärken und unsere geistigen Arbeiten unterstützen mögen . . .«[8]

Zu den Kulthandlungen gehört die Darbringung der verschiedensten Opfergaben. So soll die Meeresgöttin Yemanjá gnädig

[8] *Ulrich Fischer*, Zur Liturgie des Umbandakultes. Leiden 1970, S. 17.

gestimmt werden, indem man Geld, Blumen, Schmuck und Kleidungsstücke ins Meer wirft. *Bara* oder *Barabara*, der Gott der Straßen und Wege, muß versöhnlich gestimmt werden, damit er die Gläubigen ungehindert zum *terreiro*, dem Kultplatz, gelangen läßt. Dies geschieht, bevorzugt an Straßenkreuzungen, mit Opfern von gerösteten Maiskörnern, einem roten Tuch und einem toten Hahn. Man bezeichnet das Darbringen von Opfern terminologisch mit dem portugiesischen Worte *despacho* im Sinne von »Absendung«.

Die *Organisation* der Umbanda tendiert zu einer kirchenähnlichen Gestalt mit dem Ziel, über die rechte Lehre zu wachen und Verfälschungen auszuschließen. Sie untersteht einem »Höchsten afro-brasilianischen Priesterrat«, dem »Supremo Conselho Sacerdotal Afro-Brasileiro«. Bemerkenswert sind die Anfänge von genossenschaftlichen Siedlungen, in denen Umbandisten in Gütergemeinschaft miteinander leben. Eine solche Siedlung wurde in der Nähe von Brasilia gegründet. Über ihren begrenzten Bereich hinaus verbreitet sie umbandistisches Gedankengut durch die Herausgabe von Schriften und durch eine eigene Rundfunkstation.

Tupí-Guaraní-Wanderbewegungen

Tupí-Guaraní ist primär ein philologischer Begriff, der eine sehr weit verbreitete südamerikanische Sprachfamilie bezeichnet. Er wurde übertragen auf die ihr zugehörigen indianischen Stämme, deren Wohngebiete südlich des Amazonas beginnen und sich bis zur Grenze zwischen Brasilien und Paraguay erstrecken.

Höchst eigenartige, beschwerliche und langwierige Wanderungen, die religiös motiviert waren, erweckten das Interesse für diese Indianer. Es handelt sich um folgendes Phänomen: Ein Stamm aus dem Landesinnern bricht plötzlich zu einer langen und mühsamen Wanderung auf mit dem Ziel, die Küsten des Meeres zu erreichen. Während seiner Wanderung auferlegt sich der Stamm die schwersten Entbehrungen. Sein Weg führt ihn oft durch denkbar unwirtliches Gebiet. Strenge Fastenvorschriften müssen während der oft jahrelangen nomadischen Existenzweise beobachtet werden, und allnächtlich veranstaltet man kultische Tänze. Das Passieren fremden, oft feindlichen Territoriums, die kultischen Verpflichtungen und der Zwang ständigen Ortswechsels erschweren die Nahrungssuche erheblich. Doch nichts hindert diese Menschen an der Verfolgung ihres Ziels, die Küsten des Meeres zu erreichen.

Der zuerst von Europäern beobachtete und von Angehörigen des Jesuitenordens überlieferte Wanderzug eines Stammes

ereignete sich in den zehn Jahren zwischen 1539 und 1549. Er galt der Absicht, das »Land der Unsterblichkeit und ewigen Ruhe« zu erreichen. Die geographische Richtung dieser Wanderung, die von der brasilianischen Küste ausging und den Pazifischen Ozean zu erreichen suchte, in ihren letzten Ausläufern aber nur bis Chachapoyas, einem Ort westlich der zentralen Kordillere der Anden, kam, war untypisch im Hinblick auf nachfolgende Bewegungen. Diese vollzogen sich in west-östlicher Richtung, hatten den Atlantik zum Ziel und endeten vornehmlich in den Gegenden von Pernambuco, Salvador und Santos. Ihre zeitliche Abfolge war unregelmäßig. Größere Aufbrüche sind bekannt aus den Jahren 1609, 1820, 1830, 1870 und 1890. Zum bislang letzten Male begab sich im Jahre 1912 ein Stamm auf eine derartige Wanderschaft. Danach erließ die brasilianische Regierung ein Verbot und gründete für die Tupí-Guaraní Reservate. Beobachter vermuten, daß damit die religiösen Motive, die vordem die großen Wanderzüge auslösten, nicht zum Erlöschen kamen.
Diese Motive entspringen einem tiefgreifenden Pessimismus der Stämme. Er ist charakterisiert durch eine ständige Furcht vor den Schrecken des täglich zu erwartenden Unterganges der Welt. Die Tupí-Guaraní sagen:

> »Heutzutage ist die Erde alt, unser Stamm will sich nicht mehr vermehren. Die Toten sollen wir alle wiedersehen, Finsternis fällt herab, die Fledermaus geht nieder, und alle, die wir hier auf Erden sind, finden ein Ende. Der blaue Tiger steigt nieder, um uns aufzufressen.«[9]

Diese Aussage enthält wesentliche Vorstellungen der *Eschatologie* der Tupí-Guaraní. Die Fledermaus, als Dämon der Nacht und Feind der leuchtenden Gestirne aufgefaßt, wird Sonne und Mond verschlingen und auf der Erde den Einbruch völliger Finsternis verursachen. Die mythologische Gestalt des blauen Tigers kommt herab, um die Menschen zu fressen. Außerdem wird *Nanderyqueý*, der Sohn des Hochgottes, das Holzkreuz, das sein Vater als Erdstütze errichtete, hinwegziehen und so die Erde zum Absturz bringen. Ein Weltenbrand wird sich dann ereignen, auf den eine große Flut folgt.
Um diesem Verderben zu entgehen, gilt es für den Stamm, vor Einbruch der endzeitlichen Ereignisse das rettende »Land ohne Übel« zu erreichen, den Wohnort des Hochgottes, der »unser großer Vater« genannt wird – im Tupí-Guaraní: *Nanderuvuçú*.
Den Zeitpunkt dieses Aufbruchs geben die *Medizinmänner* der Stämme bekannt, von denen prophetische Eigenschaften

[9] *Curt Nimuendajú-Unkel*, Die Sagen von der Erschaffung und Vernichtung der Welt als Grundlagen der Religion der Apapocúva-Guarani. In: Zeitschrift für Ethnologie 46, 1914, S. 399.

erwartet werden. Sie verkünden den unmittelbar bevorstehenden Beginn der endzeitlichen Schrecken und rufen damit den Stamm auf, eine Wanderung zur Küste anzutreten, um dem drohenden Untergang zu entrinnen und rechtzeitig das »Land ohne Übel« zu erreichen.

Die Stämme befolgen in bedingungsloser Unterordnung das Wort ihrer Medizinmänner, die theokratische Funktionen wahrnehmen. Zumindest einige von ihnen, deren Namen bekannt geworden sind, beanspruchten göttliche Verehrung. Dies gilt für *Juan Cuara* und für *Guiravera*. *Obera* bezeichnete sich als jungfräulich geborenen Gottessohn, und *Rodrigo Yaguariguay* nannte die Jungfrau *Maria* seine Mutter.

Damit treten zweifellos eigentümliche Synkretismen zutage. Es ist umstritten, ob auch die Eschatologie der Tupí-Guaraní eine religiöse Vermischung darstellt. Sicher dürfte in jedem Falle sein, daß in ihr die indianischen Elemente ganz im Vordergrund stehen.

Denn es ist in alten indianischen Vorstellungen von einer Sintflut mythischer Zeit begründet, daß die Tupí-Guaraní glauben, gerade mit einer Wanderung zum Meer dem Untergang entrinnen zu können. Zugrunde liegt der folgende Bericht:

> »Als Nanderuvuçú beschloß, die ganze Welt zu vernichten, benachrichtigte er den großen Medizinmann Guyraypotú und befahl ihm, sofort und sehr lange zu tanzen. Und dann begann das Weltende. Als Guyraypotú die Gefahr merkte, floh er mit seiner Familie zur Küste des Meeres. Hier baute er ein Tanzhaus und tanzte ohne Pause mit seiner Familie ...«[10]

Die Erzählung berichtet dann, daß die Menschen und das Haus durch den andauernden Tanz so leicht geworden seien, daß sie den Verheerungen der Flut entgangen und über das Meer in den Himmel zu Nanderuvuçú gelangt wären:

> »Jetzt wohnen alle bei Nanderuvuçú im himmlischen Land.«[11]

Die Stämme erstreben, dieses mythische Vorbild nachzuvollziehen. Sie glauben, durch Tanz am Meer dem Untergang entgehen und den Himmel erreichen zu können.

Recht eigenartig erscheint die schwache Reaktion auf das Ausbleiben des erwarteten übernatürlichen Ereignisses. Sie ist verständlich aus der Situation binnenländischer Gruppen, die erstmals in ihrem Leben das ihnen unbekannte Meer erblicken und nach allgemeinem Zeugnis vor der Weite des Ozeans er-

[10] *Alfred Métraux*, La religion des Tupinamba et ses rapports avec celle des autres tribus Tupí-Guaraní. Paris 1928. S. 203 f.
[11] Ebd., S. 203 f.

schrecken. Dies erklärt es, daß sie sich jeweils gern und bald aus der unmittelbaren Küstenlandschaft zurückzogen. Ihren Mißerfolg schrieben sie kultischen Verfehlungen zu, die während ihrer Wanderschaft begangen worden seien.

Ozeanien

Ivi-atua

Ivi-atua, »Geschlecht der Götter«, hießen die einheimischen Priester der geheimnisumwobenen *Osterinsel*. Man verwendet dieses Appellativ heute auch zur Kennzeichnung einer religiösen Bewegung, in der im Sommer 1914 der Geist des alten Osterinselpriestertums noch einmal Geltung gewann. Diese Bewegung war ephemer und hat keine aktuelle Bedeutung mehr; aber sie war typisch für manche anderen Bewegungen des ozeanischen Raumes sowohl hinsichtlich ihrer Ansprüche als auch der Impulse, die sie den Einheimischen vermittelte.
Eine Prophetin, die *Angata* hieß, erklärte den Osterinsulanern, im Traum sei ihr Gott erschienen und habe ihr verkündet, die Osterinsel solle wieder den Eingeborenen gehören und diese könnten den Besitz der Fremden übernehmen. Ihre Erhebung werde gefahrlos verlaufen; denn Gott habe sie kugelfest gemacht, und er werde niemals zulassen, daß den Insulanern ein Leid geschehe.
Diese Botschaft der Prophetin Angata, die Glauben und begeisterte Zustimmung fand, führte zum Aufstand. Die Einheimischen nahmen abgetretenes Gebiet wieder in eigenen Besitz, und sie schlachteten das Vieh einer großen chilenischen Farm.
Die Erhebung, die teilweise kriegerische Form angenommen hatte, verlor jedoch wesentlich an Stoßkraft, als die schon alte Prophetin im Verlauf dieser Ereignisse starb. Sie erhielt ein christliches Begräbnis.
Zur Bekämpfung des Aufstandes hatte die chilenische Regierung ein Kriegsschiff entsandt. Es traf ein, als die Bewegung bereits erlosch, und mit milden Maßnahmen konnte die völlige Ruhe wiederhergestellt werden.

Hapu-Religion und Kaoni-Aufstand

Zwei Bewegungen, die im vorigen Jahrhundert auf der Insel *Hawaii* Bedeutung erlangten, tragen die Namen ihrer Initiatoren.
Eine Prophetin, die *Hapu* hieß, verkündete im Jahre 1825 den bevorstehenden Weltuntergang, der jedoch nur den Gegnern ihrer Botschaft zur Katastrophe werden solle, den Anhängern ihrer Lehre jedoch Errettung und Heil bringen werde.

Im übrigen bestand die Verkündigung der Prophetin in einer synkretistischen Mischung alter heidnischer Ritualvorschriften und teilweise christlichen Vorstellungen. *Jahwe* und *Jesus* wurden eine beherrschende Stellung eingeräumt. Sie galten als Hochgötter der neuen Religion.

Die Bewegung erlosch nach dem Tode ihrer Stifterin zunächst nicht. Vielmehr wurde Hapu in den Kreisen ihrer Anhänger nunmehr vergöttlicht. Für Aufbewahrung und Verehrung ihrer Reliquien wurde ein Tempel errichtet. Der Glaube an die von der Prophetin verkündeten eschatologischen Ereignisse bestand weiterhin, und in Erwartung des in Kürze bevorstehenden Weltendes und eines für sie anbrechenden paradiesischen Zustandes gaben die Hapu-Bekenner ihre bisherigen Arbeiten auf, deren Ausführung sie nunmehr für überflüssig erachteten.

Ein radikaler Umschwung trat ein, als die Endzeiterwartung sich nicht verwirklichte. Die Verehrung der Prophetin schlug in Haß um. Ihr Tempel wurde verbrannt, und die Bewegung erlosch.

Es ist fraglich, ob sie in einem Aufstand des Jahres 1868 noch einmal hervortrat. Etwaige historische Zusammenhänge sind nicht eindeutig geklärt. Jedenfalls trat damals ein Prophet namens *Kaoni* auf, dessen Ideen denen der Hapu-Religion sehr ähnlich waren. Das unmittelbar bevorstehende Weltende stand auch hier im Mittelpunkt der Verkündigung.

Die praktischen Konsequenzen, die die Anhänger Kaonis hieraus zogen, unterschieden sich jedoch wesentlich von denjenigen der einstigen Hapu-Gläubigen. Während diese friedfertig geblieben waren und lediglich ihre Arbeit eingestellt hatten, griffen die Leute Kaonis zur Gewalt. Ein blutiger Aufstand gegen die staatliche Gewalt brach aus. Er erreichte seinen gräßlichen Höhepunkt, als die Aufrührer den Kopf eines von ihnen getöteten Polizisten abschnitten und auf einen Pfahl aufspießten.

Die Grausamkeiten alarmierten die staatliche Macht, die überlegen eingriff und den Aufstand rasch und erfolgreich beendete.

Sisu Alaisa-Erwartung

Im Jahre 1863 trat der Prophet *Sio-Vivi* als Verkünder einer neuen Religion mit ausgeprägter eschatologischer Heilserwartung auf *Samoa* auf. Auf der seit 1830 christlich missionierten Insel verbreitete er, unterstützt von einer heilkundigen Prophetin, eine Botschaft, die christliche Vorstellungen mit alten heidnischen Traditionen verband.

Der von dem Propheten verkündete Hochgott war ein Synkretismus des christlichen Gottesbegriffes und des Glaubens an *Tangaloa*, jenen Gott, der in der Religionsgeschichte Polynesiens relativ spät und nicht ohne Widerstand die Stellung des obersten göttlichen Herrn und Schöpfers der Welt erlangt hatte.
Synkretistisch waren auch die Vorstellungen über einen Sohn dieses Hochgottes. Sie knüpften einerseits an die polynesische Mythologie an. Andererseits aber verkündete Sio-Vivi diesen Sohn unter dem Namen *Sisu Alaisa*, der allgemein als eine einheimisch entstellte Form von *Jesus Christus* angesehen wird.
Sisu Alaisa ist der *endzeitliche Messias*, der den Anhängern der neuen Religion alle irdischen Güter bringen wird. Zu erwarten ist, daß er in Kürze eintreffen wird, indem er auf den Wellen des Meeres die Küsten der Insel erreicht.
Die Folgen dieser Verkündigung bestanden einmal in einem Rückfall ins Heidentum: Die alten kultischen Tänze der vorchristlichen Zeit wurden wieder aufgeführt. Auch polygame Eheverhältnisse traten erneut in Erscheinung.
Andererseits resultierte aus dem Verkündigungsgehalt der neuen Botschaft, daß viele Gläubige tagelang an den Ufern der Insel auf die Ankunft des Heilbringers Sisu Alaisa warteten. Da sie in dem Glauben lebten, daß der in Kürze eintreffende Messias alles neu und besser mit sich bringen werde, erschienen ihnen ihre bisherigen Güter und deren Erwerb überflüssig. So stellten sie alle gewohnten Arbeiten ein und feierten statt dessen üppige Gastmähler.
Das Ausbleiben der messianischen Parusie hatte keine Schockwirkung. Es führte nicht zum abrupten Erlöschen der Bewegung. Diese verebbte vielmehr nur sehr langsam.

Tuka

Auf den *Fidschi*-Inseln, auf denen sich seit alters melanesisches Erbe mit polynesischen Einflüssen trifft, wurde in vorchristlicher Zeit *Ndengei* als Hochgott verehrt. Man stellte ihn sich als eine aus einem Felsen hervorgewachsene Schlange vor, die in einer Höhle der Insel Vitilevu lebe. Nachdem die Inseln bereits völlig missioniert waren, erfolgte im Jahre 1873 eine Repristination des Glaubens an *Ndengei*. Sie ist unter dem Namen *Tuka*-Bewegung bekannt geworden; das Wort *tuka* bedeutet »Unsterblichkeit«.
Die Religion, die diesen Namen trug, ging zurück auf die prophetische Verkündigung eines *Ndungumoi*, der der alten Priesterschaft der Fidschi-Insulaner entstammte. Der Botschaft,

die er verkündigte, lagen Visionen zugrunde, die ihm Begegnungen mit alten Göttern der Fidschi-Inseln vermittelt hatten. Sie hatten ihm ein äußerst stark ausgeprägtes religiöses Selbstbewußtsein und den Glauben verliehen, über außerordentliche Wunderkräfte zu verfügen.

Ndungumoi identifizierte sich mit Ndengei, dem alten Hochgott der Inseln, und er nannte sich *Navosavakandua*, der Mann, »der nur einmal spricht«. Dies war auf den Fidschi-Inseln die Bezeichnung des obersten Richters, dessen Wort, wie es Ndungumoi mit dem seinen im religiös absoluten Sinne erstrebte, einmalig und endgültig ist.

Mit seiner Repristination des alten Hochgottes Ndengei verband Ndungumoi einen Rückgriff auf mythologische Vorstellungen der heidnischen Zeit. Diese besagten, daß nach katastrophalen Ereignissen und einer Sintflut, Zwillinge, die Neffen Ndengeis waren, nach dem Westen gereist seien, von wo aus sie einst zurückkehren würden.

Der Prophet verkündete nun, daß diese Rückkehr in Bälde erfolgen werde. Mit ihr werde eine neue Weltperiode eingeleitet. Eine totale Erneuerung der Welt werde stattfinden. Für die Insulaner solle dann eine Ära der Freiheit und des Glückes anbrechen. Die weiße Herrschaft werde ein Ende haben. Die zivilisatorischen Güter der Weißen würden den Einheimischen in überreichem Maße zur Verfügung stehen.

Wenn Ndungumoi die Namen der rückkehrenden göttlichen Zwillinge mit *Jehova* und *Jesus* angab, so vollzog er eine lose, allein auf die Namen bezogene und sachlich ganz unangebrachte Synkretisierung mit christlichem Gut.

Die Tuka-Bewegung tendierte zu straffem organisatorischem Zusammenschluß ihrer Anhänger. Die Aufnahme in die Gemeinschaft vollzog sich in eigenartiger Form. Vollgültiges Mitglied wurde jeder Insulaner, sobald er von den Sendboten des Propheten käuflich eine mit Wasser gefüllte Flasche erworben hatte, deren Inhalt einer Quelle des Lebens entstammen und *tuka*, »Unsterblichkeit«, verleihen sollte.

Die Bewegung, deren europäerfeindliche Tendenzen immer unverblümter hervortraten, gewann rasch eine erstaunlich große und halbmilitärisch organisierte Anhängerschaft. Auch das Einschreiten der Regierung konnte die Aufstiegstendenzen der Bewegung keineswegs hemmen.

Ndungumoi wurde zunächst zur Zwangsarbeit verurteilt und dann verbannt. Kurz vor der verfügten Entlassung aus der Verbannung starb er.

Aber seine Anhänger glaubten nicht an seinen Tod. So konnten seine Nachfolger in der Leitung der Tuka-Gemeinschaft mit ihrer Behauptung, sie ständen mit dem weiterlebenden Stifter in geheimnisvoller Verbindung, die Bewegung angeblich in dessen Sinn und nach seinen Weisungen weiterführen. Dies trug wesentlich zum Bestand der Tuka-Gemeinschaft bei, die bis in die jüngste Gegenwart hinein nicht ganz erloschen sein soll.

Pai-marire

Der Stifter der bedeutendsten religiösen Bewegung, die im vorigen Jahrhundert auf *Neuseeland* entstand, war *Te Ua*. Vor seinem prophetischen Auftreten war er als Priester der heidnischen Religion der *Maori* ausgebildet worden, war dann später zur anglikanischen Kirche konvertiert, soll aber auch in *Sidney*, wo er sich zeitweise aufgehalten hatte, spiritistischen Kreisen nahegestanden haben.

Der Name, den Te Ua seiner Religionsstiftung verlieh, war *Pai-marire*. Die Wörter *pai* und *marire* bedeuten im Maori »gut« und »friedfertig«, wobei hier »Glaube« oder »Religion« zu ergänzen ist. Anfänglich schien diese Bezeichnung gerechtfertigt; denn Te Ua erklärte seine Stiftung für friedliebend, lehnte eine Begrenzung ihrer Verbreitung allein in seinem eigenen Volk ausdrücklich ab und verkündete den Anspruch auf internationale Anerkennung.

Der Name des »guten und friedlichen Glaubens« klang aber bald wie bitterer Hohn, als nämlich die Bewegung, die unter den Maori weit um sich gegriffen hatte, in den Jahren 1860 bis 1870 mit fremdenfeindlichen Tendenzen in äußerst grausamer Weise in Erscheinung trat.

Damals ist die neue Religion noch unter einem zweiten Namen bekannt geworden, demjenigen der *Hau-Hau*-Bewegung. Für ihre Anhänger war das Wort *hau* ein heiliger Ausruf, eine numinose Silbe, die kurz, fast bellend und zu wiederholten Malen hervorgestoßen wurde. Ihre wörtliche Bedeutung ist »Wind«, und dieser Ruf sollte mit dem Wind die Engel als Helfer herbeirufen, um den Hau-Hau-Leuten beizustehen in ihren Kämpfen gegen die Briten.

Die *Lehre*, auf der diese Bewegung beruht, war synkretistisch. Ihr Gottesbegriff knüpfte an den alten einheimischen Hochgott *Tane* an, wurde aber nun mit *Jehova* bezeichnet. Wesentlich dabei war, daß Te Ua verkündete, seine Anhänger seien das auserwählte Volk *Jehovas* und deshalb unverletzlich. Er selbst bezeichnete sich als *Messias*.

Der *Kult*, den die Pai-marire-Anhänger frühmorgens feierten, wurde täglich vollzogen. Denn Te Ua hatte den Sonntag mit der Begründung abgeschafft, daß alle Tage gleichermaßen heilig seien.

Die aus Gesängen und ekstatischen Tänzen bestehenden rituellen Handlungen bewegten sich um einen *heiligen Pfahl,* an dessen Spitze drei sehr bunte, mit weißen Kreuzen versehene Fahnen angebracht waren. Ziel der Kultteilnehmer war es, während des Tanzes diese Fahnen mit dem Kopf oder den Schultern zu berühren. Sie glaubten, daß dadurch unmittelbar eine Verbindung zu Jehova hergestellt sei.

Natürlich ging hiervon eine faszinierende Wirkung aus. Die Grausamkeiten, zu denen sie führte, erreichten ihren Höhepunkt, nachdem die Pai-marire-Leute eine britische Abteilung überfallen und deren Hauptmann *Lloyd* getötet hatten. Im Siegesrausch tranken sie das Blut des gefallenen Offiziers, und Te Ua verkündete, der Erzengel *Gabriel* habe ihm geboten, den Kopf des Hauptmanns Lloyd, der hinfort das Symbol ihres Bundes mit Gott sein solle, nach alter heidnischer Sitte zu präparieren. Durch das Medium dieses Kopfes werde von nun an direkt der Wille Gottes verkündet werden.

Eine *Offenbarung,* die dann Lloyds Kopf ausgesprochen haben soll, ernannte Te Ua zum Oberpriester der neuen Religion. Er verkündete nunmehr, seine Anhänger ständen unter dem besonderen Schutz der *Jungfrau Maria,* die auch noch selbst erscheinen werde. Außerdem werde der Erzengel *Gabriel* eintreffen und mit ihm Scharen von Engeln, die alle Weißen vertreiben und den Maori alle Kenntnisse der Engländer vermitteln würden.

Te Ua erklärte den Kopf Lloyds nicht nur zum Vermittler von Offenbarungen. Vielmehr gewann dieser präparierte Kopf auch noch eine andere, grauenvolle Bedeutung. Die Aufnahme neuer Mitglieder in die Gemeinschaft wurde nun in der Weise vollzogen, daß diese Wasser zu trinken bekamen und mit Wasser übergossen wurden, in das zuvor Lloyds Kopf getaucht worden war.

Gelegentlich ist angenommen worden, daß das eigentliche Anliegen Te Uas ein ganz anderes war als das, das vordergründig in Erscheinung trat. Ihm sei es vornehmlich um die Abschaffung der Einehe gegangen. Diese Wertung dürfte einseitig sein, obwohl Te Ua *Polygamie* forderte, und zwar mit dem Argument, durch sie werde die Zahl der Gläubigen rascher vermehrt.

Der Niedergang der Pai-marire-Religion ist nicht allein durch verstärkte staatliche Machtmittel bewirkt worden. Vielmehr lösten sich viele Maori aus eigenem Entschluß von der Bewegung, als sich deren Grausamkeiten immer mehr steigerten. Dies geschah vor allem, nachdem Pai-marire-Leute im Februar 1865 den ganz schuldlosen und an allem Geschehen völlig unbeteiligten deutschen Missionar *Völkner* ermordet hatten.

Die Führung der Gemeinschaft ging von Te Ua an *Te Kooti* über. Seine Intentionen sind umstritten. Manche sehen ihn als

vornehmlichen Initiator der Greueltaten an, andere meinen, er habe die Bewegung dem *Christentum* zuführen wollen. Auch nach seinem Tod im Jahre 1893 erlosch die Pai-marire-Religion nicht völlig.
Te Kooti hatte eine Namensänderung der neuen Religion vorgenommen, die er mit *Ringa-tu* »erhobene Hände«, bezeichnete. Der Begriff leitet sich ab vom Gebetsgestus der Maori. Anhänger dieser Ringa-tu-Religion gibt es bis in die Gegenwart auf Neuseeland.

Mambu-Bewegung

Auf *Neuguinea* und der *melanesischen Inselwelt* hat die Konfrontation der Eingeborenen mit zivilisatorischen Erzeugnissen zu einer größeren Anzahl religiöser Bewegungen geführt, die meist nur lokale Unterschiede aufweisen, in ihren Ideen und Bewegungsabläufen einander aber sehr ähnlich sind. Man hat sie zusammenfassend als *Cargo-Kulte* bezeichnet und mit diesem englischen Begriff *cargo* zum Ausdruck gebracht, daß es sich hierbei um die Erwartung von »Ladungen, Frachtgütern« handelt, deren Eintreffen von den Eingeborenen zunächst auf Schiffen erhofft wurde; später ist auch an Flugzeugtransporte gedacht worden.
Durch einseitige Darstellungen und eine ihnen entsprechende Materialauswahl wurde die Ansicht weit verbreitet, diese Heilserwartungsbewegungen seien durchweg fremdenfeindlich, mit Haß, insbesondere gegen die Weißen, verbunden gewesen, es habe sich bei ihnen stets – um einen überflüssigen, von der Völkerkunde geprägten Begriff zu nennen – um »Nativismus« gehandelt.[1]
Tatsache ist jedoch, daß es bei den Melanesiern, angefangen von ihrer ersten Berührung mit westlicher Zivilisation bis in die jüngste Vergangenheit, Heilserwartungen gegeben hat, die gerade die Fremden als Überbringer erhoffter Güter ansahen. Diese Hoffnungen richteten sich im 19. Jahrhundert auf die christlichen Missionare.
Während des Zweiten Weltkrieges führten diese Erwartungen zu überraschenden Situationen. Als die Japaner auf Neuguinea landeten, wurden sie von den Papuas zunächst als Lieferanten zivilisatorischer Güter begrüßt. Die Amerikaner erlebten das gleiche auf den Neuen Hebriden. Deren Einwohner glaubten, der »König Amerikas«, der mächtige *Ruseful*, wie sie sagten, also *Roosevelt*, werde ihnen überreiche Frachten auf Schiffen und mit Flugzeugen schicken. Als dann die

[1] Vgl. *R. Linton*, Nativistic Movements. In: American Anthropologist 45, 1943, S. 230–240.

amerikanischen Truppen eintrafen, fanden sie vorbereitete Flugplätze vor, Straßen zum Transport und Hallen zur Lagerung der erwarteten Güter?

Diese Ereignisse zeigen deutlich, daß der fremdenfeindliche Charakter melanesischer Heilserwartungen keine durchgängige Erscheinung ist. Wo er auftritt, verbindet er sich mit der überlieferten *Ahnenverehrung*. Es handelt sich im Grunde stets um das gleiche Konzept. Es wird behauptet, die zivilisatorischen Güter dieser Welt seien in Wahrheit von den Ahnen hergestellt und zum Gebrauch für den eigenen Stamm bestimmt gewesen. Durch die weißen Kolonisten, die den Stammesangehörigen die Güter ihrer Ahnen vorenthielten, sei jedoch dieses normale Verhältnis gestört. Diese unnatürliche Situation nähere sich jedoch ihrem Ende. Die Ahnen würden in Kürze Schiffsladungen senden, die in den Besitz der Eingeborenen gelangen sollten. Oft verbindet sich mit dieser Erwartung die Aufforderung, alle vorhandenen Vorräte gänzlich aufzubrauchen, da auch Lebensmittel im Überfluß zu erwarten seien. Wenn dann aber deutlich wird, daß der erhoffte Zustand nicht eintritt, verebben derartige Bewegungen meist rasch.

Typisch für die Intentionen einer Vielzahl von Cargo-Kulten war die *Mambu-Bewegung*, die in den Jahren 1937 und 1938 im nordöstlichen, australischer Mandatsverwaltung unterstellten Teil von Neuguinea ihren auch politisch bedeutsamen Höhepunkt fand.

Die Mambu-Bewegung ist nach ihrem Stifter benannt. *Mambu* war ein etwa 30jähriger Mann, als er 1937 mit seiner Verkündigung hervortrat. Vorher war er jahrelang außerhalb seiner Heimat als Kontraktarbeiter tätig gewesen und hatte sich dadurch Kenntnisse erworben, die diejenigen seiner Landsleute übertrafen.

Mambu war getaufter Katholik, und nach seiner Heimkehr fand er zunächst eine Anstellung als Missionshelfer. Diese Tätigkeit gab er jedoch bald wieder auf. Er verließ die Missionsstation heimlich und begann mit der Verkündigung seiner eigenen religiösen Anschauungen.

Seine Lehre predigte er zunächst an der Nordküste der Insel, deren Bevölkerung römisch-katholisch ist. Großer Erfolg wurde ihm zuteil, als er ins Hinterland zog. Dort gewann er seine ständig wachsende Anhängerschaft, die ihn als »schwarzen König« verehrte und demgemäß in der dortigen Verkehrssprache und Orthographie des Pidgin-Englisch mit *blak-felo king* bezeichnete.

Die Botschaft Mambus wurde beherrscht von zwei Ideen, die miteinander in enger Verbindung standen: der gegenwärtigen

[2] »Time« vom 8. Juni 1959, S. 32.

Ausbeutung der Eingeborenen durch die Weißen und der in naher Zukunft zu erwartenden Beendigung dieses Zustandes.

Beide Ideen brachte Mambu in Verbindung mit dem angestammten *Ahnenglauben* seiner Landsleute. Er lehrte, daß zwei Gruppen von Ahnen, deren eine im Innern des Vulkans der Insel Manam wohne, die andere in den fernen Ländern der Weißen, gleichermaßen die besten und wertvollsten Zivilisationsgüter für ihre Nachkommen herstellen. Zusammen mit überreichen Sendungen von Lebensmitteln würden diese Güter von den Ahnen auf Schiffe verladen und nach Neuguinea geschickt. Sie gelangen aber deshalb nicht in den Besitz der Einheimischen, weil die Weißen den Inhalt der Schiffe bei der Ankunft stehlen.

Mambu verkündete nun aber auch zugleich den Anbruch eines neuen Äons, in dem diese Beraubung durch die Weißen ein Ende finden werde. Die Ahnen würden dann ihre Nachkommen mit einer Überfülle von Gütern verwöhnen, und es bestehe keine Notwendigkeit mehr für die Eingeborenen, Arbeiten zu verrichten. Als Beweis für die Wahrheit seiner Botschaft vom Anbruch dieses goldenen Zeitalters verteilte der Prophet gelegentlich Reis, von dem er behauptete, die Ahnen hätten ihn mit Flugzeugen geschickt.

Die Aufnahme neuer Anhänger in seine religiöse Gemeinschaft vollzog Mambu mit einem *Taufakt*, der verbunden war mit dem darauffolgenden Anlegen europäischer Kleidung, die die Anhänger des Propheten hinfort zu tragen hatten.

Seinen Gefolgsleuten auferlegte Mambu *Gebote*, von deren Erfüllung der Anbruch des neuen Äons abhängig sei. Er forderte die sofortige Beendigung aller Arbeiten sowie den Verbrauch sämtlicher Vorräte, die überflüssig geworden seien angesichts der von den Ahnen zu erwartenden Lebensmittel. Selbstverständlich verbot er auch den Besuch der christlichen Kirchen und der Missionsschulen.

Für die Regierung gewann die Bewegung bedenkliche Züge, als Mambu auch die Einstellung der Steuerzahlung verlangte und anordnete, Abgaben seien hinfort an ihn selbst zu entrichten. Daraufhin schritt im März 1938 die Mandatsverwaltung gegen die Mambu-Bewegung ein. In das von ihr kontrollierte Gebiet wurden Polizei-Einheiten geschickt. Man verhaftete Mambu und schickte ihn ins Exil. Vor seinem Abtransport soll er noch den baldigen Beginn des Zweiten Weltkrieges vorausgesagt haben.

Das weitere Schicksal Mambus ist durch die Ereignisse des Krieges und den mehrmaligen Besitzwechsel der Insel in Dunkel gehüllt.

Über die fernere Existenz seiner Bewegung herrscht Unklarheit. Das äußere Erscheinungsbild spricht für das Urteil derjenigen, die der Mambu-Gemeinschaft keine neuen Erfolge zusprechen und darüber hinaus annehmen, daß sie im wesentlichen erloschen sei. Doch kann dies täuschen. Skeptisch jedenfalls stimmen Beobachtungen, die auf ein geheimes Weiterleben der Bewegung schließen lassen. Unter den Eingeborenen soll sich nämlich bereits ein *Mambu-Mythos* bilden.

Ausgewählte Bibliographie

Japan

Christian Center for the Study of Japanese Religions. Bibliography on the New Religions. Kyoto 1960.
Kohler, W. Die Lotus-Lehre und die modernen Religionen in Japan. Zürich 1962.
Miura, Y. Neue Religionen in Japan. Bad Salzuflen 1963.
Offner, C. B. und *H. van Straelen* Modern Japanese Religions. Leiden 1963.
Straelen, H. van The Japanese New Religions. In: Numen 9 (1962), S. 228–240.
Thomsen, H. The New Religions of Japan. Tokyo 1963.
Waldenfels, H. Moderne religiöse Bewegungen in Japan als Impulse für eine christliche Theologie? In: Verbum SVD 13 (1972), S. 155 bis 172.

Hepner, Ch. W. The Kurozumi Sect of Shintō. Tokyo 1935.
– Kurozumikyō (Informationsschrift der Gemeinschaft) o.J. [Okajama 1957].

Greene, D. C. Tenrikyō or the Teaching of the Heavenly Reason. In: Transactions of the Asiatic Society of Japan 23 (1895), S. 24–74.
Iwai, T. The Outline of Tenrikyō. Nara 1932.
Straelen, H. van The Religion of Divine Wisdom (Tenrikyō). Tokyo 1954; 2. Aufl. Kyoto 1957.

Roth, W. Konkōkyō: die Lehre vom Konkō. Tokyo 1932.
Schneider, D. B. Konkokyo, a Japanese Religion. Tokyo 1962.

Murai, T. What is »Oomoto«? Kameoka 1957.
Schiller, E. Ōmotokyō, die neueste Religion Japans. In: Zeitschrift für Missionskunde und Religionswissenschaft 38 (1923), S. 97 bis 116; S. 129–142.

A Guide to Reiyū-Kai. Tokyo 1958.

The Paradise of Tabuse. Tabuse 1953.
The Prophet of Tabuse. Tabuse 1954.
Guidance to God's Kingdom. Tabuse 1956.

Fujiwara, H. I denounce Sōka Gakkai. Tokyo 1970.
Italiaander, R. Sokagakkai. Japans neue Buddhisten. Erlangen 1973.
Kamstra, J. Japans große Gefahr – die Sōkagakkai. In: Zeitschrift für Missionswissenschaft und Religionswissenschaft 44 (1960), S. 41–51; S. 98–106.

Kontinentales Ostasien

Purcell, V. The Boxer Uprising. Cambridge 1963.
Franz-Willing, G. Das Vorspiel der chinesischen Revolution. Der Taiping-Aufstand 1850–1864. In: Saeculum 22 (1971), S. 227 bis 273.
Wing-tsit-Chan Religious Trends in Modern China. New York 1953; deutsch: Religiöses Leben im heutigen China. München 1955.

Gundert, W. Japanische Religionsgeschichte. Die Religionen der Japaner und Koreaner in geschichtlichem Abriß dargestellt. 2. Aufl. Stuttgart 1943, S. 198–203.
Oh, Chae Kyung Handbook of Korea. New York 1958, S. 73 ff.

La constitution religieuse du Caodaïsme. Paris 1953.
Fall, B. B. The Political Religious Sects of Viet-Nam. In: Pacific Affairs 28 (1955), S. 235–253.
Gobron, G. Histoire et philosophie du Caodaisme. Paris 1949.
Rondot, P. Un néo-syncrétisme au Vietnam: le Caodaïsme. In: Rhythmes du Monde 1 (1953), S. 26–55.

Indonesien

Drewes, G. W. J. Drie Javaansche Goeroe's. Leiden 1925.
Sarkisyanz, E. Rußland und der Messianismus des Orients. Tübingen 1955, S. 297–301.
Vollenhoven, C. van Het Adatrecht van Nederlandsch Indie. Leiden 1931.

Indien

Farquhar, J. N. Modern Religious Movements in India. New York 1915.
Glasenapp, H. v. Religiöse Reformbewegungen im heutigen Indien. Leipzig 1928.
Heiler, F. Christlicher Glaube und indisches Geistesleben. München 1926.
Wolff, O. Indiens Beitrag zum neuen Menschenbild. Hamburg 1957.

Müller, M. Rāmakrishna, his Life and Sayings. London 1901.
Rolland, R. Das Leben des Rāmakrishna. Zürich 1929. 2. Aufl. 1964.

Einführende Terminologie zu den Schriften von Sri Aurobindo. Pondicherry, India 1955.
Bolle, K. W. The Persistence of Religion. An Essay on Tantrism and Sri Aurobindo's Philosophy. Leiden 1965.
Dockhorn, K. Tradition und Evolution. Untersuchungen zu Sri Aurobindos Auslegung autoritativer Sanskritschriften mit einer Einführung in sein Werk. Gütersloh 1969.

Hoens, D. J. Sarvodaya. Een modern voorbeeld van het absorptievermogen van het Hindoeisme. Leiden 1961.
Tennyson, H. Vinoba, Nachfolger Gandhis. Konstanz–Stuttgart 1957.

Fuchs, St. Rebellious Prophets. A Study of Messianic Movements in Indian Religions. London 1965.

Iran

Ha'nish, O. Z.-A. Wiedergeburtslehre. 9. Aufl. Leipzig 1929.
– Yehoshua, Leben Jesu. 2. Aufl. Leipzig 1922.
– Kochbuch – Urreligion – Rassenlehre. Leipzig 1919.
Hutten, K. Seher, Grübler, Enthusiasten. 11. Aufl. Stuttgart 1968, S. 322–338.

Vorderasien

Balyuzi, H. M. The Báb: The Herald of the Day of Days. Oxford 1973.
Dreyfus, H. Essai sur le Béhaisme, son histoire, sa portée sociale. Paris 1909.
Roemer, H. Die Bābī-Behā'ī. Potsdam 1911.
Rosenkranz, G. Die Bahā'ī. Ein Kapitel neuzeitlicher Religionsgeschichte. Stuttgart 1949.

Afrika

Benz, E. (Hrsg.) Messianische Kirchen, Sekten und Bewegungen im heutigen Afrika. Leiden 1965.
Margull, H. J. Aufbruch zur Zukunft. Chiliastisch-messianische Bewegungen in Afrika und Südostasien. Gütersloh 1962.
Schlosser, K. Propheten in Afrika. Braunschweig 1949.
Sundkler, B. G. M. Bantu Prophets in South Africa. London 1948; 2. Aufl. London 1961; deutsch: Bantupropheten in Südafrika. Stuttgart 1964.

Europa

Lutz, W. Die Grundfragen des Lebens im Lichte der Botschaft Jakob Lorbers. 3 Bde. Bietigheim 1930–1934.

Kleemann, S. Die Lorenzianer. Dresden 1926.

Abd-ru-shin Im Lichte der Wahrheit – Gralsbotschaft. Vomperberg, Tirol 1949.
Hutten, K. Seher, Grübler, Enthusiasten. 11. Aufl. Stuttgart 1968, S. 713–735.

Nordamerika

Hultkrantz, Å. De amerikanska indianernas religioner. Stockholm 1967.

The Book of Mormon. 1. Aufl. Palmyra 1830; deutsch: 1. Aufl. Bern 1852; 13. Aufl. 1959.
Anderson, N. Desert Saints: The Mormon Frontier in Utah. Chicago 1942.
Linn, W. A. The Story of the Mormons. 2. Aufl. New York 1963.
Mullen, R. The Mormons. London 1967; deutsch: Die Mormonen. Weilheim, OBB 1968.

Mooney, J. The Ghost-Dance-Religion and the Sioux Outbreak of 1890. Washington 1896; 2. Aufl. Chicago 1965.

Gusinde, M. Der Peyote-Kult. In: St. Gabriel-Festschrift. Wien–Mödling 1939, S. 401–499.
La Barre, W. The Peyote Cult. New Haven 1938; 2. Aufl. Hamden, Conn. 1964.
Slotkin, J. S. The Peyote Religion. Glencoe, Ill. 1956.

Harris, S. Father Divine. Garden City 1953.

Lincoln, C. E. The Black Muslims in America. Boston 1961.
Haley, A. (Hrsg.) Der schwarze Tribun – Malcolm X. Eine Autobiographie. Frankfurt a. M. 1966.

Geppert, H. J. Wir Gotteskinder. Die Jesus-People-Bewegung. Gütersloh 1972.

Mittel- und Südamerika

Hultkrantz, Å. De amerikanska indianernas religioner. Stockholm 1967.

Jahn, J. Muntu. Umrisse der neoafrikanischen Kultur. Düsseldorf–Köln 1958.
Métraux, S. Haïti, la terre, les hommes, les dieux. Neuchâtel 1957.
– Le Vaudou haïtien. Paris 1958.
Verger, P. Dieux d'Afrique. Paris 1955.

Bastide, R. Les religions africaines au Brésil. Paris 1960.
Figge, H. H. Umbanda – eine brasilianische Religion. In: Numen 20 (1973), S. 81–103.
Fischer, U. Zur Liturgie des Umbandakultes. Leiden 1970.
Fülling, E. Synkretistische Kulte afrikanischen Ursprungs in brasilianischen Großstädten. In: Evangelische Missionszeitschrift 14 (1957), S. 137 ff.
Gerbert, M. Religionen in Brasilien. Berlin 1970.

Métraux, A. Migrations historiques des Tupi-Guarani. In: Journal de la Société des Américanistes 29 (1927), S. 1–45.
– La religion des Tupinamba et ses rapports avec celle des autres tribus Tupi-Guarani. Paris 1928.
Nimuendajú-Unkel, C. Die Sagen von der Erschaffung und Vernichtung der Welt als Grundlagen der Religion der Apapocúva-Guarani. In: Zeitschrift für Ethnologie 46 (1914), S. 284–403.

Ozeanien

Nevermann, H. Götter der Südsee. Stuttgart 1947.
Nevermann, H., E. A. Worms und *H. Petri* Die Religionen der Südsee und Australiens. Stuttgart 1968.
Lehmann, F. Prophetismus in der Südsee. In: Christentum und Wissenschaft 10 (1934), S. 56–68.

Babbage, S. B. Hauhauism. Dunedin, New Zealand 1938.

Höltker, G. Die Mambu Bewegung in Neu Guinea. In: Annali Lateranensi 5 (1941), S. 181–219.
Burridge, K. O. L. Mambu. London 1960.

Register

Fischer Taschenbuch Verlag

Das Fischer Lexikon. Enzyklopädie des Wissens.

Das Fischer Lexikon umfaßt in 36 selbständigen Einzelbänden und vier Sonderbänden das Wissen unserer Zeit nach dem letzten Stand der Forschung. Jeder Band besteht aus einer allgemeinen Einleitung in das betreffende Wissensgebiet, den alphabetisch angeordneten enzyklopädischen Artikeln mit den entsprechenden Stichwörtern (die in einem Register am Ende des Bandes lexikalisch auffindbar sind) und einer ausführlichen Bibliographie. In fast allen Bänden zahlreiche Abbildungen.

1 Geschichte der Religionen
2 Staat und Politik
3 Christliche Religion
4 Astronomie
5 Musik
(z. Z. vergriffen)
6 Psychologie
7 Internationale Beziehungen
(Neuausgabe)
8 Wirtschaft
9 Publizistik
(Neuausgabe)
10 Soziologie
11 Philosophie
12 Recht
13 Völkerkunde
14 Geographie
15 Anthropologie
(Neuausgabe)
16 Medizin I
17 Medizin II
18 Medizin III
19 Physik
20 Geophysik

21 Bildende Kunst I
22 Bildende Kunst II
23 Bildende Kunst III
(21–23: z. Z. vergriffen)
24 Geschichte
25 Sprachen
26 Chemie
27 Biologie I Botanik
28 Biologie II Zoologie
29/1 Mathematik I
29/2 Mathematik II
30 Technik I
Bautechnik
31 Technik II
Maschinenbau
32 Technik III
Elektrische
Energietechnik
33 Technik IV
Elektrische
Nachrichten-
technik
(30–33: z. Z. vergriffen)
34 Literatur I
35/1, 2 Literatur II/III
36 Pädagogik